국제주의 전통 자료집

I-4. 마르크스주의의 기초와 그 고전적 전통

알렉스 캘리니코스, 크리스 하먼 외 지음

이정구 엮음

국립중앙도서관 출판예정도서목록(CIP)

마르크스주의의 기초와 그 고전적 전통 / 지은이: 알렉스 캘
리니코스, 크리스 하먼 외 ; 엮은이: 이정구. -- 서울 : 책
갈피, 2018
　　　p. ;　　cm. -- (국제주의 전통 자료집 ; 1-4)

원저자명: Alex Callinicos, Chris Harman
ISBN 978-89-7966-142-2 04300 : ₩12000
ISBN 978-89-7966-155-2 (세트) 04300

노동자 계급[勞動者階級]
마르크스 주의[一主義]

332.64-KDC6
305.5620941-DDC23　　　　　　　　　　CIP2018026140

국제주의 전통 자료집

I-4. 마르크스주의의 기초와
그 고전적 전통

알렉스 캘리니코스, 크리스 하먼 외 지음

이정구 엮음

책갈피

차례

I-4. 마르크스주의의 기초와 그 고전적 전통

I. 마르크스주의의 기초와 그 고전적 전통 전체 목차

I-1. 마르크스주의의 기초와 그 고전적 전통

엮은이 머리말

　이 자료집에 실린 글들은 노동자연대와 그 유관단체들이 발간한 신문과 잡지 등에서 일반성이 비교적 높은 글들을 추려 내어 주제별로 묶은 것이다.

　자료집이 지닌 장점은 시간이 흘러도 그 진가가 사라지지 않을 좋은 글들을 선별하여 묶어 놓았다는 것인데, 이 자료집에 실린 글들도 그런 것이기를 바란다. 독자들은 이 자료집을 참고 자료나 교육 자료 등으로 유용하게 활용할 수 있을 것이다.

　이 자료집은 이런 장점 외에, 독자들이 염두에 둬야 할 약점도 있다. 첫째, 자료집에 실린 글들이 발표된 때의 맥락을 설명하지 못했다. 물론 글을 읽어 보면 글이 작성된 취지를 대체로 파악하거나 짐작할 수 있을 것이다.

　둘째, 많은 글들을 자료집으로 묶다 보니 용어의 통일, 맞춤법, 띄어쓰기 등에서 오류가 많을 수도 있다. 예를 들어, 예전에는 동성애자라는 표현을 많이 사용했지만 지금은 동성애자보다는 성소수자라는 용어를 쓴다. 특정 시기에 사용된 용어는 그 나름의 역사성을 지니고 있으므로 이 자료집에서는 오늘날 사용하는 용어로 일괄적으로 바꾸지 않았다. 또, 맞춤법이나 띄어쓰기도 세월이 지나면서 바뀌었다. 그래서 현재의 것으로 교정돼야 할 어구들이 많다. 그러나 바로잡지 못하고 놓친 부분이 많을 것이다. 독자들의 너그러운 양해를 부탁드린다.

셋째, 같은 주제의 글들을 모았기 때문에 여러 글의 내용이 중복되는 경우도 적지 않다. 이런 중복의 문제에 대해서는 엥겔스의 방식을 따랐다. 엥겔스는 마르크스의 초고를 모아 《자본론》 3권으로 편집하면서 이렇게 밝혔다. "반복도 주제를 다른 각도에서 파악하든지 다른 방법으로 표현한 경우에는 그 반복을 버리지 않았다."(《자본론》 3권 개역판 서문)

넷째, 혁명가들이 혹심한 탄압을 받던 시기에 작성된 글 중에서 필자를 확인하지 못해 필자를 명시하지 못한 경우가 있다. 이것은 엮은이가 의도한 것이 결코 아니라는 점을 밝혀 둔다.

그 외에도 다른 오류들이 편집 과정에서 있을 수 있는데, 이것들은 엮은이의 잘못이다.

이 자료집이 나오기까지 몇몇 동지들이 도움을 줬다. 인쇄된 문서를 타이핑해 파일로 만들어 준 박충범 동지와 책을 디자인해 준 장한빛 동지에게 감사드린다. 방대한 양의 원고를 나와 함께 검토해 준 책갈피 출판사 편집부에도 감사드린다.

2018년 7월 10일
엮은이 이정구

제12부
아나키즘과 자율주의

크리스 하먼이 자율주의의 궤적을 살펴본다

"우리는 새로운 방식으로 사고하고 조직해야 한다. 구좌파의 낡은 이데올로기적 공식들은 이제 그만 폐기하자." 오늘날 이런 얘기들이 반자본주의 운동과 반전 운동 내에서 거듭거듭 회자된다. 많은 사람들이 이런 주장을 들으면서, 신노동당의 닳아빠진 의회주의와 1989년에 몰락한 스탈린주의의 음흉한 수법들과 결별하기 위한 시도라고 반긴다.

그러나 "새로운 사상"과 "새로운 조직 방식"을 말하는 사람들은 그들이 비판하는 대상 못지않게 낡은 사상과 방식을 흔히 받아들인다. 오늘날 운동 내의 여러 '자율주의' 경향들도 이 점에서는 마찬가지다. 자율주의적 주장의 요지는 각 개인이나 단체가 어떤 집중된 구조(위계적 구조는 말할 것도 없고)에 종속되지 않은 채 저마다 자

크리스 하먼. 격주간 〈다함께〉 59호, 2005년 7월 6일. https://wspaper.org/article/2282. 크리스 하먼은 이 글을 2003년 11월에 썼다.

기가 원하는 방식으로 항의하면 된다는 것이다. 자주적 행동은 어떤 형태든 다른 것들과 똑같이 유효하며, 그런 행동들이 자유롭게 발전한다면 현 체제에 맞서는 다양한 저항의 '무리' 또는 '다중'을 형성해 마침내 현 체제의 지배를 깨뜨릴 수 있다는 것이다.

이러한 견해는 마르크스와 엥겔스 시대 아나키스트들의 주장과 본질적으로 다르지 않다. 그들의 주장은 마르크스 시대 이후에도 여러 번 부활했는데, 가장 최근에는 1960년대 말의 운동 가운데서 부활했다.

1969년에 샌프란시스코의 사회주의자들인 잭 와인버그와 잭 거슨이 쓴 글에 나오는 다음 구절은 미국의 급진적 학생운동 단체인 SDS(민주 사회를 위한 학생들)의 태도를 잘 묘사하고 있다.

"몇 년 전만 해도 SDS의 압도 다수 구성원들은 집중화와 이데올로기에 적대적이었다. 그들에게 진정으로 중요한 것은 행동밖에 없었다. 마르크스주의는 '구좌파' 사상으로서 배격당했다. 노동계급은 존재하지 않거나 있으나마나 하거나 매수된 집단으로 취급받았다. '지역 공동체에서 조직하기'와 '참여 민주주의'는 그 단체의 정체성을 말해 주는 핵심 용어들이었다."

1967년의 대규모 급진화는 '이피'들과 '마더퍼커스'의 성장을 촉진했는데, 그들은 권위에 맞서 정면대결을 설파했지만, 여전히 조직과 '이데올로기'를 배격했다. 독일·프랑스·이탈리아의 학생 운동도 똑같이 '자생성'을 강조했다. 이와 같은 '무(無)구조성'은 수많은 학생들(이탈리아의 경우 노동자들도)이 처음으로 봇물 터지듯 운동으로 쏟아져 들어오는 상황에서는 잘 들어맞았다. 그들은 거리로 나와 건물을 점거하고 정부 기관을 혼란에 빠뜨릴 수 있었던 동안에는 전략·전술·조직 같은 것에 크게 신경 쓰지 않았다.

그러나 이 '다중'은 결코 기성 권력 구조를 뒤흔드는 것을 넘어 그것을 파괴하는 데까지 나아가지는 못했다. 그리고 오래지 않아 기성 권력은 반격을 시작했다.

그래서 미국의 운동이 최고조에 달했던 1968년은 그 운동이 처음으로 심각한 난관에 봉착한 해이기도 했다. 경찰이 시카고의 민주당 전당 대회장 밖에서 시위대를 두들겨패는 동안 FBI는 흑표범당 지도자들을 범죄자로 몰아 사살하는 작전을 전개했다.

이제 사람들은 갑자기 구조가 필요하고 사회 내에서 작동하는 힘 [세력]들에 대한 이해, 즉 '이데올로기'가 필요하다고 느끼게 됐다. 와인버그와 거슨이 썼듯이 "베트남 전쟁 반대 투쟁과 흑인 해방 투쟁은 미국 자본주의 국가의 성격을 낱낱이 드러냈고, 그것이 타도돼야 한다는 것을 일깨워 줬다."

"처음에는 여러 모로 초이상주의적인 어린이들의 세계 구출 모험을 닮았던 이 운동은 갈수록 엄숙해지고 심각해졌다. 판돈이 훨씬 더 커졌다. 이 때문에 급진 운동은 자신을(그리고 결과적으로 자신의 사상을) 더 진지하게 다루지 않을 수 없었다."

강성 마오쩌둥주의 단체인 '진보적 노동자'(PL)가 미국 SDS에 합류했다. PL은 믿기지 않으리만큼 권위적이고 위계적이며 스탈린주의적인 조직이었다. 와인버그와 거슨에 따르면, "PL에 대한 SDS 터줏대감 회원들의 첫 반응은 대단히 적대적이었다." 그러나 곧이어 "PL이 적어도 명목상으로는 일관된 세계관을 갖추고 있었던 것이 중요한 이점"이었음이 인정됐다. 기존 SDS 지도부와 수천 명의 추종자들은 PL과 마찬가지로 자기 나름의 강경한 소위 마르크스주의적 입장을 채택하는 것으로 대응했다. 비록 마오쩌둥주의에 대한 해석은 서로 약간 달랐지만 말이다. 오늘날 우리가 '자율주의' 정치라고 부를 만한 경향이 한때 있었던 운동이 이제는 스탈린주의의 이런저런 버전들을 수용한 것이다.

독일과 이탈리아에서도 상황은 매우 비슷했다. 1967년에 '반권위주의'와 '자생성'을 부르짖었던 사람들 가운데 대단히 많은 수가 1970년대 초에는 마오쩌둥주의로 선회하고 있었다. 이탈리아 '자생주의' 단체들 중 최대 규모였던 '로타 콘티누아'도 1974년 무렵에는 중국 공산당의 조직 모델을 모방하려 하고 있었다. '새로운' 것[신좌파]이 하루아침에 낡은 것[구좌파]으로 변태한 셈이다.

사람들은 시행착오를 거치며 몇 가지 중요한 교훈들을 얻었다. 계급 전쟁은 어디까지나 전쟁이라는 것, 따라서 상대편은 끊임없이 아군의 약점을 공략하고 아군을 분열시키려 한다는 것이다. 또한 어느 운동에서든 일부 사람들은 다른 사람들보다 더 빠르게 기존 사회의 굳어진 관념들과 결별하는 경향이 있다는 것이다. 더 일찍 결별한 사람들은 나머지 사람들을 자기쪽으로 설득하고 지배계급과 국가의 공세에 대처하기 위해 스스로 조직해야 한다는 것도 배웠다.

[미국·독일·이탈리아 신좌파의] 실수는 자생주의에서 조직으로 방향을 튼 것이 아니다. 그들의 실수는 바로 살아 숨쉬는 운동과 관계 맺는 것이 도저히 불가능한 상명하달식의 권위주의적 조직 방식을 채택한 데 있다. 이 점은 1970년대 중엽에 주요 자본주의 정부들이 안정을

회복하는 데 일단 성공하고 나자 분명해졌다. 그 뒤로 2년 사이에 유럽과 북미에 있었던 대규모 마오쩌둥주의 단체들은 모두 파편화되고 붕괴했다. 많은 활동가들이 이러한 파편화를 '자율'이라는 이름으로 미화하기 시작했다.

하지만 이들 각각의 파편들은 스스로 자신의 '공간'을 확보하기에는 너무나 힘이 약했다. 그래서인지, 운동의 '자율성'을 숭배했던 세력들 가운데 다수는 오래지 않아 공간을 확보하는 수단으로서 의회주의에 매달리게 됐다.

그러나 이와 다른 대안은 언제나 있었다. 맹종을 강요하는 스탈린주의적 구조 없이도 사상을 명료화하고 조직화를 통해 투쟁들을 조율하는 방법은 있다. 그렇게 하려면 집중화가 어느 정도 필요한 것이 사실이다.(우리편이 상황에 따라 필요하면 전진하고 후퇴할 수 있기 위해서 말이다.) 그러나 그러한 집중화는 언제나 운동과 관계 맺고, 운동으로부터 배우고 보편화하며, 가장 능동적인 인자들의 유기적 표현이어야 한다.

일부 사람들은 이러한 중앙집중 조직이라는 생각에 무조건 거부 반응을 보인다. 그러나 과거사의 냉혹한 교훈은 민주적 중앙집중 없이는 운동에 대한 국가의 중앙집중적 공격에 대한 대응이 결국 맹종을 강요하는 비민주적 형태의 중앙집중을 받아들이는 것으로 끝날 수밖에 없다는 것이다.

크리스 하먼의 '자율주의' 비판

지난 6년 간 우리는 전 세계에서 대중 운동이 성장하는 것을 보았습니다. 시애틀의 반자본주의 시위 이후 반자본주의 운동이 발전하는 것을 보았습니다. 대중적 반자본주의 운동을 보았습니다. 중남미의 매우 중요한 지역에서 새로운 반란이 성장하는 것을 보았습니다.

1999년, 이 새로운 투쟁 물결이 시작됐을 때, 운동에 참가한 사람들은 모두 이 투쟁에 너무 감동한 나머지 정치적 논쟁이 중요하지 않다고 생각했습니다. 사람들은 모든 운동이 모여서 마치 벌떼처럼 자본주의를 공격한다면 우리가 어떻게 싸워야 할지 고민할 필요가 없을 것이라고 생각했습니다.

그러나 우리가 어떻게 하면 전진할 수 있을지 고민하게 만든 두

크리스 하먼. 격주간 〈다함께〉 64호, 2005년 9월 28일. https://wspaper.org/article/2507. 이 글은 2005년 8월에 강연한 것을 녹취한 것이다.

가지 사건이 일어났습니다.

첫째 사건은 2001년 7월 제노바 G8 정상회담 반대 시위였습니다. 경찰이 시위대를 공격해 카를로 줄리아니라는 이탈리아의 젊은 활동가를 죽였고, 이 일 때문에 사람들은 싸우는 이유뿐 아니라 싸우는 방법에 대해서도 토론할 필요가 있다는 것을 이해하게 됐습니다.

그 뒤 세계무역센터가 파괴되고 아프가니스탄 전쟁과 이라크 전쟁이 잇달아 일어나자, 사람들은 전쟁 반대 운동이 얼마나 강력한지 깨닫게 됐습니다.

이후 이 새로운 운동 내의 각종 집회와 회의, 모임에서는 세 가지 정치적 경향이 등장했습니다. 이 경향들은 운동의 외부에서 전수된 것이 아니라 운동 안의 논쟁들에서 발전한 것이었습니다.

첫째 경향은 개량주의적 경향입니다. 이 경향은 기존 정부가 자본주의를 제어해 개혁을 제공하도록 압력을 가하는 단체로 활동하는 것이 운동의 과제라고 말합니다. 이 경향은 운동 내에서 가장 유력한 경향입니다.

둘째 경향은 아주 소규모인데, 영국의 사회주의 노동자당(SWP), 프랑스의 혁명적공산주의자동맹(LCR)으로 대표되는 혁명적 경향입니다. 한국의 '다함께'도 이 경향을 대표하는 단체로 성장했으면 좋겠군요.

그러나 운동 내에서 가장 유력한 경향은 바로 셋째 경향인데, 사람들은 이 경향을 자율주의라고 부릅니다. 자율주의는 운동 자체의 동력을 칭송하는 경향입니다. 이 경향은 운동 자체의 생명력이 모든 장애를 극복할 것이라고 믿습니다. 이 경향은 개량주의 정당과 노동조합을 불신합니다. 그러나 이 경향은 또한 혁명가들에도 반대합니다. 자율주의자들은 혁명가들이 운동 안에서 자신의 사상을 가지고 논쟁해 운동을 조종하려 한다고 말합니다.

운동 안에는 이런저런 방식으로 자율주의 사상을 공유하는 사람들이 아주 많습니다. 그리고 이런 사상을 공유하는 사람들은 대부분 스스로 자율주의자를 자처하지는 않지만, 사실 그들의 사상은 자율주의입니다.

그래서 NGO의 많은 활동가들은 사실 자율주의자입니다. 멕시코의 사파티스타를 동경하는 많은 사람들이 자율주의자입니다. 새롭게 등장한 중남미의 억압받는 선주민 운동 안의 많은 활동가들이 자율주의자입니다. 아르헨티나의 매우 전투적인 실업자 운동인 피케테로스의 많은 활동가들이 자율주의 사상을 받아들입니다.

운동의 주변부에서 스스로를 '블랙 블록'이라 부르며 복면을 쓰고 활동하는 사람들은 은행에 불을 지르며 자본주의에 맞서 싸운다고 생각하는데, 이들도 자율주의 사상을 받아들입니다. 2001년 제노바에서 저는 이 '블랙 블록' 때문에 짜증이 난 적이 있었는데, 왜냐하면 이들이 현금인출기를 모두 박살내 놔서 제노바에 막 도착한 20만 명이 은행에서 돈을 뽑을 수 없었기 때문입니다.

자율주의 사상을 이론적으로 정당화하기 위해 애쓴 중요한 책이 두 권 있습니다. 토니 네그리와 마이클 하트가 쓴 《제국》이 그 가운데 한 권입니다. 《제국》은 심지어 단 한 줄을 이해하기도 어려운 책이어서 실제로 읽은 사람은 거의 없을 듯하지만, 이 책의 영향력은 지대합니다. 저는 이 책이 부르주아 사회학이나 부르주아 경제학 서적들처럼, 책 내용을 이해하기 어려워 너무 중요하고 훌륭한 책이라고 여기게 만드는 서적들 가운데 하나라고 생각합니다.

나머지 한 권은 존 홀러웨이가 쓴 《권력으로 세상을 바꿀 수 있는 가?》라는 책인데, 이 책은 독해가 가능하다고 저는 생각합니다. 이 책에서 홀러웨이는 자신만의 독특한 언어로 마르크스주의 사상을 설명하려 합니다. 비록 그 결론은 완전히 잘못된 것이지만 말이죠.

이 두 권의 책을 비롯해 모든 자율주의 사상은 서너 가지 공통점이 있습니다. 첫째 공통점은 가장 중요한 것으로, 각각의 운동이 고유의 자율성을 지닌다는 것입니다. 그리고 이런 자율성이 발휘된다면, 서로 다른 운동들 사이에 자동으로 단결이 이뤄지고 그 과정에서 체제에 도전할 수 있는 힘이 창출된다는 것이죠.

이를테면 선주민 운동, 여성 운동, 동성애자 운동, 노동자 운동, 환경 운동, 실업자 운동 등등 서로 다른 운동들 사이에 자생적인 상호작용이 있다는 겁니다. 저는 하트와 네그리가 '다중'이라는 개념을 통해 말하고자 한 것이 바로 이렇게 서로 다른 운동들 사이의 자생적인 상호작용이라고 생각합니다.

둘째 공통점은 어떤 운동도 다른 운동보다 중요할 수 없다는 겁니다. 자율주의자들은 모두 고전적 마르크스주의가 노동계급을 강조하기 때문에 틀렸다고 생각합니다. 이런 맥락에서 하트와 네그리는 노동계급이 사라지고 있으며 따라서 더는 투쟁에서 중심적 지위를 갖지 못한다고 주장합니다. 노동운동이 중요하다고 생각하는 종류의 자율주의자들조차 노동운동은 다른 여러 운동들 가운데 하나일 뿐이라고 생각합니다.

셋째 공통점은 자율주의자들이 때때로 말하는 '운동들의 운동'이 동력을 모은다면 권력을 잡지 않고 국가를 전복할 수 있다고 믿는다는 것입니다. 이것은 홀러웨이의 책에서 매우 분명히 드러나 있습니다. 그는 군대 병사들과 경찰들도 다른 모든 이들과 마찬가지로 체제의 희생자들이기 때문에 만일 우리의 운동이 계속 나아간다면 그들이 자생적으로 체제에 반대해 돌아설 것이라고 말합니다. 따라서 우리는 그들을 조직할 필요도, 우리의 무장력으로 국가 권력에 도전할 필요도 없다는 것이죠. 결국 홀러웨이는 이 체제 하에서 모든 사람들이 고통받고 있고, 그들이 이미 체제에 맞서 자생적으로 결속돼 있기 때문에 체제는 자연히 붕괴할 것이라고 말하는 셈입니다.

마지막 공통점은 더는 운동에서 정당이 설 자리가 없다는 것입니다. 자율주의자들은 스탈린주의의 경험과 유럽 사회민주주의 정부의 경험이 보여 주듯이, 만일 운동 안에 정당이 있다면 그 정당이 운동을 지배할 것이라고 말합니다. 그들은 또 전략, 조직, 그리고 다른 여러 운동에 대한 특정 운동의 중요성 같은 것들이 없이도 운동이 자생적으로 사회를 변화시킬 것이기 때문에 정당은 더는 필요 없다고 말합니다.

이러한 자율주의 사상은 특히, 과거에 스탈린주의나 개량주의 사상을 받아들였던 사람들 사이에서 매우 광범한 지지를 받고 있습니다. 그래서 제3세계의 많은 지역에서 매우 위계적인 스탈린주의 조직인 공산당이나 마오쩌둥주의 조직에서 활동했던 사람들이 거기에 대한 반작용으로 이제 자율주의 사상을 받아들여 NGO에서 활동하고 있습니다.

자율주의자들 가운데는 스탈린주의나 사회민주주의 등 낡고 이미 죽어버린 전통에 대한 반발로서 자율주의를 받아들이며 운동에 새롭게 입문한 건강한 사람들도 있습니다. 자율주의자들은 대중이 참여하고, 대중이 연루되고, 대중이 활동하는 아래로부터의 활동이 중요하다는 점을 이해합니다. 그러나 지난 6년의 경험은 자율주의적 관점이 안고 있는 심각한 오류를 보여 줍니다.

첫째, 서로 다른 운동들이 자동으로 단결하지는 않습니다. 예컨대 프랑스에서 우리는 여성 억압에 반대하는 여성들이 무슬림 억압에 반대하는 무슬림들과 단결하지 않는 상황을 목격한 바 있습니다. 심지어 매우 중요한 일부 여성단체는 프랑스 정부를 지지해 무슬림 여성을 비난하기도 했지요.

실업자들과 취업 노동자들이 자동으로 단결하지는 않습니다. 실업자들은 취업 노동자들을 원망하며 그들 때문에 직장을 갖지 못했다고 비난할 수 있습니다. 취업 노동자들은 실업자들을 기생충이라고 비난하며 실업자에 대한 지배계급의 공격을 지지할 수도 있습니다.

유럽에서 억압받는 흑인들이 억압받는 무슬림들과 자동으로 단결하지는 않습니다. 노숙자 운동과 실업자 운동, 장애인 운동 들이 매우 전투적일 수 있지만, 그들 가운데는 흑인과 아시아인을 경멸하는 인종차별 사상을 받아들이는 사람들도 있습니다. 중남미 볼리비아나 에콰도르 같은 나라의 선주민 운동을 보면, 그 운동에 참가하고 있는 많은 사람들은 그들과 다름없이 가난한 백인들을 적으로 여깁니다.

모든 운동 속에 단결을 위해 투쟁하는 조직된 사람들이 없다면, 단결은 결코 저절로 이뤄지지 않습니다. 예컨대 영국에서 우리는 무슬림들이 반전 운동의 일부가 될 수 있도록 반전 운동 내에서 투쟁해야 했습니다. 아르헨티나에서는 실업자들과 취업 노동자들의 연대를 구축하기 위해 사람들이 투쟁하고 있습니다.

자율주의 사상의 둘째 오류는 첫째 오류와 관련이 있습니다. 운동이 성장하고 운동의 단결 문제가 중요해질수록 어떤 운동에서든 자연히 이데올로기의 분화가 일어납니다. 예컨대 미국에서 9·11 테러가 발생한 직후, 반자본주의 운동 안에서는 '테러와의 전쟁'을 반대해야 할지 말지를 두고 심각한 논쟁이 벌어졌습니다.

에콰도르 선주민 운동은 정부를 타도할 수 있는 수준까지 성장했습니다. 그러자 운동 안에서 자생적으로 논쟁이 벌어졌습니다. 한쪽에서는 우리가 더 나아가 선주민과 노동자들의 정부를 구성해야 한다고 주장했습니다. 다른 한 쪽에서는 새 정부를 선출하기 위해 다음 선거 때까지 기다리자고 주장했습니다.

미국과 에콰도르의 경우 모두에서, 전에는 단결돼 있고 모든 점에 동의하는 듯했던 운동 안에서부터 이데올로기의 분화가 발생했습니다.

셋째로, 운동이 국가 폭력에 어떻게 대응할지를 둘러싼 문제들이 항상 제기됩니다. 홀러웨이는 국가를 무시하라고 얘기하지만, 만일 운동이 자본주의에 도전할 만큼 강력해진다면 국가는 결코 우리를 무시하지 않을 것입니다.

한국의 동지들은 광주 민주화 항쟁의 경험을 통해 국가 폭력이 얼마나 잔인한 것인지 잘 알고 있을 것입니다. 더 소규모로 보자면, 이 토론장에 있는 몇몇 분들은 바로 몇 년 전만 해도 단지 사회주의 사상을 전파했다는 이유로 투옥된 경험을 갖고 있을 것입니다.

지난 1970년대와 1980년대의 중남미에서 우리는 엄청난 규모의 국가 폭력을 목격했습니다. 칠레에서는 1만 명의 사회주의 활동가들이, 아르헨티나에서는 3만 명의 활동가들이, 중미에서는 아마도 10만~20만 명의 활동가들이 국가 폭력에 살해당했습니다.

지난 5년 간 운동은 그처럼 대규모의 국가 폭력에 맞닥뜨린 적이 없었던 듯합니다. 그러나 운동이 자본주의에 심각하게 도전하기 시작한다면, 우리는 국가에 어떻게 대응할 것인지에 대한 질문을 회피할 수 없을 겁니다.

이런 상황에서는 국가를 무시하라고 말했던 사람들도 선택에 직면합니다. 왜냐하면 국가가 여러분을 살해하려 드는 상황에서 여러분은 거기에 대응해 무엇인가 해야 하기 때문입니다. 운동이 결국 국가를 해소시킬 것이라고 말하는 것은 좋은 조언이 되지 못할 겁니다.

그렇다면, 국가를 개혁할 방법들을 찾아야 한다고 말하거나 아니면 국가를 전복할 방법들을 찾아야 한다고 말해야 할 것입니다. 이 상황에서 자율주의자는 개량주의자가 되거나 혁명가가 돼야 한다는 선택에 직면합니다.

우리는 지난 여름 볼리비아에서 이러한 선택에 직면하게 되는 것을 목격한 바 있습니다. 노동자 운동이 볼리비아 자본주의의 힘에 도전할 만큼 성장하자, 볼리비아 의회는 우익 정부가 들어서 노동자 운동을 완전히 박살낼 것이라고 위협했습니다. 대중 운동 내에서는 즉시 두 가지 경향이 발전했습니다.

한 쪽에선 우리가 이제 운동을 멈추고 의회를 통해 조만간 선거를 치러 어떻게든 우익 정부가 들어서는 것만은 막아야 한다고 말했습니다. 자율주의 경향을 띠었던 볼리비아 운동의 가장 중요한 지도자들 가운데 한 명인 에보 모랄레스가 이러한 입장을 취했습니다.

다른 한 쪽에선 노동자와 농민이 권력을 잡을 수 있도록 조직하고 준비해야 한다고 말했습니다.

그러나 여러분이 국가에 대한 질문에서 결국 어떤 태도를 취한다면 여러분은 전략에 대한 질문을, 특히 어떤 사회세력이 국가 권력을 잡을 능력이 있는지에 대한 질문을 피할 수 없을 것입니다. 이것이 바로 마르크스주의자들이 노동계급을 애기하는 이유입니다.

노동계급이 다른 사회 집단들보다 특별히 더 고통받지는 않습니다. 제3세계 도시의 수많은 실업자들은 취업 노동자들보다 훨씬 더 고통받습니다. 노동을 제공해 자본가들로부터 임금을 받는 노동자들보다 굶주리는 농민들이 훨씬 더 고통받습니다. 자신의 성 정체성 때문에 폭행당하는 동성애자들은 엄청나게 고통받습니다. 이 모든 집단들은 고통받지만 자본주의를 분쇄할 힘을 갖고 있지는 못합니다.

자본주의가 돌아가게 해주는 것은 모두 노동계급이 만들어 냅니다. 노동계급은 또한 자본주의를 분쇄할 능력을 갖고 있습니다. 노동계급은 국가의 억압 기구들이 제대로 기능하지 못하게 할 수 있는 힘을 갖고 있습니다. 왜냐하면 국가 기구들은 순찰과 항공관제소,

도로망, 철도 등에 의존하는데, 이 모든 것을 관리하고 유지하는 것이 노동자 없이는 불가능하기 때문이죠. 바로 이것이 대중적 노동운동이 테러리스트가 설치한 어떤 강력한 초대형 폭탄보다 자본가들을 두려움에 떨게 만드는 이유입니다.

물론 서로 다른 부문의 노동자들을 단결시키기 위해 조직하지 않는다면, 그들을 한데 모으지 않는다면, 단결을 위해 노동계급 안에서 이데올로기적으로 논쟁하지 않는다면 그러한 노동운동은 가능하지 않을 겁니다. 이 때문에 우리는 노동계급 속에서의 전략적 역할을 이해하는 문제와 관련해 다시 정당 문제로 돌아가야 합니다.

어떤 운동에서든 단결을 원하는 사람들과 그렇지 않은 사람들 사이에 분열이 생겨난다면, 우리는 운동의 단결을 원하는 사람들을 하나로 결속시켜야 합니다.

정당과 관련해 우리는 과거의 경험에서 비롯한 잘못된 개념을 포함하는 사상 문제에 직면하게 됩니다. 옛 스탈린주의 의미의 정당들은 노동계급에 명령을 하달하는 소그룹들을 뜻했습니다. 그러나 진정한 마르크스주의가 말하는 정당은 매우 다릅니다.

이것은 매우 간단한 관찰에 기초한 것입니다. 자본주의에 맞서 싸우는 사람들은 자본주의 이데올로기의 영향을 받습니다. 이 이데올로기들은 TV와 신문 등을 통해 노동자들을 통제하는 구실을 합니다. 이를 통해 노동자들 스스로 사회를 운영할 능력이 없다는 사상이 사람들의 머리 속에 주입됩니다.

예컨대 어떤 파업에서든 여러분은 세 가지 경향의 사람들을 만날수 있을 겁니다. 첫째는 자기 나름의 경험을 통해서 자본주의 이데올로기를 충분히 떨쳐낸 사람들입니다. 이 사람들은 사용자들에 맞선 파업과 투쟁을 정말로 원하는 사람들입니다. 다른 한쪽 끝에는 사용자들의 사상을 완전히 받아들이면서도 동료 노동자들의 지탄을 받기 싫어서 어쩔 수 없이 파업에 참가한 사람들이 있습니다. 그 중간엔 이 두 극단을 오락가락 하는 사람들이 있습니다. 이 중간 부류는 때로 많을 때도 있고 매우 소수일 때도 있습니다.

여러분이 오직 운동의 자율성만을 믿는다면 여러분은 이 서로 다른 경향의 사람들 사이의 차이를 무시하는 것입니다. 그것은 인종차별적 노동자와 그렇지 않은 노동자 사이에 아무 차이가 없다고 말하는 것과 같습니다. 또, 그것은 성차별 사상을 가진 남성 노동자와 성차별을 끝장내기 위해 노력하는 노동자 사이에 아무 차이가 없다고 말하는 것과 같습니다.

우리가 정당 건설에 대해 말할 때, 우리는 사용자에 맞서 가장 단호하게 싸우는 노동자들과 인종차별에 맞서 가장 단호하게 싸우는 노동자들, 성차별에 맞서 가장 단호하게 싸우는 노동자들, 그리고 노동계급 자신이 사회를 변화시킬 능력이 있다고 굳게 믿는 노동자들을 한데 모으겠다고 말하는 것과 같습니다.

많은 자율주의자들이 안고 있는 비극은 그들 자신이 성차별에 반대하고, 인종차별에 반대하고, 평범한 사람들이 자신의 삶을 통제할 수 있어야 한다고 주장하면서도, 운동에 개입해 자신과 다른 관점을 가진 사람들과 논쟁하기 위해 효과적인 정치세력으로 조직할 필요를 거의 느끼지 못한다는 것입니다.

반면, 자본가들은 우리 운동에 개입하는 데 조금도 망설이지 않습니다. 날마다 그들은 노동자들에게 노동조합의 파업 참가 호소를 무시하라고 말합니다. 만일 그들이 파업을 막지 못할 때는, '극단주의자'라고 그들이 딱지 붙인 사람들을 무시하고 온건한 지도부 편을 들라고 노동자들에게 말합니다. 온건한 지도자들은 자본가들이 운영하는 자본주의를 전폭 받아들이는 가장 후진적인 의식을 가진 노동자들을 조직할 것입니다.

따라서 혁명가들이 가장 선진적인 노동자들을 조직해야 할 필요성을 이해하는 것은 매우 중요합니다.

제가 말한 정당 개념은 이 같은 방식으로 정당을 조직하는 것입니다. 이것은 정당이 운동을 조종하려 한다는 의심과, 즉 정당이 노동계급 운동과 대립되는 것이라는 의심과 아무 관계가 없습니다. 우리의 정당 개념은 자신과 사상이 다른 나머지 부분의 노동계급을 설복하려는 노동계급의 일부로서 정당을 건설하는 것입니다.

우리의 목적은 현존하는 모든 작업장, 모든 대학, 모든 중고등학교, 모든 끔찍한 혹사공장에서 정당을 건설하기 위해 노력하고, 이 정당의 지지자들이 동료 노동자들·학생들과 이 끔찍한 사회에 맞서 싸우기 위해 무엇이 필요한지를 토론하는 것입니다.

마지막으로, 우리가 건설하려는 노동계급 운동은 결코 다른 운동들과 대립되는 것이 아니라는 점을 거듭 밝히고자 합니다. 제3세계의 많은 지역에 있는 농민들이 진정으로 해방을 이룩할 수 있는 방법은 자본주의를 끝장낼 수 있는 세력과 함께 연대하는 것뿐입니다. 노동계급이 제3세계의 거대 수도에서 자본주의를 뒤흔들기 시작하면, 가장 끔찍한 상태에 있는 농민들도 마찬가지로 자본주의에 맞서 싸울 가능성을 보게 될 것입니다.

마찬가지로, 대규모 노동자 투쟁이 있을 때, 예컨대 남성 노동자들이 먼저 투쟁에 나서고 그 투쟁이 승리하게 되면, 그 힘을 본 여성 노동자들은 자신들도 투쟁을 시작하면 여성 해방을 이룩할 수 있다는 자신감을 갖게 될 것입니다. 그래서 이 투쟁이 체제 전체를 뒤흔드는 힘으로 발전할 수 있을 겁니다.

우리가 노동자 운동을 중시하는 것은 결코 노동자들을 미화해서가 아닙니다. 그 이유는 노동계급이 낡은 사회를 뒤흔들 힘과 능력을 갖고 있음을 이해하기 때문이고 그 과정에서만 그들을 억압하는 모든 사상들, 모든 반동적 사상들을 뒤흔들 수 있을 것이기 때문입니다.

그래서 우리는 자율주의자들 가운데 진지한 사람들에게 이렇게 말합니다. 우리가 싸워서 얻고자 하는 것과 완전히 똑같은 것을 얻기 위해 당신은 싸우고 있다. 그렇다면, 당신은 그 투쟁을 이해해야 하고, 그러기 위해서는 아래로부터의 사회주의 전통에 서 있는 진정한 마르크스주의를 받아들여야 한다고 말입니다.

토론 정리 발언

베네수엘라와 관련한 질문이 제기됐는데, 베네수엘라의 활동가들은 대부분 실제로 자율주의자들입니다. 베네수엘라의 자율주의자들은 국가를 전복하기 위해 조직할 필요를 전혀 느끼지 않고, 노동자들이 차베스보다 더 나아가도록 조직하는 것도 전혀 얘기하지 않습니다.

베네수엘라 정부가 석유를 이용해 노동자들에게 매우 중요한 개혁들을 제공하긴 하지만, 과거의 자본가·군대·경찰은 여전히 남아 있습니다. 이들을 그대로 남겨 두면 이들은 결국 자신들이 제공했던 개량을 중단하고 과거로 복귀할 기회를 호시탐탐 노린다는 것을 역사는 가르쳐 줬습니다.

자율주의자들이 사용하는 용어들을 설명해 달라는 요청이 있었습니다. 첫째, '탈집중적 네트워크'라는 용어입니다. 이것은 사람들이 서로 연결돼 있고, 이 연결망은 컴퓨터 네트워크와 같아서 중앙집중적 조직 없이도 집중된 정보를 얻기에 충분하다는 뜻입니다. 실제로, 많은 경우에 우리는 이런 연결망을 통해 정보를 얻고 그에 따라 대응합니다.

그러나 대규모 계급투쟁에서 지배계급은 중요한 순간마다 중앙집중적 방식으로 행동합니다. 이 때 여러분의 연결망이 여러분에게 무언가를 말해 줄 때까지 여러분은 기다리고 있을 수 없을 겁니다. 여러분은 정보를 집중하고 지배계급에 어떻게 대응할지를 중앙집권적으로 결정해야 합니다.

둘째, '비물질적 정보노동'이라는 용어입니다. 이것은 하트와 네그리가 사용하는 용어로, 그들이 말하는 '비물질적 정보노동'이란 컴퓨터 프로그램과 관련된 일 등을 말합니다. 그들은 현존 자본주의에서 중요한 일들 중 갈수록 많은 부분을 정보노동이 처리하고 있다고 말합니다.

그래서 하트와 네그리는 현대 자본주의에서 노동이 더는 특정 시간에 특정 장소에서 하는 것이 아니라고 주장합니다. 현대 자본주의에서 더는 노동시간이 중요하지 않게 됐다고도 합니다.

이러한 주장들은 작업장에 아무런 중요성도 부여하지 않을 것입니다. 네그리와 캘리니코스가 파리에서 토론을 했을 때, 네그리는 우리가 매 순간, 심지어 꿈 속에서도 자본주의와 싸운다고 말했습니다. 그래서 저는 청중석에서 "당신은 꿈속에서도 자본주의와 싸운다고 말하지만 그것은 정말 꿈일 뿐이다" 하고 말했습니다.

네그리가 무시하는 가장 중요한 사실은 오늘날 유럽에서 광범하게 퍼져 있는 반자본주의 운동이 소수 노동자들, 매우 많은 학생들, 학생 출신 활동가들, 지식인들 등등 특정 배경을 가진 사람들로 이뤄져 있다는 점입니다.

이것이 잘못된 것은 아닙니다. 그러나 반자본주의 운동이 아직 공장에서 일하는 사람들, 사무실 바닥을 청소하는 사람들, 콜센터에서 일하는 사람들처럼 자본주의를 유지하는 데 필요한 노동을 하는 대다수 노동자들에게까지 미치지 못하고 있다는 사실을 간과해서는 안 됩니다.

심지어 네그리는 오늘날의 반자본주의 운동을 지나치게 칭송한 나머지 우리가 체제에 도전하고 또 그것을 전복하는 데 노동자들의 힘이 필요하냐고 반문하기까지 합니다.

청중석에서 한 분이 자율주의 사상이 만연하는 데 학자들이 기여하고 있다고 주장하셨습니다.

자율주의에는 심각한 모순이 있습니다. 많은 자율주의자들은 매우 활동적입니다. 그들은 매우 용감하게 투쟁합니다.

그러나 만일 운동이 자생적으로 단결해 체제를 전복할 것이라고 생각한다면, '그러면 나는 가만 있어도 되겠네'라는 결론에 도달할 것입니다. 그렇다면, 대학 교수가 돼 책도 쓰고 강단에서 열심히 지식을 전달하기는 하지만, 사회 변화를 위해서는 아무것도 하지 않아도 된다는 것입니다.

이런 식으로 자율주의는 학술적 마르크스주의자가 될 수 있는 길을 사람들에게 활짝 열어 줍니다.

자율주의와 아나키즘의 관계를 묻는 질문이 있었습니다. 제가 보기에 별로 차이가 없지만, 자율주의자들은 아직 이것을 깨닫지 못하고 있는 듯합니다.

실제로 아나키즘의 역사를 살펴보면, 많은 영웅적인 투사들이 운동을 건설했지만 그들은 지도와 국가의 문제를 회피했습니다.

예컨대, 두루티라는 스페인 아나키스트는 아마도 스페인 노동계급 운동의 가장 위대한 지도자들 가운데 한 명이었을 겁니다. 그러나 그는 국가 문제를 회피했기 때문에 1936년 스페인에서 혁명이 일어나자 결국 부르주아 정부를 지지하는 입장을 취하게 됐습니다.

그는 파시스트들이 조직되고 있다는 사실에 위협을 느꼈고, 파시스트에 맞서 싸우기 위해서는 군대가 필요하고 군대를 갖기 위해서는 국가가 필요하다는 생각을 했기 때문입니다. 두루티는 혁명정당과 함께, 노동자 평의회에 기반을 둔 노동자 국가 건설을 거부했기 때문에 결국 부르주아 국가를 지지했던 것입니다.

오늘날 자율주의자들 중에는 매우 냉소적이고 투쟁에 헌신하지 않는 구 세대가 있는가 하면, 자율주의 사상에 호감을 갖고 운동에 뛰어든 청년들도 있습니다.

저도 처음 정치 활동을 시작할 때[1950년대 말 — 옮긴이] 스탈린주의에 대한 강한 반감에서 심지어 잠시 스스로를 아나키스트라고 생각했었습니다.

오늘날 전 세계의 많은 청년들이 처음에는 자율주의 사상을 받아들이지만 나중에는 사회주의 사상을 받아들일 가능성이 있습니다. 또, 그들 중 상당수는 자율주의 사상을 가지고 있지만 자신을 자율주의자로 여기지는 않습니다.

마지막 질문은 과연 노동계급이 최후까지 투쟁을 수행할 능력이 있는지에 대한 것이었습니다.

자본주의 하에서 대부분의 시기에 노동자들은 체제에 맞서 싸울 힘을 발전시키기 힘듭니다. 만일 여러분이 매일 8~10시간씩 일하고 아이까지 돌봐야 한다면, 여러분은 체제 변화를 고민할 충분한 여력이 없을 것입니다.

그러나 파업이 일어나면, 노동자들은 무엇을 할 것인가를 온 정신을 쏟아 고민하기 시작합니다. 더구나 정말로 커다란 투쟁에서는 이런 현상이 훨씬 더 보편적일 것입니다.

그러나 그런 대규모 투쟁이 개량을 획득하든지 아니면 분쇄돼서 결국 체제를 뛰어넘지 못한다면, 체제에 도전하는 시기는 그것으로 끝납니다.

그러나 노동자들의 마음 속에는 자신이 어떻게 싸웠고 무엇을 얻었는지에 대한 기억이 남습니다. 그래서 한국의 수많은 노동자들은 하나의 계급으로 단결해 독재정권을 종식시키고 노동조건 개선을 비롯한 각종 성과들을 쟁취한 투쟁을 계속 기억할 것입니다.

만약 노동자들이 자본주의를 박살내고 사회의 부(富)를 모두 자기 생활조건을 개선하고 사회에 대한 인식의 폭을 넓히는 데 사용한다면, 그것은 얼마나 멋진 일이겠습니까!

이것이 바로 우리가 러시아 혁명이나 그 전의 파리 코뮌을 다시 돌아봐야 하는 이유입니다. 왜냐하면 그것을 통해 어떻게 노동계급이 사회를 변화시키고 어떻게 그 과정에서 스스로 변했는지를 우리가 잠시나마 확인할 수 있기 때문입니다.

물론 그 경험들은 오래 지속되지는 못했습니다. 파리 코뮌은 물리적으로 완전히 파괴됐습니다. 러시아 혁명은 외부의 압력에 의해 질식했죠.

누군가가 외부의 압력으로 질식했다면, 만일 여러분이 누군가의 목을 조른다면, 그들은 결국 죽을 것입니다. 이윽고 그들의 피부색은 끔찍하게 변할 것이고, 심지어는 썩어서 구더기가 기어나올지도 모릅니다.

그러나 여러분은 그들이 죽음에 또는 구더기 발생에 책임이 있다고 말하지는 않습니다. 오히려 여러분은 그들을 교살한 자가 누구인지를 말할 겁니다.

그들이 죽었다는 사실이 그들이 생전에 활기가 넘쳤다는 사실을 부정할 수 없는 것처럼, 러시아 혁명이 교살당했다는 사실이 러시아 혁명이 활력이 넘쳤었다는 사실을 부정할 수 없을 것입니다. 노동자들이 옛 국가를 파괴하고 과거와 완전히 다른 사회를 건설했으며 그 과정에서 노동자들 자신이 변하기 시작했다는 사실을 부정할 수 없습니다.

우리는 진지한 자율주의자들에게 이런 것들을 설명해야 합니다. 그들은 한국과 그 밖의 다른 나라에서 사회주의 조직을 건설하는 과정의 일부로서 함께할 수 있고, 노동계급이 세계를 변화시킬 수 있도록 이끄는 투쟁에 함께할 수 있을 것입니다.

《마르크스를 넘어선 마르크스》 서평 : 재앙을 낳은 자율주의 사상

안토니오 네그리는 사회당 소속 시 의원, 이탈리아 하원 의원, 파두아 대학 교수였다. 또한 그는 불명예스럽게도 테러 단체인 적색 여단의 지도자라는 혐의를 받았다. 그래서 이탈리아 국가는 아무 증거가 없는데도 그를 망명자 신세로 만들었고 1980년대에는 수감했다.

네그리는 흥미 있는 역사적 인물 이상의 사람이다. 그의 사상과 그를 중심으로 모인 사람들은 1977년에 이탈리아 좌익을 지배했다. 그들은 이른바 '자율주의자들'로 알려진 사람들이었고 그들의 사상도 '자율주의'로 알려졌다. 그래서 이 책은 자율주의 사상을 옹호하는 주장들로 가득하다.

그렇다면 《마르크스를 넘어선 마르크스》는 무엇을 말하고 있는

최일붕. 〈열린 주장과 대안〉 7호, 2001년 1월 1일. https://wspaper.org/article/85.

책일까? 이 책에 실린 글들은 알튀세르의 초청으로 네그리가 파리에서 했던 일련의 강연들을 모아 놓은 것이다. 흔히 《그룬트리세》(정치경제학 비판 요강)라고 알려진 마르크스의 《자본론》 집필용 메모를 살펴보면서 네그리는 마르크스의 사상에 대한 새롭고 신선한 통찰을 발견했다고 주장한다.

이 책 전체를 통틀어 가장 두드러진 특징은 이 책이 난해하고 지루하고 복잡하다는 것이다. 네그리나 그의 책을 번역하는 사람은 짧은 문장이나 쉽게 이해되는 말을 사용하지 못하는 듯하다. 이 책을 읽는 것은 고역이기 때문에 이 책을 읽으라고 권할 생각은 내게 없다. 그러나 이해할 수 있는 한도 안에서 책을 읽어 보면, 몇 가지 핵심 사상이 두드러진다.

첫째, '사회적 노동자'라는 사상이다. 이 책이나 다른 책들에서 네그리는 사회 전체가 자본의 이익을 위해 운영되고 있다는 인식에서 출발한다. 그리하여 공장이 사회가 되고 누구든지 '사회적 자본'에 의해 억압당하는 사람은 노동자 계급에 포함된다. 이 '사회적 노동자'는 학생일 수도 있고, 실업자일 수도 있고, 무직 청년일 수도 있다.

그는 국가를 '사회적 자본'으로 본다. 국가는 전능해서 노동조합, 공산당, 모든 사회 제도를 아우르는 강성 국가라는 것이다.

그리하여 그는 억압적 강성 국가가 자본주의 사회로부터 자율성을 누리고 있고 '사회적 노동자' — 그들이 학생이건 청년 실업자이건 노동자이건 — 의 자생적 반란이 이탈리아 사회에 사회주의의 고립된 섬을 창출하기 시작할 수 있다는 결론을 내린다.

네그리는 경제 위기가 노동자 계급을 벌하는 수단으로 본다. 즉,

노동자들에게 일할 것을 강요함으로써 자본은 노동자 계급의 일에 참견한다는 것이다. 그래서 네그리는 노동자 계급 투쟁의 정점이 노동 거부라고 본다.

'노동 거부'는 급진적 학생이나 청년 실업자에게 조금 호소력을 가질지도 모른다. 하지만 그것은 어리석은 구호일 뿐이다. 대다수 사람들은 노동을 해야만 살 수 있다. 그런 사람들이 실업의 위협에 직면해 있을 때 그들에게 노동 거부를 호소하는 것은 진지한 태도가 아니다. 그리고 노동자들은 생산 과정 속에서만 자본주의에 도전하고 마침내 자본주의를 변혁할 수 있는 집단적 능력을 발전시킬 수 있다. 그러므로 '노동 거부'는 노동자 계급이 자본주의를 물리칠 수 있는 곳으로부터 도피하는 것이다.

1960년대 초 네그리와 일단의 좌익 지식인들은 《콰데르니 로시》 (Quaderni Rossi : 붉은 공책)라는 정기 간행물을 중심으로 위와 같은 사상을 발전시켰다.

1960년대 말 이탈리아 사회에서 노동자 투쟁이 뜨겁게 달아오른 "길고 뜨거운 가을"에 그들의 사상은 반향을 얻을 수 있었다. 네그리와 그의 동료들의 사상의 강점은 노동자 계급 투쟁의 자생성에서 출발하고 있다는 것이다. 당면 투쟁에 관심을 갖고 있던 한 세대의 활동가들한테 네그리와 그의 동료들의 사상은 일리가 있는 것처럼 보였다.

1970년대 초에 이탈리아의 혁명적 좌익은 유럽에서 최대 규모로 성장했다. 그 구성원들은 단체마다 수만 명은 됐을 것이다. 그들은 세 가지 일간지를 내고 있었다. 그런데 갑자기 1976년 말에 혁명적 좌익은 붕괴했다. 표면적 이유는 1976년 선거에서 극좌파에 대한 지지가 아주 빈약했다는 것이다. 더 깊은 진짜 이유가 있었다.

1976년 말 경제 위기가 심화하는 동시에 노동조합과 공산당이 노동자들을 저지하기 시작함에 따라 파업이 억제당했다. 몇 해 동안 행동과 투쟁이 멈추지 않고 일어난 뒤 노동자 계급 운동은 가라앉았다. 혁명적 좌익은 그 스탈린주의 정치 때문에 이러한 문제들에 대처할 수 없었다. 이것은 전투성의 위기를 낳아, 여러 해 동안 활동했던 사람들은 지치기 시작했다.

공장 투쟁과 더불어 운동의 성장이 있었다. 좌익 라디오 방송국 기금 모금 운동, 여성에 대한 폭력에 반대하는 시위, 낙태 권리 옹호 운동, 대안적 문화 센터 설립 등의 운동이 있었다. 이러한 운동들은 시위에 수많은 참가자를 끌어들일 수 있었다.

그러나 이러한 운동들은 좌익을 강화시키기는커녕 좌익을 약화시켰다. 좌익 단체들은 노동자 계급만이 모든 피억압 집단들을 단결시킬 수 있다는 생각 없이 활동가들의 연합체가 됐다.

1977년 초쯤 좌익은 붕괴했으나 운동에 참여한 개인들은 사라지지 않았다. 동시에, 새로운 학생 운동이 성장했다. 이러한 상황에서 네그리가 내놓은 자율주의 사상이 학생 운동의 대세를 장악했다.

네그리 사상의 강점이 투쟁의 자생적 진출과 관계 있는 것이라면, 그 사상의 약점은 노동자 계급 투쟁이 가라앉았을 때 그러한 침체가 극단적 주의주의 — 객관적 조건들에도 불구하고 일부 개인들의 투쟁 노력이 사회를 변화시킬 수 있다는 믿음 — 를 유발한다는 것이다.

학생들이 자기들의 힘만으로 국가를 공격할 수 있다는 믿음은 네그리의 사상에서 비롯한 것이었다. 설상가상으로, 공산당과 연계된 소수 노동자들의 불만과 학생 투쟁을 연결시키려는 시도도 없었다.

만일 '사회적 노동자'가 어느 곳에서든 자신의 자율적 영역에서 투쟁할 수 있다면, 어디로 나아갈 것인가 하는 것에 관해 집단적 합의에 이르고자 하는 정치 조직은 필요 없을 뿐 아니라 비난받을 뿐이다.

이로부터 적색 여단이 성장하는 지름길이 생겨났다.

좌익은 국가에 대항하는 폭력이 그 자체로 좋은 것이라는 일말의 믿음을 언제나 갖고 있었다. 1977년 자율주의자들은 학생 시위로 위장해 경찰에 대한 무장 공격을 벌였다. 소수의 무장 행동이 대중 투쟁을 대신할 수 있다는 믿음이 득세했다. 그 논리적 결론은 테러리즘이었다.

그러한 전략은 재앙이었다. 파업이 일시 중단됨에 따라 국가는 아무 방해도 받지 않고 탄압 행동을 할 수 있었다. 더욱 중요한 것은, 공산당이 좌익을 파괴자들이라고 묘사할 수 있었고 그리하여 좌익을 노동자 계급으로부터 고립시킬 수 있었다는 것이다.

이러한 행동에 대한 대응은 극적인 것이었다. 노동자 계급으로부터 고립당하고 국가에 의해 탄압당하는 자율주의자들은 감옥에 갇히거나 단순히 활동을 포기하거나 했다. 혁명적 좌익은 겨우 몇 년 만에 사라졌다.

자율주의자들은 이제는 알아 볼 수 없을 만큼 변해 버렸고, 단순히 문화 센터에나 관심을 가지고 있다. 네그리 같은 활동가들은 생활양식 정치나 녹색 정치로 후퇴했다. 그의 사상은 가장 커다란 혁명적 좌익과 한 세대의 활동가들을 막다른 골목으로 이끌었다.

아나키즘과 자율주의

제가 2010년에《아나키즘: 마르크스주의적 비판》을 쓰게 것은 이미 그때부터 아나키즘과 자율주의 운동이 전반적으로 성장할 조짐이 분명히 보였기 때문입니다.

저는 사회주의자이자 마르크스주의자로서 이런 흐름과 우호적이고 동지적인 관계를 맺는 것뿐 아니라, 논쟁을 회피하지 말고 사상적으로 그들을 설득해야 할 필요도 절실히 느꼈습니다. 왜냐하면, 아나키즘과 자율주의는 노동계급을 제대로 대변하는 사상도 아니고, 자본주의에 맞선 혁명 운동을 효과적으로 이끌 수도 없기 때문입니다.

2010년 이후 전개된 상황은 제 예측이 옳았음을 보여 줍니다. 세계적으로 아나키즘과 자율주의 운동이 크게 성장했습니다.

존 몰리뉴. 〈레프트21〉 109호, 2013년 8월 10일. https://wspaper.org/article/13404. 이 글은 존 몰리뉴가 '맑시즘2013'에서 강연한 내용을 녹취한 것이다.

그런 흐름은 이집트 혁명과 아랍 세계 전역에서 큰 규모로 나타났습니다. 터키와 브라질 그리고 유럽 대부분 지역에서도 발견할 수 있습니다. 이 지역 시위 소식을 전하는 뉴스를 보면, 영화 〈브이 포 벤데타〉에 나오는 익명을 상징하는 마스크가 종종 눈에 띄는데, 이는 아나키즘과 자율주의 운동의 성장 흐름을 반영한 것입니다.

다양한 종류의 아나키즘 또는 자율주의가 2010년 말 영국 학생운동과 스페인 '분노한 사람들' 운동, 각국에서 벌어진 '점거하라' 운동 같은 몇몇 중요한 투쟁에서 아주 지배적인 영향력을 행사했습니다.

아나키즘의 매력

아나키즘이 이처럼 유행한 것에는 몇 가지 이유가 있습니다.

첫째는 역사입니다. 오랫동안 사민주의, 스탈린주의, 마오쩌둥주의 등은 운동을 배신하고 범죄를 저질렀습니다. 게다가 트로츠키주의나 진정한 혁명적 사회주의 전통은 주변적인 신세를 벗어나지 못했습니다. 그 결과, 오늘날 운동에 참가하는 많은 청년은 수백만 명을 배신하고 학살한 전력이 없는 사상이 아나키즘뿐이라고 생각합니다.

둘째, 아나키즘의 유행 흐름은 최근 벌어진 시위를 이끌고 여기에 주되게 참여하는 사회계층을 반영하기도 합니다. 영국 기자 폴 메이슨은 "말 잘하고 똑 부러진 청년들"이 이 운동을 주도한다고 했는데 일자리를 구하지 못한 젊은 학생 등이 많이 포함돼 있습니다.

셋째, 조직 노동계급은 이 운동에서 비교적 작은 비중을 차지했는데 그 이유도 지난 역사에서 찾을 수 있습니다. 그러나 저는 이것이 결코 운동의 고정불변한 특징이라거나 모든 운동에서 그랬던 것은 아니라고 강조하고 싶습니다. 오히려 최근 벌어진 아주 눈부신 운동 몇몇에서 노동자운동은 중요한 일부였습니다.

이집트에서는 노동계급이 파업을 시작하며 운동에 동참한 것이 무바라크를 끌어내린 결정적 요소였지만 언론은 주목하지 않았습니다. 언론은 그 대신 타흐리르 광장에서 벌어지는 일들만 보도했습니다.

마찬가지로 스페인 '분노한 사람들' 운동은 그 외연을 확대해 노동운동과 상당한 수준으로 연계를 맺었지만, 언론의 머리기사를 장식한 것은 광장 점거였습니다.

먼저 아나키즘과 자율주의, 또는 '연성' 자율주의 흐름이 유행하는 것은 특정 단체나 사람들이 아나키즘 또는 자율주의 사상을 적극적으로 퍼뜨려서 그렇게 된 것이 아닙니다. 그보다는 이 사상들이 시대적 상황과 맞아떨어졌기 때문에 유행한 것입니다.

물론 예외는 있겠지만, 제가 만나 본 사람들을 포함해서 시위 참가자들은 유명한 아나키스트였던 프루동, 바쿠닌, 크로포트킨 등의 저작을 거의 읽지 않았습니다.

사회주의자들이 마르크스를 공부하는 것과는 많이 다르다는 것입니다. 오늘날 [자율주의] 사상가인 하트와 네그리를 깊게 공부한 사람도 많지 않고 그들이 말한 몇몇 어구가 유행하는 정도입니다.

아나키즘과 자율주의가 유행하는 또 다른 이유는, 처음 급진화하는 사람들은 으레 자신들이 맞서 싸우는 상대한테서 영향을 받는다는 것입니다.

1930~50년대에 국제 좌파를 지배한 것은 스탈린주의였습니다. 이에 대한 반발로 1960년대 신좌파 운동이 부상했지만 많은 사람은 스탈린주의와 결별하는 동시에 스탈린주의의 일부 요소를 받아들이기도 했습니다. 예를 들어 많은 사람이 마오쩌둥주의, 체게바라주의 또는 카스트로주의에 열광했지만, 그 사상들은 스탈린주의에 혁명적 색채를 좀 더 덧붙인 것입니다.

1980년대 이후 지배적 사상은 신자유주의적 개인주의였고 특히 젊은 층에서 유행했습니다. 그리고 사람들이 급진화할 때 개인주의의 급진적, 반자본주의적 버전으로 기울기 쉬웠던 것입니다.

그리고 이런 사상은 아나키즘이나 '연성' 자율주의, 또는 제가 '운동주의'라 일컫는 사상들과 잘 들어맞습니다. 권위주의를 강하게 비판하거나, 자신의 사상을 타인에게 강요해서는 안 된다고 하거나, 섹슈얼리티 등의 문제에서 개인의 자율성을 강조하는 주장이 그렇습니다.

여기에는 장단점이 있습니다. 예를 들어, 터키에서 탁심 광장과 게지 공원을 지키기 위한 투쟁이 분출한 이후 터키인 10만 명이 성소수자 자긍심 행진에 참가했습니다. 그전까지 터키에서 있었던 가장 큰 자긍심 행진보다 10배가량 큰 규모였습니다.

이것은 아주 훌륭한 일입니다. 그러나 단점도 있는데 아일랜드에서도 성소수자 자긍심 행진에는 수많은 사람이 참가했습니다. 그런

데 이 행진은 매우 상업적으로 바뀌었고 여기에 참가한 청년들이 긴축에 반대하는 노동자 행진에는 그처럼 참여하지 않습니다.

지금부터는 사회주의자, 특히 혁명적 사회주의자가 아나키스트나 자율주의자와 입장을 달리하는 세 가지 쟁점에 관해 주장을 펼치겠습니다.

아나키즘 이론은 아주 다양하기 때문에 만약 어느 한 아나키즘 사상가를 논박하면 아나키스트 대부분은 "나는 당신이 말하는 그 사람과 생각이 다른데?" 하고 답할 것입니다.

그래서 저는 근본적인 쟁점들에 관해 주장할 텐데 그 셋은 바로 국가, 지도, 정당입니다.

국가 문제

첫째 쟁점인 국가를 대하는 태도는 혁명을 논할 때 다뤄야 할 가장 중요하고도 근본적인 문제라고 할 수 있습니다. 사회민주주의, 개혁주의, 스탈린주의 운동은 모두 현존 국가를 장악해서 자신들의 도구로 사용하겠다고 말합니다.

혁명적 사회주의자들은 반대로 말합니다.

파리 코뮌을 지켜본 마르크스도 그랬고, 레닌이 위대한 저작 《국가와 혁명》에서 밝힌 입장도 그랬습니다. 그들은 노동계급이 자본주의 국가를 차지해 노동계급의 이익을 도모하는 데 사용할 수 없다고 말했습니다. 그 대신 자본주의 국가를 분쇄하고 해체한 뒤 기층의 노동자 평의회나 소비에트에 뿌리를 둔 새로운 국가를 건설해야 한다고 했습니다.

아나키즘은 오랫동안 "국가를 파괴해야 하는 것은 맞지만, 노동계급이 자신의 국가를 새로 만들어 자본주의 국가를 대체하는 것은 올바르지도 않고, 그럴 필요도 없다"고 주장했습니다.

제가 흡사 칼로 무 썰 듯 단순하게 설명하는 것일 수도 있지만, 핵심 쟁점을 보기 위함입니다. 많은 아나키스트는 자유와 권리를 되풀이해 강조하지만, 핵심적으로 던져야 하는 질문은 다음과 같습니다. 만약 혁명이 일어나 노동계급이 자본주의 국가를 분쇄하는 데 성공한다면, 곧바로 국가 없는 사회를 만드는 것이 가능한가?

우리가 이렇게 질문을 던지면 그 답은 분명해집니다. 노동계급은 국가가 필요하다는 것입니다. 반면에 혁명 바로 다음 날 또는 일주일 뒤에 더는 국가가 필요 없다고 선언하는 것은 패배를 향한 지름길입니다.

두 가지 이유 때문입니다. 첫째, 봉기나 반란이 성공한다고 해서 계급투쟁이 끝난 것이 아니기 때문입니다.

기존 지배계급은 자신의 부와 권력과 자원을 대부분 그대로 손에 쥐고 있을 것입니다. 게다가 전 세계에서 기적적으로 동시다발로 혁명이 일어나지 않는 이상, 지배계급은 다른 나라 지배계급의 도움을 받을 것입니다.

그들은 자신들의 힘을 이용해 혁명을 파괴하려 들 것입니다. 지난 역사에서 벌어진 모든 계급투쟁을 보면 이 말이 옳다는 것을 알 수 있습니다. 1871년 노동자들이 파리를 장악했을 때 무슨 일이 벌어졌는지만 봐도 그렇습니다.

[파리 코뮌이 건설된 뒤에도 프랑스] 지배계급은 결코 포기하지 않았고, 도시 밖 베르사유 궁전으로 후퇴한 뒤 노동자들이 장악한 파리를 향한 반격을 준비했습니다. 이후 그들은 파리에서 일주일 만에 노동자 3만 명을 살육했습니다.

파리 코뮌만 그런 것이 아닙니다. 역사에서 이런 사례는 거듭 되풀이됐습니다. 러시아혁명 이후 러시아, 1936년 스페인에서 프랑코가 저지른 짓, 독일 혁명이 패배한 뒤 벌어진 일 등 그 사례를 모두 나열하기 힘들 정도입니다. 그 모든 사례에서 노동계급이 반혁명을 물리치는 데 실패했을 때 피로 대가를 치러야 했습니다.

반혁명 세력을 분쇄하려면 노동계급한테는 중앙집중적인 기구와 군대, 즉 자신만의 국가기구가 절대적으로 필요합니다.

[노동자 국가가 필요한] 둘째 이유는 사회주의를 건설하는 초기 단계에서 누가 경제를 운영하고 누가 생산수단을 통제할지 정해야 하기 때문입니다. 노동계급은 국가를 이루고 그것을 통해 생산수단을 집단으로 소유하고 통제할 수밖에 없습니다.

일부 아나키스트는 작업장별로 생산수단을 통제하면 되니까 국가는 필요치 않다고 답하기도 합니다. 그러나 혁명 직후 계급투쟁이 계속 벌어지는 상황에서 이런 식으로는 경제를 운용할 수 없습니다.

철도, 항공, 버스는 정류장별로 따로 운영해서는 유지될 수 없습니다. 모든 정류장을 하나로 묶어야만 합니다.

또한, 혁명 직후는 유토피아가 아닐 것입니다. 오히려 그것을 낳은 자본주의 위기의 여러 모습을 그대로 간직하고 있을 것입니다. 여전히 실업자가 있고, 각종 복지 수당이 필요한 사람들이 많을 것입니다.

실업 수당을 지급하려면 어떻게 해야 할까요? 바로 세금을 걷어 지급해야 합니다. 사람들한테서 세금을 걷으려면 국가가 있어야 합니다. 모금함을 들고 다니면서 돈을 모으는 것으로는 어림도 없습니다.

이렇듯 사회주의를 건설하는 초기 단계에서 일체의 국가기구를 거부하면 사람들에게 기본적으로 필요한 것을 충족하지 못하고 붕괴로 나아가는 길만 닦을 것입니다.

[자율주의 이론가] 존 홀러웨이는 국가가 필요 없다는 주장의 한 가지 변종을 제시하며 꽤 영향력을 얻었습니다. 그는 권력을 장악하지 않고도 세계를 바꿀 수 있다고 주장했는데, 같은 제목으로 책을 내기도 했습니다[국역 《권력으로 세상을 바꿀 수 있는가》].

그러나 이는 환상일 뿐입니다. 홀러웨이는 멕시코 사파티스타 운동 경험을 들며 주장을 펼칩니다. 물론 사파티스타 운동은 당시에 많은 영감을 줬지만, 멕시코나 세계를 바꾸는 데 실패했습니다.

홀러웨이의 기본 주장은 일정한 자치 공간을 만들어 거기서 새로운 사회나 생활방식을 일구면 된다는 것입니다. 반면에 국가 문제는 신경 쓰지 않습니다.

그러나 제3세계 일부 산악 지역이나 깊은 숲 등지에서는 가능할지 몰라도 산업이 발전한 현대 사회에서는 그럴 수 없습니다. 서울, 카이로, 런던, 뉴욕 등에 그런 자치를 안정적으로 구현할 공간은 없습니다. 지배계급을 위협하지 않도록 체제와 타협한다면 몰라도 말입니다.

광장을 점거하는 것은 운동의 출발점이 될 수는 있어도 그 자체로는 최종 승리로 보기 어렵습니다.

지도

제가 둘째로 다루고 싶은 문제는 바로 지도에 관한 것입니다. 일반적으로 아나키즘과 자율주의는 오늘날 벌어지는 운동에서 일체의 지도를 거부합니다.

제가 참여한 '점거하라' 운동은 모든 집회에서 다음과 같이 말하며 시작했습니다. "우리는 지도자가 없는 운동이다." 그리고 그들은 어떤 일을 결정할 때 항상 만장일치로 하려고 했습니다. 동의하는 사람들은 손을 흔드는 방식으로 말입니다.

그러나 그들이 뭐라고 말하든 간에 현실적으로 모든 운동에는 지도의 요소가 있습니다. 자발성이 아주 두드러진 운동도 예외가 아닙니다.

모든 파업, 모든 시위, 모든 점거, 모든 집회에는 실천적으로 앞서는 사람이 있게 마련입니다. 왜냐하면, 사람들의 의식과 전투성은 항상 똑같이 발전하는 것이 아니기 때문입니다.

민주적으로 대표를 선출하는 것을 거부하면 결과적으로 그런 선출 과정 없이 지도부 구실을 하는 사람들이 있고, 다수는 그들에게 책임을 물을 수 없는 결과를 가져옵니다.

아나키즘의 역사가 보여 주는 아이러니는 아나키즘 단체보다 그 지도자들의 이름으로 그 운동을 지칭한다는 것입니다. 레닌을 떠올리면 볼셰비키나 공산당이 함께 생각납니다. 그러나 바쿠닌이 이끈 단체 이름이 무엇이었는지는 관련 학자들이나 알 것입니다. [다른 아나키스트인] 크로포트킨, 마흐노도 마찬가지입니다. 사실 우리는 이 지도자들의 이름으로만 그 운동을 알 수 있습니다. 이처럼 아나키스트들도 지도자가 있습니다.

만장일치로 결정을 내리는 것에 대해서도 지적할 것이 있습니다. 만일 모든 견해가 똑같고 심각한 이견이 없다면 만사형통일 것입니다. 만약 우리가 이 강연을 10분 일찍 마치거나 10분 늦게 마치기로 합의한다면 아무런 문제가 생기지 않을 것입니다.

그러나 원칙이나 전략 문제를 두고 정치적 이견이 심각한 상황에서는 이런 식으로 문제를 해결할 가망이 없습니다. 만약 이쪽에 앉은 분들은 파업에 들어가고자 하는데 반대편에 앉은 분들은 파업에 반대한다면 만장일치를 이룰 수 없습니다. 이런 상황에서 만장일치만을 고집한다면 사실상 집단 전체를 마비시키는 결과를 낳을 것입니다.

게다가 만장일치를 따른다면 80퍼센트가 파업을 지지해도 단 5퍼센트가 반대하면 파업을 벌일 수 없습니다. 이는 결코 민주적이지 않고 오히려 근본에서 비민주적입니다. 또한 아무런 행동도 하지 못하게 할 뿐입니다.

정당

셋째 쟁점은 바로 정당입니다. 스페인을 비롯한 광장 점거 운동에서 두드러진 것이 바로 정당에 대한 반감입니다. "우리는 정당을 환영하지 않는다. 우리는 정당이라는 개념 자체를 거부한다"고 그들은 말했습니다.

주류 정당들이 표를 얻으려고 거짓말한 뒤 약속을 어긴 수많은 배신과 부패 사례를 떠올리면 이런 정서는 아주 이해할 만한 것입니다.

그럼에도 이것은 완전히 잘못된 입장입니다. 자본주의에 반격을 가하려면 고립된 개인을 벗어나야 합니다. 사람들은 뭉쳐서 이러저러한 투쟁 전략을 발전시켜야 합니다. 게다가 자본주의가 사람들과 노동자운동을 상대로 퍼뜨리는 이데올로기에 맞서 사상 투쟁을 전개할 조직도 필요합니다.

운동에 처음 참가한 사람들은 많은 경우 이 필요성을 이해하지 못합니다. "우리가 뭉치면 국가를 손쉽게 뒤엎을 수 있다. 우리가 분열하지만 않으면 국가는 스스로 무너질 것이다" 하고 말합니다. 그러나 실제 계급투쟁은 그렇게 단순하지 않고 온갖 종류의 복잡한 정치적·전략적 문제에 봉착합니다.

예를 들어 지금 이집트에서는 수백만 명이 시위에 참가해 정부를 끌어내렸습니다. 그러나 이제 이집트인들은 군부 문제를 다뤄야 합니다.

혁명에 참여한 이집트인들 중 많은 사람은 군부에 환상이 있습니다. 따라서 군부한테 혁명의 주도권을 내주는 것이 왜 위험한지 경고하는 단체가 운동 안에 있어야 합니다.

또한, 운동을 분열시킬 인종차별, 성차별, 민족주의 등에 대해서도 논쟁할 조직적 세력이 운동 안에 있어야 합니다. 여타의 자본주의적 정당이 아니라 혁명 정당이 그런 구실을 할 수 있습니다.

조직 노동계급

제가 다루고 싶은 마지막 쟁점은 조직 노동계급을 모조리 적대시하는 태도입니다. 오늘날 아나키즘보다는 자율주의와 더 관련 있는 문제라고 할 수 있습니다.

과거 아나키즘은 이런 태도를 보이지 않았습니다. 예컨대 1930년대 스페인 아나키스트들은 당시의 주도적 노동조합이었던 CNT에서 주되게 활동했습니다. 그러나 최근 몇 년간 부상한 자율주의 흐름에는 조직 노동계급을 적대시하는 경향이 있습니다.

주요 자율주의 이론가인 마리오 트론티와 토니 네그리는 1960년대 이탈리아 공산당에서 활동했던 사람들입니다. 그들은 노동운동을 지배하던 스탈린주의와 유러코뮤니즘, 그리고 그들의 관료 기구에 반발해 이러저러한 자발성을 예찬했습니다. 처음에 그들은 작업장에서 노동조합을 거치지 않고 벌어지는 투쟁들을 '자발적인 투쟁'이라고 부르며 치켜세웠습니다. 그러나 노동운동이 패배하자 그들은 이제 실업자들에게 관심을 기울였습니다.

그리고 그들은 임금 노동을 거부하는 것이야말로 혁명적 행위라고 치켜세웠습니다. 이후에는 실업자들을 동원해 노동조합에 맞서려 했습니다. 나중에는 '다중'이라 부르는 새로운 개념을 꺼내 들고서 노동계급을 대체하려고 했습니다.

이런 종류의 사상에 대해 몇 가지 말하고 싶습니다. 무엇보다, 임금 노동을 거부하는 것이 혁명적 행위라는 생각은 완전히 어리석은 생각입니다.

물론 개인은 착취당하기를 거부할 수 있을 것입니다. 그러나 그런 행위는 자본주의를 전혀 위협하지 못합니다. 무엇보다도 그런 행위를 하는 당사자는 운동에서 고립될 텐데, 많은 노동자들은 언제나 일자리를 달라고 싸우지 일자리를 거부하겠다고 싸우지는 않기 때문입니다.

둘째로, 이런 전략은 혁명가가 되겠다는 사람들을 다수로부터 분리시킵니다. 일자리를 가진 노동자들과 충돌하려고 실업자들을 조직하는 운동은 노동계급을 분열시켜 기업주와 지배계급의 뜻대로 사태가 전개되도록 할 뿐입니다.

마지막으로 노동계급이라는 개념을 다중이라는 개념으로 대신하려는 것은 이론적으로도 엄청난 후퇴입니다. '점거하라' 운동이 "우리는 99퍼센트고, 너희는 1퍼센트다" 하고 말한 것은 선동 수준에서는 의미가 컸습니다. 이 구호는 지배계급은 한 줌밖에 안 된다는 사실과 압도 다수는 지배계급과 이해관계가 다르다는 사실을 밝게 드러냈습니다. 이 점에서 그 구호는 진보적입니다.

그러나 그 구호가 계급 사회나 자본주의 사회를 엄밀하게 표현하

는 것은 아닙니다. 정말로 지배계급이 단지 1퍼센트뿐이고 누구한테
도 지원을 받지 못한다면 그들을 내쫓기는 아주 간단할 것입니다.
그러나 역사를 통해서 우리는 이것이 사실이 아니라고 알고 있습니
다.

현실에서는 1퍼센트에 해당하는 지배계급의 핵심 부위를 여러 중
간층이 떠받듭니다. 그리고 이 중간층은 다수 노동계급보다는 상대
적으로 특권을 누립니다. 중소기업의 사장이나 관리자, 또는 노동계
급을 통제하는 노릇을 하는 사람들이 여기에 해당됩니다.

무엇보다도 추상적으로 다중을 강조하는 것은 노동계급이 혁명에
서 핵심적 구실을 한다는 마르크스주의의 핵심 개념을 버리는 일입
니다. 그러나 노동계급은 그들이 자본주의 경제에서 수행하는 구실
때문에 중요합니다.

역사를 보면 언제나 다중, 즉 사람들은 착취당하고 수난을 겪고
헐벗고 살았습니다. 노동계급이 그토록 중요하고, 마르크스가 그들
에게 주목했던 까닭은 바로 노동계급이 인류 역사상 최초로 자신을
스스로 해방시키고 계급 없는 사회를 만들 잠재력이 있기 때문입니
다.

이런 잠재력은 무엇보다도 자본주의 이윤을 만드는 잉여가치를 생산
하는 것이 노동자들이기 때문입니다. 노동자들이 대도시와 주요 작업
장에 집중적으로 모여 있는 것도 그들이 중요한 까닭입니다.

노동자들이 중요한 것은 그들이 다른 사람들보다 더 고귀하거나
잘났다고 믿어서가 아닙니다. 오히려 노동자에게 힘이 집중됐다는
것을 이해하기 때문에 그들만이 다른 세력들의 힘을 모아 자본주의

가 휘두르는 괴력을 꺾을 수 있다고 보는 것입니다.

자율주의는 이런 것을 이해하지 못합니다. 그 때문에 자율주의 흐름에 편승해 '프레카리아트'나 실업자 등에 집중하고 조직 노동계급의 구실을 거부하면 운동이 승리를 거둘 수단을 잃게 됩니다.

지금까지 말한 핵심 주장을 요약해 보겠습니다.

아나키즘과 자율주의 흐름이 오늘날 유행하는 것은 이해할 만한 일입니다. 우리가 전혀 실망할 일이 아니라, 오히려 새로운 운동이 떠오르는 것을 반영한 것입니다.

그러나 모든 중요한 쟁점, 즉, 국가, 지도, 정당, 노동계급의 구실 문제에 있어서 아나키즘과 자율주의는 운동이 전진하는 데 도움을 주지 못합니다. 오히려 패배로 이어질 길만 닦을 뿐입니다.

노동계급이야말로 사회를 변혁할 주체이고, 노동계급은 기존 국가를 파괴하고 자신만의 국가를 만들어야 합니다. 이 과제를 수행하려면 혁명적 지도력이 있어야 하는데, 노동계급에 뿌리내린 정당만이 그 지도력을 제공할 수 있습니다.

정리 발언

먼저 한때 자신이 아나키스트였다고 말씀한 여성 분의 발언을 듣고 든 생각부터 말씀드리겠습니다. 저 역시 사회주의자가 되기 전에는 아나키스트였습니다.

아나키즘은 가장 기초적인 형태의 저항이어서 오늘날 많은 청년이 저항에 나서기 시작할 때 아나키스트가 되는 것은 흔한 일입니다. 제가 쓴 책 1장의 제목은 "아나키즘의 매력"입니다. 저항에 나선 청년들이 왜 아나키즘에 끌리는지 이해할 필요가 있기 때문입니다.

개인적으로 저는 파리의 1968년 5월 운동 한복판에 있었는데, 거기서 겪은 일 덕분에 아나키즘에서 벗어났습니다.

1968년 항쟁에서 아나키즘은 흔한 사상이었습니다. 그런데 위대한 학생 반란과 뒤이은 노동자 총파업이 패배로 끝나자 저는 혁명에 관한 문제를 진지하게 고민하기 시작했습니다.

당시 제 질문은 "어떻게 해야 1968년 5월에 승리할 수 있었을까"였습니다. 제가 찾은 답은, 승리하려면 거리에서 전투를 벌일 아나키스트 투사뿐 아니라 노동자들의 총파업을 혁명으로 밀어붙일 지도력이 필요했다는 것입니다.

그러려면 작업장과 공장에 혁명적 조직이 존재해, 운동을 배신하는 스탈린주의 정당이나 공산당을 대신해야 했습니다.

저는 앞서 말한 동지가, 우리는 자유라는 목표를 아나키스트들과 공유한다고 말한 것에 대해서도 드릴 말씀이 있습니다. 인류 모두의 해방과 인간의 자유야말로 마르크스주의 운동이 궁극적으로 추구하는 바입니다.

그러나 부르주아지와 노동계급은 자유를 향유하는 방식에서 차이가 난다는 점도 지적하지 않을 수 없습니다. 부르주아지의 모든 사상과 그 결과물은 자신이 개인적으로 생산수단을 소유한다는 사실에 의존합니다. 그래서 부르주아지에게 자유란 집단과 충돌하는 것입니다.

반면에 노동계급의 자유, 개인적 권리, 스스로 계발할 능력, 개성을 가꿀 역량은 모두 집단적 투쟁이 뒷받침될 때만 확장될 수 있습니다. 예를 들어 집단적 투쟁을 통해서만 노동계급에 속한 개인은 교육받을 권리를 쟁취할 수 있습니다. 집단적 투쟁이 있어야만 여성은 평등을 쟁취하고 자아를 계발할 수 있습니다.

마찬가지로 노동계급이 자기 일과 노동 생산물을 소유하고 통제하려면 집단적 투쟁을 통해서만 그럴 수 있습니다. 이처럼 소수만 누리는 자유가 아니라 모든 사람이 자유를 누리려면 소수가 아니라 다수가 참여하는 투쟁이 필요합니다.

다음으로, 사람들은 대개 정치나 사회적 문제가 나라마다 다르다고 생각하기 쉽습니다. 그래서 아일랜드, 아시아, 이집트, 미국은 각자 고유한 문제가 있다고 생각하기에 십상입니다. 물론 차이점도 있지만, 세계 모든 곳에서 근본 문제는 같습니다.

아일랜드에서 저는 이런 말을 종종 듣습니다. "이 나라 정치인들은 정말 썩었어." 한국 정치인들은 다른가요?

제가 한국에 오기 전 영국 맑시즘에 참가했는데 거기서 중심적인 논쟁 하나가 바로 "프레카리아트냐 프롤레타리아냐"였습니다. 그리고 제가 한국 맑시즘에서 가장 먼저 들은 강연에서도 사람들은 프레카리아트와 프롤레타리아에 대해 토론했습니다. 같은 논쟁이 영국과 한국에서 벌어지고 있던 것입니다.

제가 드리고 싶은 말씀은 이렇습니다. 세계 인구의 절반 이상이 아시아에 살고 있습니다. 만약 아나키즘이 아시아에서 성공한다면 세계 다른 부분에서도 그러지 못할 까닭이 없습니다. 그래서 저는 아나키즘이 세계 다른 지역과 달리 아시아에서는 통할 수 있다는 주장에 동의할 수 없습니다.

아나키즘과 민족주의 중 어느 것을 지지해야 하느냐는 질문에 대해서도 말씀을 드리겠습니다. 저는 한 동지가 말한 것처럼 아주 구체적으로 문제를 따져 봐야 한다고 생각합니다. 해당 쟁점의 내용이 무엇인지, 그리고 어떤 종류의 민족주의인지 살펴봐야 합니다.

레닌은 민족주의 문제를 바라보는 결정적인 관점을 제시했는데 바로 억압하는 민족의 민족주의와 억압당하는 민족의 민족주의를 구분해야 한다는 것입니다. 영국 민족주의처럼 억압하는 민족의 민족주의인 경우는 언제나 반동적입니다. 특히 그 나라가 제국주의 주요 열강이면 더 그렇습니다.

그러나 억압당하는 민족의 민족주의에는 진보적인 요소가 있습니다. 사회주의자는 국제주의를 받아들이기 때문에 민족주의자는 아니지만, 억압당하는 민족이 자기결정권을 요구하며 싸우는 것을 지지합니다. 바로 그런 관점에서 우리는 억압당하는 민족주의자들과 동맹을 맺을 수 있습니다.

우리가 아나키즘과 민족주의 사이에서 어느 편을 지지할 것이냐 하는 문제는 이런 점뿐 아니라 아나키스트가 거기에 취하는 태도와도 관련이 있습니다. 예를 들어 영국에서 인종차별적이고 파시스트이기도 한 영국 민족주의자들에 맞서 저는 절대적으로 아나키스트들과 함께 싸웁니다.

그러나 만약 아나키스트들이 추상적인 국제주의를 내세워 어느 한 나라나 민족이 자기결정권을 요구하며 벌이는 투쟁을 방어하지 않는다면, 그 쟁점에 한해서 저는 아나키스트들과 함께하지 않을 것입니다.

제가 답하고 싶은 두 가지 쟁점이 또 있습니다. 하나는 '과두제의 철칙'에 관한 것입니다. 사실 그 이론은 좌파 사상가였다가 우파로 변절했고 나중에는 파시스트가 돼버린 독일의 로베르트 미헬스가 정식화한 것입니다. 또 한 가지 쟁점은 국가는 사회가 계급으로 나뉘었기 때문에 등장했다는 지적에 관한 것입니다.

인간은 본성적으로 과두제 등 위계질서를 만드는 경향이 있다는 생각은 모두 거짓말입니다. 인류 역사의 대부분인 수십만 년 동안 사람들은 위계질서도, 지배자도, 부자와 가난뱅이도, 국가도 없는 상태에서 살았습니다. 그 동지가 지적했다시피, 약 5천~1만 년 전부터 사회가 계급으로 나뉘면서 사회를 통제하는 세력으로 국가가 등장했습니다.

일단 사회가 착취자와 피착취자로 나뉘고, 부자와 가난한 사람으로 나뉘자 착취자들은 무장한 남성들로 이뤄진 특수 기구를 이용해 자신들의 지배력을 지키고 피착취 계급을 억누르기 시작했습니다.

여기서 알 수 있는 것은 **국가를 없애려면 먼저 계급 자체를 없애야 한다는 것입니다.** 아나키스트들은 이 점을 이해하지 못합니다.

이런 과정은 하루나 일주일, 한 달 만에 이뤄지지 않습니다. 혁명이 승리한 뒤에도 충분한 전환기가 필요합니다. 또한, 한 나라에서만 진행될 수 없고 국제적 수준에서 그런 전환이 일어나야 합니다. 그리고 이 전환 과정을 거치는 동안 혁명을 지켜내려면 공식적인 국가기구가 필요합니다.

저는 마지막으로 한 동지가 한국의 1987년 항쟁 당시 수백만 명이 시위에 나선 것을 설명하며 오늘날에도 혁명이 현실적이라는 주장을 감동적으로 펼쳐 주신 것에 대해서 말하고자 합니다.

저는 먼저 "현실적"이라는 말이 무슨 뜻인지 짚고 싶습니다. 개혁주의 정치인한테 물으면 혁명은 언제나 비현실적이라고 답할 것입니다. 그리고 그들이 "현실"을 운운할 때는 열이면 열, 백이면 백, '자본주의 국가와 자본주의 체제의 질서를 벗어나면 안 된다'는 뜻입니다.

그러나 저는 이렇게 되묻고 싶습니다. "오늘날 자본주의 체제가 광기 어린 난동을 부리며 지구까지 파괴하도록 놔둔 채 우리가 살아남을 수 있다고 보는 것이 과연 현실적인가?"

또 이렇게 묻고 싶습니다. "우리가 자본주의를 개혁해서 자본주의가 아닌 것으로 만들 수 있다고 보는 것이 현실적인가?"

제가 보기에 개혁주의는 완전히 비현실적입니다. 세계사를 보면 개혁주의는 여러 번 시도됐지만 단 한 번도 성공하지 못했습니다. 그러나 역사를 보면 혁명이 가능하고 아주 현실적인 전망이라는 것을 발견할 수 있습니다.

물론 혁명은 매일 일어나지도 않고 쉽게 일어나는 일도 아닙니다.

그러나 20~21세기를 살펴보면 노동계급이 자본주의에 맞서 거듭거듭 떨쳐 일어났다는 것을 알 수 있습니다. 20세기에는 1905년 러시아, 1917년 러시아와 이후 독일·이탈리아·핀란드·헝가리 등 유럽 여러 나라에서 혁명적 상황이 펼쳐졌습니다.

아시아에서는 가장 중요한 것으로 1925~27년에 있었던 중국의 위대한 노동자 반란이 있었습니다. 이후 1937년 스페인, 1956년 헝가리, 1968년 프랑스 파리, 1974년 포르투갈 등 다양한 혁명이 있었습니다.

그리고 이제 21세기가 갓 시작됐는데 이미 튀니지와 이집트 등 아랍 나라들에서 혁명이 분출했고 그리스, 스페인, 터키에서도 대중운동이 성장하고 있습니다.

우리가 답해야 할 문제는 '혁명이 일어날 것이냐 아니냐'가 아닙니다. 오히려 도래할 혁명을 승리로 이끌고 반혁명을 격퇴할 수 있냐 없냐 하는 것입니다.

이론적으로든 경험적으로든 혁명을 승리로 이끌려면 혁명적 지도력과 혁명정당이 반드시 있어야 한다는 것은 분명합니다. 마르크스주의와 사회주의만이 그 지도력과 혁명정당을 만들 수 있고, 아나키즘은 그럴 수 없습니다. 오늘날 우리가 아나키스트가 아니라 사회주의자나 마르크스주의자가 돼야 하는 까닭입니다.

자율주의 — 매력은 주지만 대안은 못 주는

모든 위대한 대중 운동에서, 특히 그 운동의 초기 국면에서 두드러진 특징은 대중의 놀라운 자발성이다. 이는 2008년 한국의 촛불 시위, 이집트 민주화 투쟁, 최근의 스페인 청년들의 투쟁 등에서 쉽게 확인할 수 있다.

이런 대중의 자발성은 그들에게 혁명적 잠재력이 있음을 입증해 주는 지표이기 때문에 마르크스주의자들은 마땅히 이를 고무하고 찬양한다. 마르크스는 사회주의를 노동자 계급의 자기해방 과정으로 여겼고, 로자 룩셈부르크도 사회주의는 누군가 대중에게 하사하는 선물이 아니라고 주장했다. 즉 노동자 계급은 자신의 힘으로 해방될 수 있고, 또 그래야만 한다.

그런데 대중의 자발성을 찬양하는 것이 정당이나 정치단체 들의 개입과 '지도'를 거부하는 모종의 자생주의로 나아가기도 한다. 이런

한규한. 〈레프트21〉 59호, 2011년 6월 16일. https://wspaper.org/article/9824.

정치 경향을 대변하는 게 자율주의다. 자율주의의 실체를 한마디로 규정하기는 어렵다.

반자본주의 사상으로서의 자율주의는 서로 연관된 두 가지 특징이 있다고 말할 수 있다. 먼저, 앞서 말했듯이 일체의 정당이나 정치 조직의 개입을 거부하는 반(反)정당-반(反)정치주의다. 이런 반정당주의는 그들의 반자본주의 전략(사실은 무전략의 전략)과 연관돼 있는데, 자율주의 조직들은 대개 국가권력을 무시하거나 우회하는 전략을 선호한다.

마르크스주의와 자율주의는 적어도 대중의 잠재력과 가능성을 믿고 고무한다는 점에서는 공통점이 있다. 그러나 자율주의의 정치는 대중의 잠재력을 극대화하는 데서 커다란 약점이 있다.

대규모 대중항쟁에 참가한 일부 사람들 사이에서 정당 거부 정서가 나타나는 것은 어느 정도는 당연하다. 왜냐하면, 대규모 대중항쟁은 그동안 억눌려 있던, 조직돼 있지 않은 광범한 부문을 투쟁으로 끌어들인다. 이들은 기존 조직을 통해 투쟁에 참가한 것이 아니라 조직과 무관하게 투쟁에 참가한다.

자율주의자들은 대중의 자발성과 지도를 기계적으로 대립시킴으로써 자생성을 옹호하려 한다. 정치 조직의 개입은 필연적으로 운동의 자발성을 질식시킬 것이라는 것이다. 이런 주장에는 어느 정도 합리적 핵심이 있다. 사회민주주의 정당이나 스탈린주의 정당은 운동에 개입해 운동을 체제 내에 묶어두거나, 자신들만의 목적을 달성하는 데 운동을 이용해 왔기 때문이다.

그러나 자발성과 지도를 기계적으로 대립시켜 정치 조직의 개입을 일방적으로 거부하는 태도는 커다란 문제가 있다. 자율주의 정치는 대중 운동에 참가한 사람들의 의식이 불균등하고 다양하다는 사실 자체를 있는 그대로 놔두라고 주장한다. 이런 주장은 운동에 사활적으로 필요한 전략, 전술 논쟁을 회피하는 것으로 이어질 수 있다. 이는 운동의 발전에 전혀 도움이 안 된다. 이런 태도는 심지어 투쟁 건설을 회피하는 기회주의를 합리화해 주기도 한다.

전략과 조직

자율주의를 받아들인 어느 대학 학생회 활동가는 등록금 인상이 불가피하다는 학생의 의견도 투쟁하자는 학생의 의견과 동등한 가치가 있고, 이 둘은 자연스럽게 수렴돼야 한다고 주장하기도 했다.

운동 안에는 운동을 확대시킬 전략과 쇠퇴시킬 주장이 서로 뒤엉켜 경쟁한다. 이때 운동을 확대하려고 하는 사람들이 조직돼 있지 않고, 그들이 단호하게 주장하지 않고도, 즉 지도하지 않는데도 운동이 자연스럽게 확대 발전할 것이라고 믿는 것은 몽상이다.

자율주의적 반정치의 정치는 대단히 급진적으로 보이지만 종종 역설적으로 가장 온건한 개혁주의 정당을 강화해 주는 결과를 낳기도 한다.

2008년 촛불 시위 때 모인 사람들의 상당수가 지금은 '미워도 다시 한 번' 민주당과 그 아류들에게 투표하는 것으로 이명박을 심판하고자 한다. 이런 점은 자생성을 찬양하는 것을 넘어서 정치적 대안이 필요하다는 점을 보여 준다.

근본적으로 자율주의는 국가 권력에 대해 잘못된 전략을 가지고 있기 때문에 결정적 약점이 있다. 자율주의라기보다는 자유주의자인 진중권은 반값 등록금을 요구하는 시위를 그저 쿨한 "축제"라고 여기는 듯하지만, 운동 그 자체가 운동의 목적이 돼서는 안 된다.

더 나아가 반자본주의 운동처럼 거대한 사회 개혁이나 근본적 사회 변혁을 추구하는 운동은 궁극적으로 자신의 목적을 관철시킬 권력을 창출해야 하고 이는 체제 유지를 그 목적으로 하는 자본주의 국가와 양립할 수 없다.

운동이 체제를 뒤흔들 정도로 강력해지면 국가 권력의 문제는 결정적으로 중요하다. 이런 국면에서 자율주의처럼 국가 권력으로부터 탈주하거나, 무시하고 다중의 자율적 공동체를 만들면 된다는 식의 전략은 무기력할 수밖에 없다. 자율주의 이론가인 네그리는 이집트의 민주화 투쟁을 '다중의 반란'이라며 칭송하지만, 정작 이집트 항쟁의 교훈 중 하나는 국가 권력은 무시하는 것을 통해 고사될 수 있는 게 아니라는 것이다. 이집트 국가의 가공할 폭력은 타흐리르 광장을 무시하지 않았다.

일찍이 이 점을 가장 잘 이해한 사람은 레닌이다. 소비에트라는 대중의 자치권력과 러시아 국가는 양립할 수 없었다. 이 점에서 당시 레닌과 볼셰비키만이 대중의 혁명적 잠재력을 최대치로 이끌 전략을 가지고 있었다고 할 수 있다.

지금 전 세계적으로 대중 투쟁의 물결이 고양되고 있다. 중동 민중의 민주화 투쟁, 긴축에 맞서 투쟁하는 유럽의 노동자와 학생들의 투쟁은 분노와 활력으로 충만하다. 부족한 것은 이들의 잠재력을 극대화할 수 있는 전략과 조직이다. 이것을 채우는 것이 지금 사회주의자들의 과제가 돼야 한다.

네그리의 자율주의 사상은
전략의 필요성을 놓친다

안토니오 네그리는 마이클 하트와 함께 《제국》의 공저자로 널리 알려져 있다. 네그리는 1970년대부터 이탈리아 급진 좌파들 속에서 오랫동안 활동해 왔다.

네그리 사상은 노동과 자본의 관계에 대한 독특한 견해를 바탕으로 한다.

카를 마르크스는 어떻게 노동계급이 자신의 힘을 자각하게 되고, 그래서 사회를 변혁하는 자신의 능력을 확신하게 되는지 살펴봤다. 그러나 마르크스는 이런 일이 저절로 일어나지는 않는다고 생각했다.

네그리는 이런 생각을 뒤집었다. 그는 초기 저작에서 노동계급이

조너선 몬더. 〈레프트21〉 20호, 2009년 12월 3일. https://wspaper.org/article/7327. 이 기사에서는 오늘날 마르크스주의와 급진적 사상의 부흥을 주도하는 주요 사상가 중 한 명인 안토니오 네그리의 사상이 오늘날 투쟁에서 얼마나 유용한지 평가해 보려 한다.

태생적으로 반(反)자본주의적이라고 주장했다.

네그리는 노동하면서 살아가는 유일한 계급인 노동계급이 본래 창의성과 인간의 욕망을 표현하므로 세계의 진정한 생산력이라고 주장했다. 자본은 이 생산력에 대한 2차 반응이며, 자신의 목적을 위해 노동계급의 활력과 삶을 포획하려 한다는 것이다. 네그리는 "노동계급은 주체성, 즉 발전·위기·이행·코뮤니즘을 불러일으키는 분절된 주체성"이라고 주장했다.

최근에 네그리는 《제국》과 《다중》 같은 저작에서 노동계급을 더 광범하고 모호한 개념인 "다중"으로 대체한다.

다중 개념은 우리가 "탈(脫)산업" 사회에 살고 있다는 네그리의 생각을 반영한다. 이런 사회에서는 더 창조적이고 서로 소통하는 노동 형태가 우세한데, 우리의 고유한 권력[또는 역능(力能)] 때문에 자본은 이런 노동 형태를 받아들일 수밖에 없다는 것이다.

단절

그러나 이런 생각 탓에 네그리의 이론에서는 진정한 계급투쟁 개념이 사실상 사라져 버린다. 네그리는 최근 이렇게 썼다. "혁명적 단절은 이미 일어났다. 다중이 모든 것이고, 자본주의 권력은 아무것도 아니다."

네그리 사상의 실천적 결론은 오늘날 자본주의 체제에 반대하는 급진 세력을 건설하는 데 별 도움이 되지 않는다.

무엇보다 네그리는 "다중"의 투쟁이 자본주의 위기를 "불러일으킨다"고 생각하는데, 이런 견해로는 오늘날 경제 위기를 설명할 수 없다. 만약 네그리의 생각이 옳다면 오늘날 위기의 핵심부인 미국에서 자본은 수세적 태도를 취할 것이다.

그러나 진실은 정반대다. 지난 30년 동안 미국 지배계급은 이윤을 증대시키고 노동조합을 길들이고 노동시간을 늘리는 데 성공했다.

오늘날 경제 위기를 이해하려면, 네그리가 거듭 무시해 온 자본주의의 동역학을 이해할 필요가 있다. 자본주의에서는 이윤을 더 많이 차지하려는 자본들 간 무질서하고 무계획적인 "수평적" 경쟁과, 자본과 노동 간 "수직적" 투쟁이 상호작용한다.

네그리는 "다중"은 본래 창조적이고 자본은 이런 "다중"에 반응할 뿐이라고 생각하기 때문에 자본주의 아래 노동력 착취가 지속되는 현실을 보지 못한다.

노동자가 생산물·기계·서비스를 모두 만들어 내고 자본가는 이것을 이용해 이윤을 얻지만, 무엇을 만들지 또 그것을 어떻게 만들지는 여전히 자본가의 손에 달려 있다. 그래서 이윤을 위해 모든 것이 희생되고, 이 때문에 인간과 지구에 재앙이 닥친다.

이것이 바로 마르크스가 말한 자본주의 사회의 "소외"다. 즉, 직접 생산자들이 노동 과정과 노동생산물을 통제하지 못한 데서 비롯한 결과다.

인간 노동이 진정으로 자유로운 세계를 만들려면, 노동계급의 대중 행동으로 기업주들의 생산수단 소유에 도전하고 궁극적으로 소유 관계 자체를 전복해야 한다. 최근에 벌어진 작업장 점거와 파업

투쟁 들은 그런 도전이 어떻게 전개될지 힐끗 보여 줬다.

안타깝게도 네그리의 주장은 이런 과제 해결에 필요한 전략적 방향을 거의 제시하지 못할 뿐 아니라 심지어 전투가 이미 끝났다고 암시하는 것처럼 들리기도 한다.

운동에서 정당이 하는 구실이 있는가?

반전·반자본주의 운동 안에는 우리와 일반적 원칙을 공유하는 사람들이 많다. 그들은 모든 형태의 억압에 반대해야 한다는 데 동의한다.

그들은 자본주의에 반대하는 운동은 모두 수많은 조직 노동자들의 창의성·활력·상상력을 끌어들여야 한다는 데 동의한다.

그들은 우리가 파시스트[영국국민당(BNP)]에 맞서 최대한 광범한 세력을 단결시켜야 한다는 데 동의한다.

그들은 보수당에 철저하게 반대하고 자유민주당을 신뢰하지 않는다. 대체로 그들은 노동당이 결코 진보적 대안이 아니라는 점도 알고 있다.

그러나 그들 중 많은 사람들은 우리에게 혁명 정당이 필요하다는

콜린 바커. 격주간 〈다함께〉 31호, 2004년 5월 15일. https://wspaper.org/article/1290.

점에 동의하지 않는다. 한 가지 이유는, 그들의 경험에 비춰 보면 정당들을 신뢰할 수 없다는 것이다.

오히려 그들은 세계를 바꾸는 운동들에 기대를 건다. 그리고 어떤 의미에서 그들은 옳다.

어떤 부류의 세력이 민중 혁명을 일으키는가? 언제나 그 대답은 아래로부터의 위대한 사회운동들이라는 것이다.

17세기 영국 내전에서 의회 측이 승리할 수 있었던 것은 노동하는 수공업자들의 운동들이 거듭거듭 개입해 반(反)왕당파 세력을 전진시켰기 때문이었다.

"상퀼로트"('퀼로트 바지가 없는 사람들'이라는 뜻)는 프랑스 대혁명을 왼쪽으로 몰아갔다. 러시아 혁명을 일으킨 것은 러시아의 노동자·농민·병사 들이었다.

그 뒤 모든 민중 혁명에서 — 남아공의 아파르트헤이트 정권 타도에서도 — 사정은 마찬가지였다.

위대한 사회운동들은 새로운 조직 형태를 만들어 냈다. 병사평의회, 파업위원회, 노동자평의회, 지역 "소비에트", 칠레의 "코르돈" 등등.

이들은 직접적 투쟁의 필요에서 발전해 나왔지만, 더 민주적으로 아래로부터 통제되는 새로운 사회의 시작을 대체로 나타내기도 했다.

그런 기구들은 노동조합, 반전운동가들·공민권운동가들·반파시스트들의 지역 조직들, 세입자 기구들, 기타 등등과 마찬가지로 진정한 운동들의 토대였다.

그런 기구들이 효과적일 때는 그들이 특정한 투쟁에 참가하고 있는 사람을 모두 포함시켜 행동 통일을 극대화하려 할 때다.

혁명적 사회주의의 핵심은 진정한 운동은 세계를 변화시킨다는 것이다. 우리는 대다수 노동자들의 변혁적 활동을 통해서만 사회주의 사회를 건설하기 시작할 수 있다. 그들은 자신의 요구를 위해 싸우고 자신의 조직을 발전시킬 때만 그렇게 할 수 있다.

그러나 이런 사상 자체로는 불충분하다. 현실 세계에서 실제 운동들은 온갖 경향들과 자극들로 이루어져 있다.

예컨대, 이라크 전쟁 반대 운동에는 다양한 사상을 가진 사람들이 참여했다. 그런 사상의 차이는 반전 운동이 어떻게 발전해야 하는가 하는 문제에만 국한되지 않는다.

노동조합 활동가들은 모두 경험을 통해 알고 있듯이, 동료 노동자들 중에는 믿을 만한 투사들도 있지만 잠재적 파업 파괴자들도 있고 대다수는 그 중간에서 어정쩡한 태도를 취한다.

운동을 토론과 논쟁이 계속 벌어지는 공간이라고 여기지 않으면 우리는 운동을 이해할 수 없다.

그런 논쟁들은 부분적으로 우리가 세계를 어떻게 이해하는가를 둘러싼 것이지만, 특별히 무엇을 할 수 있고 해야 하는가를 둘러싼 논쟁들도 있다.

권력자들을 설득해 태도를 바꾸도록 로비하는 게 가장 좋은가? 아니면 강력하고 전투적인 운동들을 건설해 권력자들의 결정권 자체에 도전해야 하는가?

우리가 투쟁하는 쟁점들은 서로 동떨어진 것들인가, 아니면 모두 서로 연결된 것들인가? 만약 그렇다면 어떻게 연결돼 있는가? 우리는 다른 나라 운동들의 실수와 성공으로부터 배울 수 있는가?

이런 문제들과 그 밖의 다른 많은 문제들을 둘러싸고 다양한 대답들이 주기적으로 나타난다.

운동들 안에서는 온갖 집단들이 등장하고 이들은 때로는 외부 기구들(정당, 종교단체, 직능단체, 기타 등등)과 연결돼 저마다 어떤 제안을 내놓는다.

이런 제안들 중 일부는 운동을 탈선시킬 것이다. 일부는 운동의 결집력을 약화시킨다. 일부는 운동 안에 분열의 씨앗을 뿌린다. 일부는 운동의 범위를 협소하게 만들려 한다.

사회주의자들이 조직을 결성해 자신들의 견해를 표명하지 않으면 다른 견해들이 유력해질 것이다. 분명한 사회주의적 주장이 없어서 [운동이] 끔찍한 패배로 끝난 경우가 많았다.

프랑스 공산당 관료들은 1968년 5월 운동을 억제하고 분열시킬 수 있었다. 1979년 이란 혁명에서는 우파 성직자들이 혁명의 지도력을 장악할 수 있었다. 역사는 그런 사례들로 가득하다.

1973년 칠레에서 그랬듯이, 심지어 공공연히 사회주의를 주장하며 집권한 정부에서도 아주 심각한 문제들이 발생한다. 옛 정권의 군 장교들이 여전히 자리를 지키고 있으면서 야만적인 반혁명의 토대가 됐다.

오직 노동자들의 조직된 운동만이 낡은 국가 기구를 노동 대중에 직접 책임질 수 있는 새로운 기구로 대체해 그런 재앙을 막을 수 있었을 것이다.

어떤 사람들은 민중 반란의 "자생성"에 의존하는 것, 그래서 모든 장애물을 일소하는 것이 해결책이라고 주장한다.

당연히 모든 위대한 운동에서는 민중의 창의성과 상상력이 엄청나게 "자생적으로" 폭발했다. 그러나 자생성은 자생성이다.

"자생적으로", 수많은 노동자들은 계속 보수 정당들에 투표한다. 자생적으로, 고용주들에 대항하는 투쟁은 노동조합 조직뿐 아니라 파업 파괴자들도 만들어 낸다. 자생적으로, 개량주의 사상은 혁명적 사상과 경쟁한다.

실제의 운동들은 "동질적"이지 않다. 다시 말해, 운동에 참가하는 사람들은 늘 동일하지도 않으며 그들이 모두 똑같은 생각을 하는 것도 아니다. 그들 안팎에서는 많은 조직된 목소리들이 저마다 주의를 끌고 지지를 얻으려 서로 경쟁한다.

그러므로 혁명적 사회주의자들이 조직을 구축해 자신의 주장들을 내놓을 수 있는 방법들을 추구해야 한다는 것은 아주 기본적인 원칙이다.

그런 논쟁의 한복판에서 그들은 언제나 최대한의 행동 통일, 가장 광범한 국제주의, 피착취·피억압 대중의 전투적이고 자주적인 행동을 옹호하는 주장을 해야 한다.

제13부
이데올로기

반공주의에 대해

　반공주의는 1917년 10월 볼셰비키 혁명 이래로 보수 세력이 공산당과 비공산당을 막론하고 좌파 전체를 상대로 벌인 정치적 전쟁에서 가장 중요한 주제였다. 그리고 1945년 이래로, 특히 냉전 개시 이래로 반공주의는 신문·라디오·TV·영화·논문·팸플릿·책·연설·설교·공문서 등 갖가지 수단과 자료를 이용한 대규모 선전과 주입식 교육을 통해 끊임없이 전파됐다. '공산주의'보다 더 많은 비판과 비난을 받은 주제는 없었다. 이 선전의 강도와 형태는 나라와 시기에 따라 다

랠프 밀리반드와 마르셀 리브만. 〈열린주장과 대안〉 5호(2000년 10월). 랠프 밀리반드와 마르셀 리브만은 모두 지금은 고인이 된 '독립' 사회주의자들이었다. 즉, 그들은 미국도 소련도 아닌 진정한 사회주의를 위한 운동을 건설하는데 전 생애를 바친 사람들이었다. 미소간 또 남북한간 냉전의 수혜 세력을 대표해 한나라당과 〈조선일보〉 사가 김대중의 알량한 대북 정책마저 친좌익적 방침인 양 몰아세우는 요즘의 얄궂은 상황에 대처하는 데 이 글이 적잖은 도움을 주리라 기대를 한다. 씌어진 시점이 1985년임을 기억하면서 읽기를 바란다. 분량이 너무 많아 줄이는 게 불가피했다. 출처는 Ralph Miliband and Marcel Liebman, "Reflection on Anti-Communism", *Monthly Review*, vol 37(1985년 7-8월), pp. 1-29.

양했다. 자본주의적 민주주의 국가들을 선도한 미국이 반공주의의 강도와 확산 정도가 가장 심했다. 하지만 1917년 이래로 반공주의가 자본주의 세계의 정치와 정책에서 주요한, 심지어 핵심적인 지위를 차지하지 않은 적은 한 번도 없었다.

우리는 독립사회주의의 입장에서 반공주의에 대해 논하려고 한다. 우리의 입장은 소련 '공산주의'의 많은 측면들에 대해 매우 비판적이지만 반공주의에도 매우 분명하게 반대한다.

반공주의의 본질과 기능과 표적

반공주의는 볼셰비키 혁명이 일어났을 때부터 소비에트 체제를 되도록 어두운 색깔로 그렸다. 다른 한편, 공산당과 그 밖의 좌파는 1917년부터 제20차 소련 공산당 대회에서 흐루쇼프의 비공개 연설이 행해진 1956년까지 소련 정권을 되도록 밝은 색깔로 그렸다. 그들은 소련에 대한 모든 비판이 단지 부르주아적 선전·창작·거짓말에 불과하다며 단호하게 배격했다. 실제로 소련에 대한 비판 가운데 상당 부분은 그랬다. 반공주의는 언제나 소련에 관한 그릇되고 편향된 수많은 정보를 이용하고 스스로 만들어 냈다. 그러나 [소련에] 불리한 많은 정보와 논평은 거짓말이나 지어 낸 말이 전혀 아니었다. 극단적인 종류의 정보와 논평조차도 그랬다. 그리고 소련을 옹호한 사람들이 소련 정권의 모든 행태를 무조건 찬성한 것은 중대한 잘못이었다. 이 점은 언제나 타당하지만, 1920년대 말부터 스탈린이 사망한 1953년까지 스탈린의 통치 기간과 관련해서는 특히 더 타당하다. 그 기간에 스탈린 정권은 엄청난 범죄를 저질렀기 때문이다.

공산당과 그 밖의 좌파들이 스탈린의 정책과 행위를 충심으로 지지한 데에는 많은 이유가 있다. 흔히 반공주의자들은 그런 이유들을 무시하고 있기 때문에, 그 이유들을 자세히 설명하는 것은 가치 있는 일이다. 좌파가 드는 이유 가운데 하나는 소련에서 대규모 억압과 살인뿐 아니라 대단한 건설과 진보도 함께 일어났으며, 후자가 전자를 메우는 구실을 했다는 것이다. 가난하고 포위돼 있고 비방당하는 소련이 사회주의가 건설되고 있는 땅이라고 믿고 싶은 마음은 서구 자본주의와 제국주의의 직무유기와 범죄들 때문에 강화됐다. 소련에 불리한 평가 때문에 소련의 노력이 약화되고 소련의 적들이 강화돼서는 결코 안 된다는 것이다. 나치즘의 부상은 이런 견해를 엄청나게 고무했다. 영국·프랑스 등의 자본가 정권들이 파시스트 독재자들을 상대로 유화 정책을 편 것도 마찬가지 구실을 했다. 소련과 소련의 지령을 받은 공산당들도 소련을 비판하는 좌파는 어찌됐든 '객관적으로' 반동 세력 및 파시스트와 동맹한 것이므로 가차없이 비난받아야 한다고 주장함으로써 중요한 구실을 했다. 또한 제2차세계대전이 끝나고부터 소련이 나치즘을 패퇴시키는 데 이루 헤아릴 수 없는 기여를 했다는 평가도 등장했다. 그리고 냉전이 시작되면서 낡은 이데올로기적·정치적 전쟁이 재개되고, 서방이 전쟁으로 인해 발생한 급진적 압력을 단호하게 저지한 것도 그런 견해를 강화시켰다.

이 모든 이유들은 — 그밖에도 많은 이유들이 있다 — 당시 도처에서 계급 투쟁에 참여한 가장 헌신적이고 용감한 수많은 노동운동 활동가들이 스탈린주의에 순종한 비극을 정당화하기보다는 단지 설명해 주는 데만 도움이 된다. 그 사람들은 어느 곳에서나 보수 반동이나 파시스트 세력에 맞서 가장 열심히 싸운 사람들이었다. 그들은 개인적인 이익이나 출세는 전혀 생각하지 않았다. 그러기는커녕 그들은 흔히 자유와 목숨까지 잃었을 정도로 엄청난 희생을 자임했다.*

소련에 관한 이런 방어적 반사 작용은 지금까지도 결코 사라지지 않았다. 그러나 좌파는 오랫동안 스탈린주의 통치의 실상을 시인해 왔다. 좌파는 스탈린 사후 체제가 스탈린 체제보다는 훨씬 덜 폭압적이지만 여전히 반대자들을 용납하지 않는다는 점과 이런 행위도 다른 행위들과 마찬가지로 비타협적인 사회주의적 비판을 받아야 마땅하다는 점 또한 상당히 인정해 왔다. 좌파 내에서 그러한 비판의 정도는 매우 다르지만, 현재 적어도 소련 정권을 사회주의의 '모델'로 여기는 경향은 존재하지 않는다. 오히려 지금 좌파 내에서는 소련 정권을 '반면교사'로 여기는 경향이 널리 퍼져 있다. 소련 체제의 특징들이 너무나 분명하게 드러난 마당에 달리 어쩌겠는가? 사회주의는 국가가 사회에 종속된다는 것을 뜻한다. 마르크스에게는 분명히 그러했다. 소련 체제는 정확히 그 반대의 특징을 지니고 있다. 게다가 그 체제에서 지극히 관료적이고 빈틈없이 통제되는 지독한 유일 당이 가공할 경찰 기구의 지원을 받아 국가를 지배하고 있다. 당

---

* 품위 있고 진지하다는 점에서 뛰어난 옛 스탈린주의자의 자기 비판적인 분석은 M. 로뎅송, 《숭배, 고립된 집단, 국가(Cult, Ghetto, and State)》(London, 1983), 2장을 보시오.

바깥에서는 정치 활동이 존재할 수 없다. 그리고 당 내부에 존재하는 정치 활동도 당 지도부가 허용하거나 지시하는 바에 따라 협소하게 제한당한다. 이 때문에 당 내부에서도 정치 활동이 별로 많이 존재하지 않는다. 없어서는 안 되는 개인적·시민적·정치적 자유는 얼마 안 되고 위태롭다. 사상의 자유는 사실상 존재하지 않는다. 사회주의와 마르크스주의에 헌신하고 있다고 자처하는 나라가 모든 반대자들을 추물스럽고 혐오스러운 방식으로 대하고 있다. 다른 공산당 정권들도 정도의 차이만 있을 뿐 사정은 마찬가지다. 이것을 '사회주의'라 부른다면, 그것은 사회주의 개념을 사회주의의 적들이 행한 중상모략의 수준으로 타락시키는 것이다.

좌파 가운데는 그와 다르며 상반되는 견해를 지닌 경향·그룹·정당이 존재해 왔다. 그들은 소련 체제 초기부터 줄곧 소련 체제에 매우 비판적이었다. 마르크스주의적 좌파 내에서는 트로츠키주의 전통이 소련 체제에 대한 가장 설득력 있는 비판을 제기했던 것이 분명한 사실이다. 우리의 비판과 마찬가지로 이들의 비판은 반공주의 입장과는 판이한 차이가 있다. 그렇다면 이제 우리는 우리가 반공주의를 배격하는 근거를 살펴볼 필요가 있다.

그 근거 가운데 하나는 반공주의가 본질적으로 보수적인 입장이라는 것이다. 이런 입장은 최소한의 '점진적 사회 공학' 시도를 뛰어넘는 어떤 변혁 계획도 몽상적이고 터무니없고 위험하고 사악하다고 반박하는 여러 수단 가운데 하나로 소련식 체제들의 경험을 이용한다. 사회주의자들은 협동적이고 민주적이며 평등주의적인 사회를 창조하는 데 따르는 온갖 종류의 어려움을 물론 잘 알고 있다. 그러나 사회주의자들은 그렇다고 해서 그 일에 헌신하는 것을 포기하지는 않는다.

반공주의는 또한 공산당 체제들을 자기 입맛에 따라 바라보며, 현실을 체계적으로 왜곡한다. 특히, 반공주의는 공산당이 등장했을 때의 역사적 조건과 상황에 거의 주의를 기울이지 않는다. 대개 공산당 정권들은 전통적으로 압도 다수의 주민들이 다양한 — 때때로 극단적인 — 정도의 경제적 저발전과, 현지인과 외국인에 의한 지독한 착취를 겪었던 나라들에서 권력을 장악했다. 그리고 그 나라들은 식민 지배를 비롯해 이러저러한 권위주의적 지배를 겪었다. 더욱이 소련·중국·북한·베트남·라오스·캄보디아처럼 그런 나라들 대부분은 공산당 통치가 등장하기 전후에 내전이나 외국의 간섭으로 유린당했다. 그리고 그 체제들은 쿠바의 경우처럼 미국이 주도한 경제 봉쇄도 겪었다. 다시 말해, 모든 공산당 체제들은 무서우리만치 불리한 조건과 부담을 짊어진 채 출발했다. 물론 한편으로 저발전과 착취가, 다른 한편으로 서방의 적대와 파괴가 서로 결합됐다 해서 이 체제들의 부정적 측면들을 못 본 척 보아넘기거나 적당히 변명해 곤란한 입장을 빠져 나갈 수 있는 것은 아니다. 그러나 그것은 공산당 체제들의 본질과 동학을 진지하게 평가해야 하는 이유는 될 수 있으며, 그 체제들의 변화와 경제 성장을 주목할 만한 것으로 만든다.

반공주의는 또 다른 점에서도 편파적이고 자기 입맛대로다. 반공주의는 공산당 독재의 정치 탄압과 인권 남용을 비난하지만, 흔히 우익 정권들의 인권 유린과 범죄는 묵과하거나 아예 무시해 버린다. 그 정권들이 아무리 폭압적이고 범죄적일지라도 미국과 그 밖의 서방 국가들은 모두 민주주의와 자유 수호의 이름으로 그 정권들을 확고하게 지지한다. 우익 정권들이 흉악한 짓을 저질렀다 해도(서방은 이런 말로 표현하지는 않는다), 기껏해야 머지않아 그런 인권 유린은 사라질 것이라는 위선적인 희망과 함께 덮어놓고 막연한 유감의 뜻을 표명하면 그만이다. 그러나 이런 관대함과 공산당 체제들의 인권 유린에 대한 격렬한 비난은 너무나도 대조적이다. 그리고 이런 대조를 보면서 우리는 반공주의가 인권·민주주의 등에 보이는 관심이 진실한지에 관해 많은 것을 알게 된다. 우리는 나중에 이 점을 다시 살펴보게 될 것이다.

정치학 교수였다가 최근 미국의 유엔 주재 수석 대표를 지낸 진 커크패트릭은 우익 독재와 공산당 정권에 대한 [미국의] 이런 태도 차이를 정당화하려 했다. 무엇보다도 그는 우익 정권은 '권위주의적'일 뿐이지만, 공산당 정권들은 '전체주의적'이라고 주장했다. 우익 권위주의 독재는 '민주주의'를 향한 변화와 개혁이 가능한 반면, '전체주의' 공산 정권은 그렇지 않다는 것이었다.* 이런 견해에 대해서는 몇 가지 논평이 필요하다.

첫째, 서방의 지원을 받는 권위주의 정권들은 극단적인 위기와 도전을 받고 충격을 입어야만 억압을 완화하고 '민주화'를 용인한다. 위기 자체가 문제의 정권에 반대하는 압력과 투쟁 — 때때로 무장 투쟁을 포함하는 — 의 결과다. 그리고 미국의 전폭적인 지원을 받는 정권이 보통 야만적인 탄압을 통해 쳐부수려고 하는 것이 바로 그런

---

* J. J. 커크패트릭, 《독재와 이중 기준(Dictatorships and Double Standards)》 (New York, 1982), (London), 1장을 보시오.

도전이다. 그런 도전을 진압할 수 없을 때만 개혁이 뒤따르게 된다. 이런 시나리오의 불쾌한 아이러니는 미국의 정책이 성공했기 때문이 아니라 미국이 더 이상 폭압적인 정권을 떠받칠 수 없기 때문에 양보 조처가 취해진다는 것이다.

둘째, 이런 양보 조처들은 보통 권위주의 정권을 떠받쳤던 억압 구조들, 특히 경찰과 군사 기구 등 그 체제의 모든 강제력을 고스란히 남겨 둔다. 암살단, 체계적인 대규모 고문, 반대파 투옥과 살해는 이제 더 이상 유행하고 있지 않는지도 모른다. 그렇다면 참말이지 그것은 거대한 성과다. 하지만 정권이 저지른 범죄들에 책임이 있는 사람들 대부분은 여전히 권력과 영향력을 가진 지위를 차지하고 있고 여전히 공무를 수행하는 중요한 세력으로 남아 있다. 그렇다면, 그들의 호시절이 다시 돌아오지 말란 법은 없다.

셋째, 정치 영역에서 이루어지는 변화들은 압도 다수 주민들에 대한 '사회적 억압'의 영구적 원천인 경제·사회 구조들을 손대지 않고 고스란히 남겨 둔다. 그리고 외세의 이익과 국제 자본의 지배적인 지위 역시 여전히 변함이 없다. 기성 체제에 일어난 '민주적' 변화는 압도 다수가 겪고 있는 착취, 예속, 굶주림, 영양실조, 만성 질병, 조기 사망에 아무런 영향을 미치지 못한다. 그리고 '사회적 억압'을 받는 사람들이 그것에 저항하거나 그것을 완화하려 하면, 독재 치하에서와 마찬가지로 가혹한 탄압을 받기 십상이다. 경제·사회·정치 체제를 혁명적으로 변혁하고 여태까지 사회와 국가를 지배해 온 보수 세력들을 타도하는 것만이 진보를 이룰 수 있는 현실적이고 유일한 가능성이다. 물론 강력한 외국 자본가 집단도 보수 세력에 포함시켜야 한다. 이것이 진보를 위한 충분 조건은 아니지만, 그럼에도 없어서는 안 되는 필요 조건이다.

국내 독재자들과 그들의 해외 보호자들은 분명 혁명적 변혁 시도를 방지하거나 억누르거나 무력화하거나 분쇄하려 한다. 그들은 공공연한 탄압이 실패했을 때 마지못해 양보하는 '민주' 개혁을 결코 현상 변화가 아닌 현상 유지의 수단으로 여긴다.

또한, 공산당 체제들에 붙이는 '전체주의'라는 딱지는 설명보다는 비난에 더 유용하다. 공산당 체제 지도자들이 무슨 의도를 지니고 있든지 간에, 이 용어가 함축하고 있는 총체적 지배라는 개념은 실제 경험과 모순된다. 당과 국가가 설정해 놓은 정설에서 벗어나는 언행을 하는 사람들의 생활은 고통스럽고 비참하게 되기 십상이고, 이것은 문제의 정권이 상시적으로 비난받는 주된 이유다. 그럼에도, 일반으로 말해, 그런 체제에서 짓눌리는 주민들이 효과적인 '전체주의적' 통제를 받는 오웰의 《1984년》처럼 사는 것은 아니다. 그들이 그렇게 산다는 생각은 이데올로기 전쟁의 일부이며, 모든 전쟁에서처럼 그 전쟁에서처럼 진실은 초기에 사망한다. C 라이트 밀즈의 정식화에 따르면, 이런 선전의 목적 가운데 하나는 자본주의적 민주주의 — 그냥 민주주의로 더 잘 알려진 — 를 찬양하고, 이 자본주의적 민주주의 체제들에 순응하기를 강제하는 압력이 존재한다는 사실을 흐려 버리는 것이다.

소련식 체제들은 '전체주의적'이기 때문에 바뀔 수 없다고 말하는 것은 또한 틀렸다. 그것들은 모두 '근대화를 추구하는' 체제다. 사실 그 체제들의 일부 주요 문제들은 효과적인 정치적 견제가 없었던 탓에 더 강화된 '생산 지상주의'라는 과대망상 때문에 생겨난 것이다. 아무튼 그 체제들의 동력을 위해 그 체제들은 실험과 변화와 적응을 할 필요가 있다. 이 점에서도 《1984년》의 정체적 세계는 현실과 거리가 멀다. 다른 한편, 착수되는 개혁 조처들 대부분이 공산당의 독점적 역할 — "지도적 역할"이라는 말로 표현되는 — 을 폐기하기는 커녕 침식하는 데까지도 나아가지 못하는 것이 사실이다. 하지만 여기에는 몇 가지 단서를 달아야 한다. 왜냐하면 당의 이 '지도적 역할'은 지도부의 저항에도 불구하고 때때로 약화될 수 있기 때문이다. 1968년 봄 체코슬로바키아는 경직의 본보기였던 체제에 얼마나 큰 변화가 내부에서 강제될 수 있는지를 보여 주었다. 그리고 1980년과 그 이후의 폴란드는 변화가 가능하지만 동시에 소련의 반대를 무릅쓰고 그 변화를 유지하는 것이 얼마나 어려운지를 보여주었다. 체코 프라하의 봄은 소련 탱크가 중단시켰고 폴란드의 반란은 소련의 사주를 받은 야루젤스키 장군의 군사 정변이 중지시켰다. 소련의 압력이 그런 일을 유발했고 소련이 인접해 있기 때문에 가능했다. 하지만 그 때문에 미래의 조짐을 보여 준 이런 경험들이 덜 중요해지는 것은 아니다.

그리고 스탈린 사후 소련 자체에서 일어난 변화를 과소평가해서는 안 된다. 매우 중요한 점에서 체제는 바뀌지 않았다. 그러나 외견상 경직된 구조 내부의 많은 기능들이 방자하게 폭압적인 정부가 집권하고 있을 때조차도 변모를 겪었다. 따라서 '체코'와 '폴란드'의 경험이 오래지 않아 소련 자체에서도 그 나름의 방식으로 재연될 것이라는 생각은 비현실적이 거나 '몽상적'인 생각이 결코 아니다.

'전체주의'라는 딱지는 또 다른 점에서도 이데올로기 전쟁의 일부다. 즉, '전체주의'라는 딱지를 공산당 체제와 파시스트 체제 모두를 가리 키는 데 사용함으로써 그 둘이 매우 비슷한 체제라고 암시하려 한다는 점에서 그러하다. 공산주의와 나치즘은 차이가 없다는 더 구체적인 암 시가 이루어진다. 이것은 그럴 듯한 선전일 수는 있지만 정치적 분석으 로서는 형편없다. 스탈린주의와 나치즘은 대규모 공포 통치와 대량 학살을 자행했다는 점에서는 닮은 점이 있다. 하지만 동시에 그 둘 사이에는 엄청난 차이점이 존재한다. 스탈린주의는 '위로부터의 혁명' 이었다. 스탈린주의는 생산수단의 국유화에 입각해 러시아를 철저하 게 근대화하려 했다.(그러한 생산수단 자체가 대부분 '위로부터의 혁 명'의 일부로서 생산된 것이었다.) 그리고 러시아는 막대한 대가를 치 르고 실제로 근대화했다. 반면에, 나치즘은 입으로는 변화를 떠들 어 댔지만, 실제로는 반혁명적인 운동이자 정권이었다. 나치즘은 히 틀러가 바이마르 공화국에게서 물려받은 경제·사회 구조들을 강화 시켰다. 12년에 걸친 나치의 독재 통치는 히틀러가 권력을 장악했을 때 존재했던 사회 체제를 근본적으로 바꾸지 못했고 결코 근본적으 로 바꾸려 하지도 않았다. 나치즘과 스탈린주의를 비슷한 것으로 여 기고 그 둘을 극우와 극좌의 '전체주의' 운동이자 정권이라고 똑같이 본다면 그것들의 본질·내용·목적을 제대로 이해할 수 없다.

반공주의의 공격과 비난의 주요 표적이 된 운동들에 관해 특별히 두 가지 점을 더 살펴볼 필요가 있다. 첫째, 제2차세계대전 후에 두 드러졌던 혁명 운동들은 공산당이 지도하거나 우세한 운동이 아니 었다는 점이다. 바로 이 점이 20세기 전반기의 혁명 상황과 후반기의 혁명 상황 사이의 커다란 차이였다. 20세기 전반기, 적어도 1917년 이후 전세계 좌파의 혁명 운동들은 주로 공산당이 이끌었다. 혁명 운동을 이끈 공산당들은 코민테른에 충성했는데, 그 충성은 코민테른의 러시아 지도부에 대한 충성이나 마찬가지였다. 공산당들은 그 충성이 자국의 투쟁에 대한 충성과 같거나 적어도 그 투쟁에 반하는 것은 결코 아니라고 믿었다. 이런 관점을 취하지 않은 사람들은 지도자로 오랫동안 남아 있을 수 없었다.

반면, 20세기 후반기에는 공산당이 혁명 운동의 일부였을 때조차도 혁명 운동들은 전혀 그런 식이 아니었다. 예컨대, 1959년에 마침내 아바나에 입성하게 되는 도정이 시작됐을 때, 쿠바의 혁명가들은 공산당원들이 아니었다. 니카라과의 산디니스타도, 엘살바도르의 해방군도 사정은 마찬가지였다.

게다가 '마르크스-레닌주의'를 자처했든 그렇지 않았든 세계의 어떤 혁명 운동도 특별히 모스크바에 충성해야 한다고 생각하지 않으며, 자신들이 옹호하는 이익이 소련의 이익과 반드시 일치해야 한다고 믿지도 않는다. 그러한 운동들은 모두 매우 강력한 민족주의 정서에 물들어 있다. 그리고 그런 운동의 생명력이 되고 있는 가장 강력한 자극 가운데 하나는 바로 자신들의 나라를 외국의 지배, 특히 미국의 지배에서 해방시키겠다는 바람이다. 그러한 운동들이 한 형태의 외국 지배와 의존을 다른 형태의 외국 지배와 의존으로 기꺼이 바꾸려 한다는 생각은 터무니없는 것이며, 얼마간은 인종주의적 견해, 즉 지배를 받는 데 익숙한 제3세계 민중들이 미국이나 영국의 민중들만큼 외국의 지배에서 해방되고자 하는 열망이 진정으로 강할

리 없으며, 그들이 원하든 원치 않든 그들의 정부는 후견이 필요하고 그것이 그들 자신의 이익에도 부합한다는 견해에서 비롯하는 생각이다. 서방의 적대 행위와 개입에 직면한 혁명 운동과 혁명 정권들은 소련의 지원을 얻기 위해 소련과 긴밀한 관계를 맺지 않을 수 없을지 모른다. 쿠바는 이런 과정을 보여 주는 좋은 사례다. 미국이 그토록 무자비할 만큼 단호하게 굴지만 않았어도 쿠바의 혁명 정권이 소련과 그토록 가까워지지 않았을 거라는 추측에는 충분한 근거가 있다. 미국은 쿠바에 무슨 짓을 자행해서라도 마침내 카스트로 정부를 파멸시키려 했던 것이다. 미국의 적대 행위 때문에 소련의 지원을 얻고자 했던 다른 혁명 운동과 혁명 정권들도 마찬가지다.

둘째 문제는 선진 자본주의 나라의 공산당들과 관계가 인다. 서구 공산당들은 자신들이 계급 투쟁에 충실하다는 점을 사회민주당들보다 훨씬 더 강력한 용어로 강조하며, '마르크스-레닌주의'나 아니면 적어도 마르크스주의를 신봉하고 있다고 자처한다. 그러나 동시에 그들은 순전히 헌법의 테두리 안에서 선거적·의회적 성과를 우선시하는 전략에 입각한 활동에만 전념하고 있다. 게다가 앞서 얘기했듯이 그 당들 대부분은 더 이상 소련의 지령을 용납하지 않고 있다. 그리고 그들은 자국의 민족적 전통·환경·필요에 따라 사회주의로의 독자적 길을 추구하는 것이 매우 중요하다고 생각한다. 물론 그런 선언들에도 불구하고 그 당들 대부분은 여전히 소련과 소련의 동맹국들과 가까운 사이로서 심지어 친밀한 연계를 맺고 있는 경우도 있다. 그럼에도 오직 반공주의의 유령에 사로잡힌 집단들 사이에서만 이 당들은 자국을 소련의 울타리 안으로 끌고 가려는 의욕을 불사르고 있는 소련 권력의 전초 부대에 지나지 않는 것으로 치부된다.

그러나 서방 세계에서 통용되고 있는 이런 견해는 혁명 운동과 혁명 정권에 대항하는 반혁명 행동을 정당화하기 위해 없어서는 안 되는 견해다. 그리고 이런 혁명 운동과 혁명 정권이 트로이의 목마나 제5열[간첩]로 비난 받는 공식 공산당일 필요는 없다. 그저 좌파적 혁명 운동과 정권이면 된다. 이것이 바로 미국이 정당화하려고 애쓰는 주장, 즉 예컨대 산디니스타 치하의 니카라과가 미국의 안보에 직접적인 위협이 된다는 주장의 근거다. 그런 주장은 산디니스타가 소련을 자기 나라 안으로 끌어들이기를 실제로 원한다고 가정할 때만 순전한 몽상이 아닐 수 있다. 그러나 그런 가정은 터무니없는 것에 지나지 않는다.

그러나 그런 가정과 뗄 수 없는 가정이 하나 더 있다. 즉, 소련은 '확장 정책'을 추구하고 있기 때문에 필사적으로 각 나라에 침투하고 싶어한다는 것이다. 그러한 '확장 정책'에 관한 얘기는 반공주의가 펴는 둘째로 중요한 주장이다. 이제 이 소위 확장 정책을 살펴보자.

소위 '소련의 위협'과 소련의 안보

제2차세계대전 종전 이후 서방에서 귀가 멍멍할 정도로 울려 퍼진 반공주의라는 합창 때문에, 소련이 호전적인 확장 지상 정책 추구 세력이라는, 그래서 소련 지도자들은 세계 지배를 추구하고 있고 소련의 패권적 계획은 소련의 인접국들뿐 아니라 전세계에 위협이 된다는 생각이 상식이 됐다. 그런 주장의 근거와 이 소련 확장 지상 정책이라는 혐의에 관한 설명들은 변해 왔다. 그리고 그 대책이라고 생각된 것들도 바뀌어 왔지만 기본적인 논점은 여전히 변함 없다. 즉, 소련은 모든 자유 국가를 영구적으로 위협하고 있다는 것이다. 많은 반공주의자들은 소련이 더 교활하고 더 쉽게 침투하기 때문에 나치즘보다 위험하다고 본다. 이 때문에 그들은 적어도 미국과 미국의 나토 동맹국 들은 이미 입증된 '유화 정책'의 위험을 인식하고 군사력을 통해 소련을 봉쇄하고 억제해야 한다고 주장한다.

이 점에 관한 논의를 시작하기 전에 먼저, 소련 '확장 정책'이 문제시되기 훨씬 전부터 소련에 대한 격렬한 적대 행위는 열강들의 외교 원칙 이었다는 사실을 상기할 필요가 있다. 이미 볼셰비키 정권 초기에 12개국 이상의 군대가 당시 윈스턴 처칠의 표현대로 "요람기의 볼셰비즘을 목 졸라 죽이는" 임무를 띠고 러시아에 쳐들어간 바 있다. 마르크스와 엥겔스는 1848년 《공산당 선언》에서 "하나의 유령이 유럽을 떠돌고 있다. 그것은 공산주의라는 유령이다."라고 선언했다. 그러나 이제 '공산주의'는 더 이상 유령이 아니라 가공할 현실이었다. 역사상 최초로 '공산주의'를 구현하겠다는 국가가 등장했다. 게다가 그 국가는 세계에서 가장 큰 나라의 통치권을 획득했다. 낡은 질서의 대표자들이 그 국가를 파괴하려고 한 것은 놀라운 일이 아니다. 그리고 그들이 그 일에 실패하자 세계 속에서 소비에트 러시아의 영향력을 봉쇄하고 축소하는 데 관심을 가져 온 것도 놀라운 일이 아니다. 그들은 소련의 '확장 정책'을 불러들일 필요가 별로 없었다. 말하자면 순수한 형태의 반공주의면 족했다.

'베르사이유[강화조약]에서 [합의된] 봉쇄와 반혁명'이라는 부제가 붙은 《중재의 정치와 외교》라는 책에서 아노 마이어는 다음과 같이 썼다. "파리 평화 회의는 많은 결정을 내렸는데, 결정들은 모두 어느 정도가 됐든 볼셰비즘을 저지하기 위해 고안된 것이었다." 이것[볼셰비즘의 저지]은 제1차세계대전과 제2차세계대전 사이에 영국과 프랑스의 외교를 이끈 주요 동기로서 제 구실을 다했다. 적어도 이 사실을 설명의 중심 요소로 삼지 않으면 당시 외교사와 정치사를 제대로 서술할 수 없다. 특히 영국의 외교에서, 대영제국으로 '공산주의'가 확산되는 것을 봉쇄하는 일은 처음부터 끝까지 나치즘 봉쇄보다 훨씬 더 중요한 관심사였다.

마찬가지로, 제2차세계대전에서 서방 연합국들의 웅대한 전략 대부분을 결정한 것도 반공주의였다. 제2차세계대전중 1942년 이후에 일어난 주요 에피소드들은 전쟁이 끝나면서 일어날 사회적 격변에 대해, 또 소련의 군사적 성공과 전진이 해방된 나라들에서 혁명적 변화를 일으키는 데 이바지할 수도 있다는 점에 대해 연합국들이 느낀 두려움과 밀접하게 관련 시키지 않는다면 단 하나도 설명하기 어렵다." 물론 이것은 '공산주의'에 맞서 유럽을 구출하는 문제에 지나지

---

* A. J. 마이어, 《중재의 정치와 외교: 베르사이유[강화조약]에서 [합의된] 봉쇄와 반혁명, 1918 - 1919(Politics and Diplomacy of Peacemaking: Containment and Counterrevolution at Verailles, 1918-1919)》, (New York, 1967), 9쪽.

** 소련이 대일본 전쟁을 사전 계획 하에 개시한 것이나, 극동 지역과 관련하여 이런 공포감이 히로시마와 나가사키에 원자폭탄을 투하한 결정의 유일한 이유는 아니었을지도 모르지만 그런 결정을 내리게 만든 계산 가운데 일부였다.

않는 것이 아니었다. 우려는 국제적인 것이었다. 민족과 사회 해방에 대한 기대로 불타 오르고 있었던 영국·프랑스 등의 식민지들도 그러한 우려의 대상이었다.

사실, 당시 문제가 되고 있었던 것은 결코 '공산주의'가 아니었다. 공산당들이 독점적인 역할은 아닐지언정 분명히 중요한 역할을 하고 있었던 급진적 변화가 문제가 되고 있었다. 서유럽 공산당들은 거대한 사회·정치적 격변을 안정시키는 결정적인 역할을 했고, 자신들이 들어가 있는 부르주아 정부를 조금이라도 위태롭게 할 수 있는 '모험주의적' 정책은 전혀 실행하지 않았다. 이런 전략은 노동 계급 속에서 사회적 규율을 유지하는 데 엄청난 도움이 됐다. 공산당들은 소련 지도자들과 완전한 의견 일치 속에서 그런 전략을 실행했다. 그들은 그 밖의 어떤 전략도 소련 지도자들의 격렬한 반대에 부딪히리라는 점을 잘 알고 있었다.

전쟁이 끝났을 당시 소련은 동유럽의 '공산화'는 주장조차 하지 않았다. 스탈린은 1947년에 냉전이 심화되고 나서야 비로소 자신이 소련의 세력권 내에 두고자 한 나라들에서 확고한 스탈린주의 정권들을 세웠다. 1948년에 공산당이 권력을 인수하는 방식으로 정권을 수립한 체코슬로바키아가 그 예다. 스탈린이 영국이 후원한 그리스의 반동 정당들이 예비해 놓은 쓰라린 운명에 그리스 공산당 레지스탕스를 내맡기고, 그리스를 처음에는 영국, 나중에는 미국의 세력권에 포함시킬 완벽한 태세가 돼 있었다는 점도 주목할 만하다.

제2차세계대전이 끝났을 때 서방 연합국들이 이룩하고자 했던 것은 제1차세계대전이 끝났을 때 이룩하고자 했던 것과 똑같았는데,

전쟁으로 흔들리고 전쟁이 촉진한 급진주의의 위협을 받은 낡은 질서를 회복하고 안정시키는 것이 그것이었다. 이를 위해 여러 다양한 노력이 행해졌는데, 그 가운데는 소련과의 대결이 포함됐다. 전후의 역사 시기 전체를 규정한 것은 바로 이것이었지, 소련의 '확장 정책'이 아니다.

소련의 대외 정책

1939년 이후에 소련은 폴란드 동부, 발트해 연안 나라들, 우크라이나 서부, 벨로루시를 병합했다. 물론 이 지역들은 1917년 전에는 차르 제국의 일부였다. 그렇다고 해서 리투아니아·라트비아·에스토니아처럼 차르 체제의 타도로 독립을 달성했던 나라들을 병합한 일이 정당화되는 것은 아니다. 그러나, 그럼에도 소련 지도자들의 행동을 결정했던 생각들을 구체적으로 판단할 필요가 있다. 이 경우에 그런 행동들은 러시아 민족주의, 소련의 특정한 안보관, 민중이 무엇을 원하거나 원치 않는지에 대한 완전한 무시가 결합돼 일어났으며, 어쩌면 거기에는 그 나라들이 이제는 소련 연방이 된 러시아 국가로 복귀하면 결국 이득을 보게 될 거라는 신념이 작용했을 수도 있다.

1945년 이후에 소련은 또한 폴란드·헝가리·불가리아·동독·체코슬로바키아로 세력권을 확대했다. 소련과 루마니아의 관계는 약간 모호했지만, 소련이 루마니아를 지배했다고는 할 수 없다. 1979년에 아프가니스탄에 대한 소련의 지배는 마치 1956년 헝가리와 1968년 체코슬로바키아에서 그랬던 것처럼 무력 항쟁에 직면했다. 소련은 베트남이나 쿠바와는 친밀한 관계를 맺고 있다. 반면, 다른 공산당 국가들과의 관계는 불확실하다. 북한·유고슬라비아와는 우호적이라고 할 수 있는 관계를 맺고 있고, 중국·알바니아와는 노골적으로 적대적인 관계를 맺고 있다. 소련은 남예멘이나 이디오피아·모잠비크·앙골라처럼 '마르크스-레닌주의' 국가를 자처하는 그 밖의 나라들과 관계가 좋지만, 이 나라들을 지배하는 것은 아니다.

이것은 우리에게 소련 외교 정책의 동기에 관해 무엇을 말해 주는가? 반공주의의 대답은 지독히도 단순하고 명백하다. 즉, 냉혹한 전체주의적 확장 정책, 공산주의의 공격성, 세계 지배를 달성하려는 무자비한 의지를 알려 준다는 것이다. 그러나 다른 견해가 있다. 그것은 더 현실적인 견해로서 이데올로기적 상상이 아니라 실제 역사에 근거하고 있다. 즉, 자신들이 보기에 심각한 적대와 위협이 존재하는 상황에서 소련의 안전을 보장하려는 소련 지도자들의 의지가 소련의 외교와 국방 정책들을 지배한다는 것이다.

적대적이고 위협적인 서방 세계가 존재한다는 소련의 이런 믿음은 흔히 서방에서는 개탄과 조소의 대상이 된다. 그런 믿음은 '신경질적'이며, '병적인' 것이고 완전히 부당하다는 것이다. 그러나 역사는 그와 다른 것을 보여 준다. 볼셰비키 혁명 이후로 모든 자본주의 열강들은 줄곧 러시아에 대해 끊임없는 적대를 보여 왔다. 그런 적대는 때에 따라서 분명하기도 하고 불분명하기도 하지만, 러시아에 대한 서방의 태도에서 그런 적대가 사라진 적은 한 번도 없다. 서로 다른 자본주의 열강들이 번갈아 가면서 소위 반공 진영의 지도부를 떠맡았다. 맨 처음에는 영국과 프랑스가, 그 다음에는 나치 독일이, 그 다음에는 미국이 그랬다. 그러나 이런 적대 행위 때문에 러시아가 적어도 두 경우에 엄청난 대가를 치렀다는 사실을 서방 사람들보다 러시아 사람들이 훨씬 더 분명하게 기억하고 있다는 것은 그다지 놀랄 만한 일이 아니다. 하나는 러시아 혁명 직후 자본주의 열강들이 볼셰비키 정권을 상대로 치른 개입 전쟁이고, 심리적 충격이 훨씬 더 컸던 다른 하나는 독일과 그 동맹국들이 소련을 상대로 치른 전쟁이다. 당시 영국과 미국은 소련의 동맹국이었다. 그러나, 그럼에도 1941년부터 1944년까지 독일의 군사력에 정면으로 맞서야만 했던 것은 소련이었다. 그리고 독일의 전쟁 기구를 파괴하는 주임무를 맡은 것도 소련이었다. 그 임무는 끔찍한 인적·물적 희생을 치르고서만 달성할 수 있었다.* 또한 영토 확장 욕구가 지나치게 커지기 전까지는 다른 서방 열강들과 꽤 우호적인 관계를 유지했던 나치 독일도 서방 열강이었다. 이런 기록을 통해서만 서방의 적대 행위라는 소련의 생각이 모종의 피해망상이 아니라 완전히 사실이라는 것을 알 수 있다. 그리고 그런 적대 행위는 간헐적인 군사 행동뿐 아니라 시종일관 적대적인 경제적·외교적·전략적 정책들로 나타났다. 제2차세계대전 종전 이후 서방, 특히 미국의 정책에서 지침 구실을 해 온 소련

---

* 그 전쟁에서 소련인 2천만 명이 사망했다는 것은 널리 알려진 사실이다. 그러나 그들이 입은 물질적 손실도 엄청났다. 소련의 공식 발표에 따르면 15개의 대도시, 1천 7백10개의 소도시, 7만 개의 촌락, 6백만 채의 건물, 3만 개 이상의 기업체 등등이 전체적으로 또는 부분적으로 파괴됐다. D. 호로위츠의 《자유 세계의 거인(The Free World Colossus)》, (London, 1964), 51쪽, 각주 3을 보시오.

에 적대적인 태도는 오로지 반공주의 선전 속에서만 "소련인들의 오해"였다. 소련 영토 내에서 자행한 억압 행위들 말고도 소위 안보상의 필요 때문에 소련인들이 저지른 잘못은 미국과 그 밖의 서방 지도자들이 서방 주민들에게 대소련 적대 행위의 정당성을 설득하기 쉽게 만들었다. 소련식 체제들의 몹시 혐오스러운 측면들 때문에 서방은 그런 일을 더 쉽게 할 수 있었던 것이다.

그러나 이 점과 관련해 매우 위험하고 잘못된 추론이 존재한다. 미국이 자본주의적 민주주의 ─ 미국의 지도자들과 자본가들의 눈에는 그냥 민주주의 ─ 라는 사실 때문에, 미국은 제국주의적이거나 패권적인 속셈을 가질 수 없다고 생각하기 쉽다. 실제로 제2차세계대전이 끝나고부터 미국은 혁명 운동을 쳐부수고 자국의 목적에 유리하게 현상을 유지하기 위해 세계의 모든 곳에 개입했다. 미국은 혁명적인 운동과 정권들뿐 아니라 1954년 과테말라와 1970~73년 칠레의 경우처럼 심지어 온건 개량주의에 맞서서도 개입했다. 미국은 군사 독재를 편들면서 합법적이고 다원론적인 정부를 불안정에 빠뜨리고 붕괴시키기 위해 할 수 있는 모든 일을 다 했다. 이 모든 일은 국가 안보, 자유, 민주주의 등의 이름으로 행해졌다. 이렇듯 미국 안보의 이름으로 자행된 일관된 반혁명적 개입 기록에 비춰 보면, 소련 지도자들의 '안보' 집착이 특별히 비정상적인 것이라고 말할 수는 없다.

물론 소련 지도자들은 할 수 있는 곳이라면 어디에서나 우방을 획득 하고 영향력을 넓히려 하며, 반서방 정권들의 등장은 그 정권이 '마르크스-레닌주의'를 자처하는지 그렇지 않은지와는 상관 없이 자신들에게 득이 된다고 본다. 소련 지도자들이 그렇게 보는 이유는 분명하다. 앞에서도 시사했듯이, 모든 반서방 정권들은 어떤 이데올로기 성향을 지녔든 간에 자기 나라가 미국의 세력권 — 많은 나라의 경우엔 더 정확하게 말해 미국의 지배권 — 에서 벗어나는 것을 주요 목표에 포함시키고 있기 때문이다. 당연히 소련 지도자들은 미국의 국제적인 세력 약화가 자기 나라에 이득이 된다고 본다.

반공주의자들의 근거 없는 비난

당연히 반공주의는 '비난의 균형'을 회복하려는 어떠한 시도도 혐오한다. 그런 시도는 무조건 반체제 인사들에 대한 억압, 수용소군도, 스탈린주의, 소련 정권이 저지른 그 밖의 모든 잘못에 대한 변명으로 비난받는다. 이것은 마땅히 거부돼야 하는 일종의 도덕적 공포 정치이자 정치적 공갈이다. 반공주의는 '확장주의적' 야망과 의도가 소련 지도자들이 하는 모든 행동의 동기라는 관점을 정당화하기 위해 어떤 논거들을 제시할 수 있는가? 다시 말해 이런 '확장' 야망을 설명하기 위해 의존할 수 있는 **논거들**은 무엇인가?

반공주의가 제시하는 논거들을 검토해 보면 빈약하기 짝이 없음이 드러난다. 그러한 논거들 가운데 하나는 소련 지도자들이 만족할 줄 모르는 권력욕을 갖고 있다는 것이다. 그러나 문제는 소련 지도자들이 권력을 원하는지 여부가 아니다. 이것은 당연하게 생각될 수도 있다. 그것이 소련 지도자들만이 지닌 특성이라고 말할 수는 없을 테지만 말이다. 어느 나라에서건 지도자들은 권력을 원한다. 그렇지 않다면, 그들은 지도자가 아닐 것이다. 그러나 소련 지도자들은 이미 손에 쥐고 흔들 수 있는 것 이상으로 모든 권력을 가지고 있다. 소련의 외교 정책에 대한 이런 종류의 사이비 심리학적 해석을 뒷받침하는 증거는 전혀 존재하지 않는다.

이미 언급했듯이, 소련 지도자들이 해외에서 소련의 권력을 증대시키는 데 유리했을지도 모르는 혁명적 발전들을 지원하기는커녕, 소위 혁명적 '모험주의'와 소련의 안보상 필요를 거스르는 것에 사실상 반대한 경우가 많았다. 이런 맥락에서 볼 때 유고슬라비아와 중국 혁명 지도자들이 소련의 충고를 받아들였다면, 유고와 중국 혁명은 제2차세계대전이 끝나고 진흙탕으로 빠져들었을 것이라는 점을 상기해야 한다. 티토와 마오쩌둥에게 소련의 충고는 자기 적과 제휴하라는 것이었기 때문이다. 그 충고를 수용했다면, 공산당 세력은 확장이 아니라 억제되는 결과가 생겨났을 것이다. 그리고 스탈린은 이런 결과를 기꺼이 받아들였을 것이다. 앞서 언급한 그리스 공산당의 경우에 그가 공산당의 후퇴를 기꺼이 받아들였듯이 말이다.

이렇듯 혁명 운동을 의심하고 '모험주의'를 두려워한 것은 스탈린에게만 고유한 것이 아니었다. 스탈린의 후계자들도 그런 모습을 보여 주었다. 예컨대, 소련 지도자들은 1968년 프랑스의 5월 반란에 대해 극단적인 자제를 보여 주었으며, 프랑스 공산당은 소련의 승인 속에서 '모험주의' 정책을 실행하지 않았다. 그렇기는커녕 노동자들의 투쟁을 자제시켰다.

이런 사례들은 또한 소련의 '확장 정책'이라는 개념을 정당화하기 위해 내놓는 또 다른 이유, 즉 소련 지도자들이 이데올로기 개종을 강제하려는 동기에 의해 움직이고 있으며 필요하다면 무력을 통해서라도 쉴 새 없이 전세계를 '마르크스-레닌주의'라는 그들 특유의 상표로 개종시키려 할 것이라는 견해를 약화시키는 데 도움이 된다. 여기서도 그런 견해를 뒷받침하는 증거는 없다. 소련 지도자들은 이런저런 혁명 정권이 소련식 '마르크스-레닌주의' 신념을 선언하는 것을 환영할 수도 있다. 그러나 우리는 이미 그러한 환영이 어떤 중요한 이데올로기적 열의가 아니라 실리적인 고려에 바탕을 두고 있는 것임을 지적한 바 있다. 즉, 소련과의 좋은 관계를 보여 줄 것이냐 말 것이냐에 상관 없이(그렇지 않을 수도 있다), 거의 틀림없이 미국과의 나쁜 관계는 보여 줄 수 있기 때문에 그런 선언을 좋다고 인정하는 것이다. 마치 서방 지도자들이 '민주주의'나 '자유' 등을 이용하는 방식과 꼭 마찬가지 방식으로 소련 지도자들은 '마르크스-레닌주의'를 이용하는 것이다. 그럼에도 이데올로기적 고려는 소련의 외교 정책에서 언제나 매우 부차적인 역할만을 해 왔다. 소련 지도자들은 이데올로기적 고려 때문에 '현실 정치'라는 아주 적나라한 개념을 버린 적이 한 번도 없었다. 1939년부터 히틀러가 소련을 공격한 1941년까지 지속됐던 히틀러-스탈린 동맹은 그 점을 가장 극적으로 예증하지만, 그 밖의 사례도 많이 있다.

사정이 어떻든 간에 마르크스주의와 레닌주의는 절대로 제자들에게 무력을 통한 전도를 요구하지 않는다는 점도 지적해야 한다. 그와 반대로, 마르크스주의 혁명 이론의 가장 확고한 교의 가운데 하나는 혁명은 수출될 수 없으며 국내에서 일어나야 한다는 것이다.

프롤레타리아 국제주의는 혁명 운동을 지원해야 한다고 요구한다. 그러나 그 말은 혁명을 수출하라는 얘기가 아니다. 흔히 반공주의자들은 마치 소련 지도자들이 '연속혁명'이라는 트로츠키주의 교의를 열심히 받아들이고 있기라도 한 양 얘기한다. 그들은 그렇지 않다. 그들이 혁명 운동들을 지원한 것은 전혀 다른 고려들에 바탕을 두고 있다. 최고의 고려 사항은 소련의 소위 '국익'과 안보다. 이런 인식 가운데 어떤 것도 반공주의자들이 소련의 핵심적인 목적이라고 선언하는 세계적 '확장 지상 정책'을 포함하지 않는다.

반공주의와 마녀사냥

지금까지 우리는 반공주의의 버전이 하나뿐인 것처럼 얘기했다. 사실 반공주의의 버전은 매우 많다. 그래서 반공주의라는 공통의 틀 안에 있는 서로 다른 태도·강조점·뉘앙스를 지적하는 것은 유용할 수 있다.

우선 절대주의적 태도가 있다. 그 표현들은 매우 다르지만 그 공통 요소는 '공산주의'를 철두철미하게 무조건 반대한다는 점이다. '공산주의'는 악의 화신이며 사탄의 작품이고, 인간 정신의 가장 흉악하고 음흉한 충동의 산물이며, 문명과 계몽에 대한 부정이라는 것이다. 극단적인 도덕적 용어로 표현되며 흔히 강력한 종교적 함축을 지니는 이런 반공주의는 소련이 악의 화신이자 악을 유포하는 주요 원천이라고 본다. 따라서 지구상에서 소련을 소멸시키는 것은 인류가 거듭나고 구원받을 수 있는 최우선적인 조건이며, 기도하고 노력하고 싸우고 죽을 만한 가치를 지닌다.

이런 태도의 매력은 증거나 분석 등으로 뒷받침할 필요가 없는 온갖 과장을 다 동원할 수 있다는 것이다. 할 수 있다면 적당하게 숭고한 미사여구를 써서 표현하기만 하면 그걸로 끝이다. 신중·절충·협상·화해라는 개념들 때문에 방해 받지도 않는다. 절대 반공주의에게 그러한 개념들은 그 자체로 부패·허약함·괴팍함의 상징이다. 어떻게 최고의 악과 화해를 추구할 수 있겠는가?

이런 절대주의적 태도를 받아들이는 사람들은 미국과 그 밖의 자본주의 나라들의 존 버치 협회 등의 극우 단체들에 있는 원시적인 반공주의자들에서부터 미국과 유럽의 지식인 궤변가들에 이르기까지 매우 다양하다. 그들 가운데 많은 사람들은 과거에 스탈린주의자나 마오쩌둥주의자나 과도하게 좌익주의적인 혁명가 아니면 모종의 자칭 혁명가들이었다. 그들은 과거와 마찬가지로 지금도 거리낌없이 종말론적인 열정에 몰두하고 있다. 소련과 동유럽의 망명자들이 그 대열에 끊임없이 합류한다. 그들의 이해 할 수 있는 실망감과 증오는 반공 진영의 이 분파에게 귀중한 지원을 제공한다.

물론 절대주의적 태도는 매우 강력한 정치적 반향을 갖고 있다. 그러나 그것은, 소련을 '악의 제국'이라고 했던 레이건의 언급처럼 이데올로기 전쟁이 목적일 때를 빼면, 서구의 보수주의가 쉽사리 채택할 수 있는 태도가 아니다. 그리고 정치가들은 위험하고 값비싼 성전(聖戰)을 원하지 않는 유권자들을 놀라게 하지 않으려면 그런 미사여구조차도 공식적으로는 드물게 사용해야 한다. 서구의 보수주의는 극우와 마찬가지로 반공주의적이지만 그 지도자들은 필연적으로 더 완곡한 용어를 쓰면서 소련과 거래하지 않을 수 없고 그런 거래에서는 협상과 심지어 타협이 이루어질 수도 있다.

일련의 반공주의적 태도들은 모두 혁명 운동이 어디에서나 봉쇄되기를 바란다. 이런 반공주의 스펙트럼의 한쪽 끝은 자유주의적 태도로서, 다른 한쪽 끝(극우)이 핵전쟁까지도 포함하는 전쟁을 만들어내는 정책들과 행동들을 야기할 수밖에 없다는 전적으로 정당한 믿음을 갖고 있다. 그리고 자유주의는 경제적·정치적으로 소련에 유리할 수도 있는 조건으로 소련을 설득해 세계에서 '온건한' (그리고 중재하는) 역할을 맡게 할 수 있다는 믿음도 갖고 있다. 소련을 '단념시켜야' 한다. 그러나 소련이 단념해야 하는 것은 서방에 대한 군사적 공격을 개시하는 것, 즉 진지한 정치가라면 실제로 일어날 거라고 아무도 믿지 않는 결말이 아니라 반서방 운동을 후원하는 것이다.

보수적 또는 자유주의적 반공주의와 함께, 볼셰비키 혁명 초기부터 사나운 사회민주주의적 반공주의가 존재했는데, 이것은 정치적으로 매우 중요했다. 자본주의 사회의 노동 운동 내에서 우파와 좌파의 분열을 레닌 시대 훨씬 전부터 지독했고 깊었다. 그러나 볼셰비키의 승리는 그 분열을 훨씬 더 심화시켰고 그 분열에 새로운 제도적 형태를 부여했다. 그리고 사회민주당 지도자들에 대한 공산당의 비난과 결합된 소련 정권의 억압적인 본질은 기존 질서에 더 이상 위협이 되지 못하는 '사회주의'를 지향하는 이미 잘 발달된 경향을 이 지도자들 속에서 강화시켰다. 반공주의는 사회민주주의 운동들을 기존 질서 안으로 집어넣은 중요한 요인이었고, 사회민주주의 지도자들과 그 보수적 반대파들이 맺은 협정에 강력한 이데올로기적 기초를 제공했다. 1945년 이후로는 외교와 국방 정책에 관한 그들 사이의 광범한 의견 일치에도 반공주의가 기초를 제공했다. 그리고 사회민주당 지도자들은 냉전을 정당화하고 노동 운동을 반공주의의 기치 아래 동원하는 데서 주된 역할을 했다.

많은 나라에서 반공주의는 사회민주당 정치 지도자들과 노조 지도자들이 정당과 노조 내부에서 공산주의자들에 대항해 투쟁할 때, 그리고 자신들의 입장에 도전하는 좌파 활동가들에 대항해 투쟁할 때 사용한 귀중한 무기이기도 했다. 흔히 반공주의적 비난을 이용해 도전에 대처하는 것은 매우 편리했다. 그런 일은 많은 경우 비판자를 세력과 영향력이 있는 지위에서 배제하고 당원을 제명하는 조치로 보완됐다.

그럼에도 자본주의 나라의 보수 세력에게 반공주의는 사회민주당을 포함한 좌파 전체에 대항하는 투쟁에서 가장 커다란 가치를 지녔다. 반공주의는 사실상 그들이 애용한 무기였다. 1918년 이후 자본주의적 민주주의 국가의 총선이나 대선에서(권위주의적인 자본주의적 국가의 '선거'는 말할 것도 없고) 보수주의자들이 공산주의와 소련의 '위협'을 이용하지 않은 적은 한 번도 없었다. 미국처럼, 흔히 공산당이 존재하지 않았거나 존재하지 않은 것이나 마찬가지였던 곳에서 보통 '공산주의'는 현안과 아무 관련이 없었는데도 그랬다. 일단 '공산주의'가 쟁점으로 떠오르면, 그 쟁점이 아무리 그럴싸하지 않을 때조차도 논쟁은 뒷전이고 욕설과 비난이 논쟁을 대신한다. 그리하여 반공주의의 기본적 교의와 반공주의가 선택해 제시한 견해와 정책이 무엇이건 간에, 그에 전적으로 동의하지 않는 사람은 누구나 욕설과 비난의 대상이 된다. 자유주의자들과 사회민주주의자들이 자신의 보수적 정적들과 반공주의 선언 경쟁을 아무리 많이 해도 이 분야에선 도저히 적수가 못 됐다.

게다가 반공주의자들은 '공산주의'가 소련과 똑같은 것으로 여겨지고 있다는 사실과 1945년 이후 소련이 '국가 안보'에 긴박한 위협이 됐다는 선언을 이용해, 자신들에게 반대하는 사람은 누구나 무신론자·패륜아·매국노·체제전복자일 뿐 아니라 자국의 가장 큰 적의 후원자·동맹자·대리인이라고 비난할 수 있었다. 어떤 반공주의자들은 자신들이 비난한 사람들이 모두 '반역자'인 것은 아니며 나약하고 순진해서 잘 속는 사람들에 불과하다는 것을 너그럽게 인정했다. 그러나 그렇다고 해서 그 사람들과 그 사람들의 견해를 비난하지 않은 것은 아니었다.

'공산주의자들'을 소련이라는 적과 동일시하는 것은 국가 차원의 마녀사냥을 정당화하는 데 엄청나게 중요했다. 마녀가 존재하면 효과적인 마녀 사냥꾼들이 필요하고, 이 필요는 국가 통제와 감시 기능의 방대한 확장과 안보 업무 범위와 역량의 거대한 신장을 정당화하는 데 커다란 도움이 돼 왔다. 반공주의와 '강력한 국가'는 밀접한 관련이 있다. 반공주의가 더 널리 퍼지고 더 극단적이 되면 될수록 강력한 국가를 향한 움직임도 강해진다. 일단 '공산주의'가 국내에서 체제를 전복하고 해외에서 군사 공격을 감행할 수 있는 명백하고 현존하는 위험이라고 선언하고 나면, 자유를 만끽하는 사치를 누릴 때가 아니라는 주장을 펴기가 훨씬 더 쉬워 진다.

동일한 논리가 사회 일반에도 적용된다. 공산주의의 위협에 직면하면, 체제 전복의 위험이 잠재돼 있는 사회에서는 국가뿐 아니라 국방에 관련된 업무에 종사하거나 심지어는 국방과 무관한 언론 매체, 학교, 대학, 기업과 같은 다른 모든 기관들도 강력해져야 하며 방심은 금물이다. 정치적으로 '신뢰할 수 없고' '불건전'하며 잠재적으로 체제 전복적인 성향이 있다고, 다시 말해서 왼쪽으로 너무 멀리 나아갔다고 생각되는 사람들을 배제하는 것이 항상 명시적일 필요는 없다. 반공주의의 견지에서 중요한 것은 그런 배제가 실행돼야 한다는 것이고 다른 사람들에 대한 경고 역할을 해야 한다는 것이다. 이런 일이 벌어지는 정도는 나라와 시기에 따라 변하기도 한다. 그러나 극적인 형태의 매카시즘은 이제 신뢰를 잃었을지라도 그 은밀한 버전이, 대부분은 아니지만 많은 자본주의 나라에서 생활의 일부를 이루고 있다.

이데올로기로서 반공주의

최근 몇 년 사이에 반공주의는 인권, 정치적·시민적 자유 등등에 매우 커다란 비중을 할애하는 미사여구를 많이 사용했다. 이런 것들은 정말이지 귀중한 가치들이다. 그 때문에 그런 가치들은 진정한 사회주의의 핵심을 이룬다. 반면, 반공주의자들은 지금까지 살펴보았듯이 그런 가치들을 진정으로 옹호하는 자들이라고 볼 수 없다. 우리는 이미 그들이 인권과 정치적 자유를 선별적으로 적용한다는 것을, 그리고 '공산당'만 아니라면 가장 억압적인 정권에 대해서도 기꺼이 관대함을 보인다는 것을 언급했다. 그리고 공산당 정권들 내부의 자유와 인권을 옹호하는 바로 이 사람들 가운데 자국 내의 시민적·정치적 자유를 삭감해야 한다고 가장 앞장서서 떠드는, 그리고 폭압적인 정권을 떠받치기 위해 고안된 개입주의 정책들을 가장 열렬하게 지지하는 사람들이 존재한다고 말할 수 있다.

그러나 인권에 대한 반공주의자들의 관심이 대개 선별적으로 표명된다는 것 말고도, 반공주의가 인권을 바라보는 방식에 관해 언급해야 할 것이 또 있다. 그것은 그들이 인권에 지극히 제한적인 의미만을 부여한다는 것이다. 사람들이 기본적인 시민적·정치적 자유를 행사할 수 있는 기회를 빼앗기고 정부나 정권에 반대한다는 이유로 박해받을 때 매우 옳게도 인권이 침해당하는 것으로 간주된다. 그러나, 제3세계에서 그러하듯이, 그리고 제3세계에서만 그런 것은 아닌데, 인권은 사람들의 기본적인 생활상의 요구들이 거부될 때도 침해받는다. 굶주림, 빈곤이 야기한 질병, 깨끗한 물의 부족, 조기 사망은 심각한 인권 침해다.* 그러나 반공주의적 인권 옹호론자들은 이러한 침해에 대해서 강공

---

* 그래서 노먼 제라스는 다음과 같이 말한다. "4만 명의 어린이가 매일 죽어 간다. 1979년에 태어난 1억 2천 2백만 명의 어린이 가운데 1천 7백만 명(거의 14 퍼센트에 이른다)이 5살이 되기 전에 죽을 것이다. 3억 5천에서 5억에 이르는 사람들이 불구가 된다. 그렇게 되는 주요 원인은 바로 가난이다. 약 1억 명이 영양실조 때문에 불구가 됐다. 1억 8천만 명의 어린이가 건강과 최소한의 신체 활동을 유지하는 데 필요한 충분한 음식을 얻지 못하고 있다. 개발도상국에서 1억 명의 어린이가 지능 발달을 지연시키는 단백질 부족으로 고통받는다. … 제3세계 사람들 가운데 절반 이상이 안전한 물을 얻을 수 없으며, 수인성 질병은 약 3만 명을 날마다 죽이고 있고 모든 질병의 약 80퍼센트를 차지한다. 해마다 4억에서 5억에 이르는 사람

을 퍼붓지 않으며, 심지어는 인정조차 하지 않는다. 그와 반대로, 그들은 이런 침해에 책임이 있는 사회 질서를 묵인하거나 심지어 지지하기까지 하며, 그런 현상을 시정하려는 운동에 반대한다. 이 십자군들은 인권을 위한 투쟁을 주장하지만, 사실 그들의 성전(聖戰)은 필연적으로 그러한 인권 거부에 이바지하는 모든 것에 대한 지지를 수반한다.

우리가 앞에서 시사했듯이, 전세계에 걸친 소련의 군사적 위협이라는 유령은 반공주의 성전에서 절대적으로 없어서는 안 되는 역할을 한다. 그것은, 혁명적 또는 심지어 개량주의적 운동들이 성장하고 성공하도록 내버려 둔다면 '소련이 침투하도록 허용할 것'이고 그렇게 되면 '도미노 효과'를 낳아서 필연적으로 경제적·전략적인 서구의 이익을 치명적으로 위협하리라는 원리에 바탕을 두고, 세계 도처에서 그러한 운동에 대항한 미국과 그 밖의 나라들의 개입을 정당화하는 데 이바지한다. 반공주의는 그런 사태를 막기 위해 수많은 남녀노소를 군사 작전에서 대량 학살하는 것을 포함한 모든 것이 정당하다고 본다.*

들이 트라코마(후진국에 비교적 많은 눈의 결막질환)에 감염되고 6백만 명의 어린이가 설사 때문에 죽는다. … 볼리비아의 주석 광산에서는 규폐증과 폐결핵 때문에 광부의 예상 수명이 35세로 줄어들었다. 제3세계에서 37만 5천명 또는 그 이상의 사람들이 올해 살충제에 중독될 것이다." N. 제라스의 《마르크스와 인간 본성: 전설에 대한 논박(Marx and Human Nature: Refutation of a Legend)》, (London, 1983), 105쪽을 보시오.

* 인도차이나와 알제리에서 프랑스가, 말레이 반도와 케냐에서 영국이, 한국과 베트남에서 미국이 그랬다. 미국이 베트남과 캄보디아를 황폐하게 만든 것은 아직 완전히 잊혀지지 않았다. 반면에, 폭탄 투하로 한국을 황폐하게 만든 것은 좀처럼 알려지지 않았다. 극동 지역 미국 폭격 사령부 사령관은 그것을 다음과 같은 말로 묘사했다. "한반도는 완전히, 거의 완전히 끔찍한 아수라장이라고 말할 수 있다.

소련이라는 유령은 무기 경쟁을 정당화하는 비할 데 없이 중요한 역할도 했다. 그것만이 자본주의 나라의 국민들이 값비싸고 낭비적인 무기 경쟁의 위험을 지지하도록 설득했다. 무기 자체는 전쟁을 낳지 않는다. 그러나 무기 경쟁을 정당화하려는 필요는 반공주의 선전전을 낳게 되고 그런 전투는 팽팽하고 우려스런 국제 정세에 기여한다. 그런 정세에서는 미국과 소련의 충돌 가능성이 더욱 높아지고 더 위험해진다.

반공주의는 투쟁의 대상이다. 반공주의에 대항하는 투쟁은 소련 체제의 진정한 본질과, 사하로프 등 소련의 '반체제 인사들' 처리 문제에서부터 아프가니스탄 침공에 이르기까지 그 정권의 많은 정책 및 활동 때문에 훨씬 더 힘들어졌다. 그러나 그럼에도 그것은 평화와 민주적 권리들, 사회주의 운동의 진보를 위해서 피해서는 안 되는 투쟁이다.

모든 것이 파괴됐다. 서 있다고 할 만한 것은 아무것도 없다. 중국이 끼어들기 직전에 우리[폭격기]는 이륙을 하지 않았다. 한국에는 더 이상 우리의 목표물이 없던 것이다." 호로위츠의 《자유 세계의 거인 (The Free World Colossus)》, 135쪽을 보시오.

마녀사냥의 전형 — 1692년 세일럼 마녀 재판

　　세일럼은 미국 매사추세츠 주의 작은 마을이었다. 세일럼 마녀사냥은 1692년에 벌어졌다. 미국 극작가 아서 밀러는 이 사건을 소재로 유명한 희곡 《세일럼의 마녀들》(The Crucible: 이하 《세일럼》)을 썼다. 이 희곡을 바탕으로 만든 훌륭한 영화가 다니엘 데이-루이스

〈맞불〉 31호, 2007년 2월 10일. https://wspaper.org/article/3865. 세일럼에서 벌어진 마녀사냥의 배경에는 체제 위기에서 비롯한 정치 불안정이 있었다. 지배자들은 위기에 빠진 낡은 질서를 지키려 '내부의 적'을 만들었다. 지배자들의 광기 어린 속죄양 찾기는 역사에서 흔히 볼 수 있다. '이단' 종교, 집시처럼 사회 주변 집단들, 정치적 반대파, 심지어 지배계급의 소수파도 종종 체제를 위협하는 '마녀'로 몰렸다. 이런 일들은 오늘날에도 벌어진다. 이른바 '일심회' 사건이 그렇다. 장기 침체한 경제, 심각한 빈부 격차, 미국 제국주의의 잔혹한 패권 전쟁이 부른 전통적 친미 이데올로기 붕괴, 기성 정치의 불안정 심화 등 '마녀'를 찾아야 할 이유는 충분했다. 이른바 '일심회' 사건은 남한 지배자들이 사회 양극화 속에서 급진화 분위기를 차단하고 이데올로기적 지형을 다시 오른쪽으로 끌고 가기 위해 '친북 좌파'를 속죄양 삼은 전형적인 '마녀사냥'이다. 세일럼 마녀사냥은 우리에게 유용한 교훈을 던져 준다. 지배자들이 벌이는 마녀사냥의 본질을 꿰뚫어 볼 수 있어야 한다는 점이 그것이다. 이 글은 영국의 혁명적 반자본주의 주간지 〈소셜리스트 워커〉 2000년 8월 26일치에 실린 글을 번역한 것이다.

주연의 〈크루서블〉이다.

세일럼 마녀사냥은 발작을 일으킨 소녀 몇 명이 자신들에게 마을 주민 세 명이 마법을 걸었다고 고발하면서 시작됐다. 이 소녀들은 표현의 자유를 허용하지 않는 사회에서 엄격한 청교도 도덕을 거부하는 행동들을 했다.

영화 〈크루서블〉에는 소녀들이 숲 속에서 미친 듯이 춤을 추는 장면이 나온다. 그들이 낡은 수정 구슬을 이용해 미래의 남편을 점쳐 보는 장면도 나온다. 어른들은 소녀들에게 죄를 고백하라고 강요했다. 에비게일 윌리엄스가 주도해 소녀들은 자신들의 행동을 마법 탓으로 돌렸다. 몇 달 동안 2백 명 이상이 마녀로 고발됐다.

20명이 세일럼 외곽에 있는, 훗날 '갤로스 힐'[교수대 언덕이라는 뜻]이라고 불린 곳에서 교수형에 처해졌다. 그들의 시신은 바위틈에 버려졌다. 마녀 재판을 거부한 80세 할아버지는 무거운 돌로 눌리는 고문을 받다 죽었다. 4살 먹은 여자아이를 비롯해 수백 명이 쥐가 득실대는 감옥에 몇 달씩 갇혀 있었다. 밧줄로 목과 발이 묶이는 고문을 당한 사람들도 많았다.

사회적 낙오자 취급받던 여성 세 명이 가장 먼저 고발됐다. 티투바는 카리브 해 출신의 노예였다. 그녀는 이미 마을에서 "악마", "마귀"라고 조롱받고 있었다. 세라 굿은 "비참한 상황과 나쁜 평판 때문에 정신이 이상해진, 의지할 데 없고 버림받은 불쌍한 피조물"이라고 묘사된 거지였다. 세라 오스본은 교회에 나가지 않는 병든 노파였다.

그러나 머지않아 마을에서 존경받는 사람들도 박해받았다. 재판은 엉터리였다. 고발당한 사람들은 뜬소문과 험담, 에비게일 윌리엄스를 비롯한 소녀들의 요상한 얘기 따위를 근거로 유죄 판결을 받았다. 그들은 자백하고 다른 '마녀'의 이름을 대거나 아니면 사형을 당하는 끔찍한 선택을 강요받았다.

사람들이 고발될 때마다 더 많은 자백이 강요되고 더 많은 고발이 뒤따랐다. 세일럼에서 가장 크고 힘센 가문인 퍼트넘 가(家)의 정적(政敵)들 또는 그 관련자들이 감옥에 갇히는 경우가 늘어났다.

'귀신 들린' 소녀의 아버지인 토머스 퍼트넘이 마녀사냥에 앞장섰다. 그와 마을 유지 세 명이 마녀 행위 관련 고소를 대부분 제기했다. 그는 마녀 재판을 이용해 경쟁자들을 제거하고 복수를 했다.

예를 들면, 사형당한 세 자매 — 레베카 너스, 메어리 이스티, 새러 클로이스 — 는 탑스필드 가문의 딸이었는데, 탑스필드 가와 퍼트넘 가는 오랫동안 토지 분쟁중이었다. 피고인들의 토지와 재산은 정부(흔히 지방 보안관)가 몰수했다. 나중에 퍼트넘은 그 중 많은 재산을 헐값에 사들였다. 다른 명망가들도 마녀사냥을 부추겼다.

판사 윌리엄 스토턴은 "이 땅에서 마녀들을 제거하겠다"고 장담했다. 그는 마녀사냥 광기가 가라앉은 이듬해에도 사형에서 면제된 임산부를 교수형에 처하라고 요구했다. 스토턴은 나중에 매사추세츠 주지사가 됐다.

그러나 세일럼에는 처음부터 마녀사냥에 반대하는 사람들이 있었다.

많은 사람들이 무고한 피고인들의 석방을 요구하는 탄원서에 서명했다. 마녀로 고발당할 수 있는데도 용기 있게 자신의 생각을 밝힌 사람들도 있었다. 그 중 한 명이 《세일럼》의 주요 등장 인물인 선술집 주인 존 프록터였다. 존경받는 지역 명망가 상당수가 사형당하는 것에 항의하는 사람들이 늘어나자 영국인 총독은 두려움을 느꼈고, 결국 마녀사냥은 중단됐다.

그러나 피고인들의 다수는 여전히 부당한 대우를 받았다. 많은 사람들이 여러 달 동안 감옥에 갇힌 채 토지와 집을 잃었다. 감옥에 있는 동안 터무니없이 많은 소송비용을 대느라 가난해진 사람도 많았다.

왜 세일럼에서 이런 사건들이 걷잡을 수 없이 확산됐을까? 당시 매사추세츠 주는 정치·경제적 혼란에 휩싸여 있었다. 사람들은 두렵고 불가사의한 세상사를 이해하고자 종교에 의탁했다.

많은 사람들이 '악마'가 살아있는 사람들 사이를 돌아다닌다고 생각했고 인간의 불행을 악마 탓으로 돌렸다. 전쟁과 질병, 가난으로 요절하는 경우가 흔했다. 마녀사냥이 있기 전에도 몇 년 동안 천연두가 여러 번 세일럼을 덮쳐 많은 사람들, 특히 많은 아이들이 죽었다.

청교도 정착민들은 원주민 부족들과 오랜 전쟁을 벌여 원주민 땅을 강탈했다. 고발인 가운데 한 사람인 머시 루이스는 그런 전투에서 부모가 죽는 것을 목격한 17세의 하녀였다.

영국 식민지인 매사추세츠는 정치적으로도 매우 불안정했다. 1684년 영국은 식민지 자치를 허용한 조례를 폐기했다. 1689년 민중항쟁이 일어나 증오의 대상인 영국 총독 에드먼드 안드로스 경을 몰아냈다. 이 때문에 마녀사냥이 일어나기 전 3년 동안 매사추세츠에는 총독이 없었다.

이 모든 것이 1692년 세일럼을 휩쓴 두려움과 의심, 광기의 분출을 위한 비옥한 토양이 됐다. 이 광기의 분출에 기름을 끼얹은 것은 마을 유지 일부가 마녀사냥 열풍에 뛰어든 것이었다.

옛 유지들인 청교도 농장주의 다수는 신흥 상업 자본가들의 성장에 위협을 느꼈다. 기존의 소수 특권층은 마녀사냥을 이용해 자신들의 특권을 유지하고 사회 질서를 지킬 수 있다고 여겼다.

세일럼 마녀사냥은 자본주의가 막 발전하기 시작한 3백여 년 전에 일어났다. 자본주의는 합리적 주장이나 과학적 논쟁과 맞물려서 성장했다.

그러나 마녀사냥은 사라지지 않았고 현대 세계에서도 여전히 벌어지고 있다. 자본주의는 나이를 먹어서도 젊은 시절의 만행을 되풀이하고 있다. 자본주의는 대다수 사람들에게 자유가 아니라 굶주림·빈곤·절망을 가져다줬다.

힘이 없어 모든 것을 빼앗겼다고 느낀 사람들은 자본주의 체제가 부른 전쟁·공황·불안정 앞에서 속죄양을 찾으려 한다. 사람들은 자신의 생존을 위협하는 체제 앞에서 무력감을 느낀다.

1930년대 초 독일에서 나치는 그런 절망감을 자양분 삼아 성장했다. 소수 특권층이 부추긴 유대인 속죄양 삼기는 대공황기에 광적인 수준에 달했다. 아서 밀러는 또 다른 세일럼 식 마녀사냥이 한창이던 1952년에 《세일럼》을 썼다.

1950년대에 미국의 우익 상원의원 조지프 매카시는 좌파를 탄압하기 위해 자백을 강요하고 피의 사실을 조작했다. 다른 수많은 사람들처럼 밀러도 매카시의 속죄양으로 '비(非)미국인적 활동조사위원회'에 소환됐다.

밀러는 매카시 마녀사냥과 세일럼 마녀사냥의 유사점을 보여 줬다. 우리는 오늘날에도 비슷한 일들을 볼 수 있다. 일례로, 남아프리카공화국에서는 저주에 대한 공포 때문에 해마다 수백 명이 죽는데, 특히 가장 가난한 지역에서 그런 일이 많다. 사람들은 자신이 통제할 수 없이 상황이 나빠지는 것을 '악마' 탓으로 돌릴 수 있다.

가난에 짓눌린 남아프리카공화국의 노던 프로빈스 주(州)에서는 1985~95년에 2백 명이 넘는 '마녀'가 살해됐다. 인도네시아의 많은 섬에서는 경제 위기로 민족 분쟁과 마녀사냥이 동시에 폭발했다.

마녀사냥은 가진 것 없는 사람들 사이에서도 나타나지만, 서로 경쟁하는 권력자들도 위기에 대한 사람들의 분노를 속죄양에게 돌리려고 마녀사냥을 이용했다. 최근 영국의 소아성애자 마녀사냥도 정도는 덜하지만 비슷한 경우다.

〈뉴스 어브 더 월드〉[미디어 재벌 루퍼트 머독이 소유한 보수 언론]의 편집자 레베카 웨이드는 자본주의 체제에 짓눌린 사람들이 느끼는 공포심을 이용한다. 그러나 그런 속죄양 삼기가 자본주의 체제의 불안정에 반응하는 불가피한 방식은 아니다.

자본주의 체제 때문에 삶이 망가진 사람들이 부자들과 권력자들에 맞서 함께 행동하는 집단적 대응을 건설하는 것이 대안이다. 소외된 사람들의 집단적 행동을 건설하려면 궁극적으로 지배자들만 보호하는 비이성적 속죄양 삼기의 진정한 본질을 폭로해야 한다.

냉전기 매카시즘 마녀사냥의
속죄양 로젠버그 부부

이 글을 번역·소개하는 이유는 로젠버그 사건이 오늘날 한국에서 벌어지는 '일심회' 사건 등 국가보안법 마녀사냥과 너무나 흡사하기 때문이다.

북한 핵실험이 '일심회' 마녀사냥의 계기가 됐듯이, 1949년 소련의 핵폭탄 실험을 계기로 미국 지배자들은 매카시즘의 광기를 더욱 부추

엘리자베스 셜트. 〈맞불〉 31호, 2007년 2월 10일. https://wspaper.org/article/3866. 6월 19일은 에셀 로젠버그와 줄리어스 로젠버그가 처형당한 지 50년째 되는 날이다. 이 처형은 미국 정부가 국가 안보와 반공주의 투쟁이라는 허울좋은 이름으로 저지른 냉혹한 살인이었다. 로젠버그 부부는 핵폭탄의 "비밀"을 몰래 훔쳐서 이를 옛 소련에 건네줬다는 혐의로 재판을 받았다. 비록 공식 기소장에 적시된 혐의는 그것이 아니었지만 말이다. 이 사건을 주도한 매카시즘 마녀사냥꾼들은 로젠버그 부부가 "핵폭탄 간첩"이었다는 증거를 하나도 제시하지 않았다. 그러나 그들이 보여 준 게 하나 있다. 미국은 공산주의자들과 그 지지자들을 파멸시키려고 무슨 짓이든 — 심지어 무고한 사람 두 명을 살해하는 짓까지도 — 할 것이라는 점이었다. 엘리자베스 셜트(Elizabeth Schulte)가 로젠버그 부부 사건과 그들을 구하려던 국제 운동을 살펴본다.

겼다.

　미국 지배자들은 소련의 위협이라는 두려움을 이용해 광기어린 마녀사냥을 정당화하고 제2차세계대전 이후 급진화를 억누르려 했다. '일심회' 마녀사냥에 나서며 전 국정원장 김승규는 "국민의 안보관이 너무 많이 해이해져 있다"고 말했다.

　매카시즘 속에 미국 노동운동과 진보운동이 '적국 소련을 돕는 이적행위'로 공격당했듯이 지금, 한국의 공안당국은 반전·반신자유주의 운동들을 '이적·간첩' 행위와 연결시키고 있다.

　로젠버그 부부가 핵폭탄의 비밀을 훔쳐 소련에 건넸다는 혐의로 비난받았다면, '일심회' 피해자들은 더욱 황당하게도 민주노동당 동향과 국내 정세 정보 등 '국가기밀'을 북한에 넘겼다고 비난받고 있다.

　옛 공산당원인 자칭 '전향 간첩'들이 로젠버그 부부 공격에 나섰듯이, 옛 주사파에서 변절한 뉴라이트들도 '일심회' 비난에 앞장섰다.

　로젠버그 부부가 묵비권 등을 보장한 수정헌법 제5조에 근거해 마녀사냥에 맞섰듯이 '일심회' 피해자들도 묵비권으로 저항했다.

　미국 공산당이 로젠버그 부부 방어에 적극 나서지 않았던 것이 잘못이었듯이, 오늘날 '일심회' 방어에 소극적인 일부 운동 지도자들의 태도도 잘못이다.

　로젠버그 부부는 광기 어린 마녀사냥에 결코 굴복하지 않았다. 로젠버그 부부는 두 아들에게 보낸 마지막 편지에서 "너희 아빠와 엄마는 죄가 없으며, 아빠와 엄마는 자신의 양심을 속일 수 없음을 너희가 기억하기 바란다"고 썼다.

　50여 년 전 전기의자에서 죽어간 로젠버그 부부 사건은 오늘날 국가

보안법 마녀사냥에 맞서는 우리에게 중요한 교훈을 줄 것이다.

이 글은 미국의 혁명적 사회주의 주간지 〈소셜리스트 워커〉 2003 년 6월 20일치에 실린 글(http://www.socialistworker.org/2003 — 2/458/458_06_Rosenbergs.shtml)을 번역한 것이다.

이 사형 선고는 놀랍지 않다. 마땅히 그래야 했다. 미국인들이 한국전쟁을 받아들이게 만들려면 광란의 분위기를 확산시켜야 했기 때문에 로젠버그 사건은 꼭 있어야 했다. 전쟁 예산을 증액하기 위해서도 광기와 두려움이 미국을 휩쓸어야 했다. 그리고 좌파의 심장에 비수를 꽂고 이렇게 말해야 했다. '이제 너희는 스미스법(Smith Act)[공산당원 탄압에 이용된 외국인등록법] 위반으로 5년형을 살거나 법정모독죄로 1년형을 살거나 하지 않을 것이다. 우리는 너희를 죽일 것이다!'

— 줄리어스 로젠버그가

변호사 매니 블로흐(Manny Bloch)에게 보낸 편지

미국 연방수사국(FBI) 국장 J 에드거 후버는 이 사건을 "세기의 범죄"라고 불렀다. 그러나 간첩 혐의로 1953년 6월 19일 전기의자에서 사형당한 에설 로젠버그와 줄리어스 로젠버그 사건의 진정한 범인들은 경찰·검찰·법원을 비롯해서 로젠버그 부부를 모함하고 처형하는 일을 도와준 정부 관리들이다.

로젠버그 사건이 일어난 1950년대 초는 상원의원 조지프 매카시가 주도한 반공주의 마녀사냥이 절정에 달한 때였다. 이 "적색 공포"(Red Scare)의 표적은 수천 명의 공산당원들과 그 동조자들, 수많

은 노동 운동가들, 공민권 운동가들, 반전 운동가들이었다.

1949년에 소련이 핵폭탄 실험에 성공했음이 알려지자 이 마녀사냥 광기는 더한층 기승을 부렸다. 미국 정부는 미국 내에 있는 간첩들의 도움이 없었다면 소련이 핵폭탄의 "비밀"을 알 수 없었을 것이라고 주장했다. 미국 정부가 한국전쟁 — 공산주의자들의 침략을 저지하려는 전쟁이라고 떠들어댄 — 에 뛰어들자 로젠버그 부부를 기소하기에 더할 나위 없이 좋은 정치적 분위기가 조성됐다.

로젠버그 부부는 여러모로 완벽한 대상이었다. 그들은 평범한 사람들이었다. 유대인 이민자의 아들과 딸이었고, 뉴욕의 노동계급 가정에서 자랐고, 두 아이의 부모였다. 이 부부가 핵폭탄 간첩이 될 수 있다면, 어느 누구나 그렇게 될 수 있었다.

2주간의 재판 내내 검사인 어빙 세이폴(Irving Saypol) — 당시 〈타임〉지가 "고위급 공산당원들을 잡아넣는 미국 최고의 법률적 사냥꾼"이라고 묘사한 — 은 줄리어스와 에설의 정치적 인맥 관계를 집요하게 캐물었다. 실제로, 에설과 줄리어스는 이미 청소년기에 급진적 운동을 시작했다. 에설은 열아홉 살 때 자신의 작업장에서 파업을 주도하다 해고당했다. 줄리어스는 톰 무니(Tom Mooney)[1916년 샌프란시스코에서 폭발 사건을 일으켜 살인을 저질렀다는 혐의로 기소돼 유죄 판결을 받은 사회주의자이자 노동조합 조직가·활동가] 사건이나 스코츠버러 소년들(Scottsboro Boys) 사건[앨라배마 주 스코츠버러에서 흑인 청년들이 백인 여성 강간 혐의로 기소된 사건. 여성을 검진한 의사가 강간은 일어나지 않았다고 증언했는데도 모든 백인 배심원들은 피고인들에게 유죄 평결을 내렸고, 가장 어린 12세 소년을 제외하고는 모두 사형 선고를 받았다]을 비롯한 당시의 투쟁들을 보며 급진화했다.

대공황기의 빈곤과 그 뒤 파시즘의 성장을 보며 좌파 정치에 투신한 많은 사람들과 마찬가지로 에설과 줄리어스도 공산당에 가입했다. 그들은 1943년경부터는 공산당 활동을 거의 하지 않았다. 그러나 1950년에 기소돼 감옥에 갇혔을 때 로젠버그 부부는 법정에서 수정헌법 제5조[자신에게 불리한 증언을 거부하는 묵비권 등을 인정하는 조항]를 원용해 저항했다. 마녀사냥의 표적이 된 사람들은 흔히 그렇게 대응했다.

검사들은 로젠버그 부부가 실체 없는 간첩망의 핵심 고리임을 입증하려고 자칭 전향 간첩들과 FBI 정보원들을 줄줄이 불러내 법정 증언대에 세웠다. 그 중에는 반공 전문가로 변신한 옛 공산당원인 엘리자베스 벤틀리(Elizabeth Bentley)도 있었다. 그는 에설이 소련 정부를 위해 간첩질을 했다고 주장했다. 또, 이미 거짓말쟁이임이 입증된 해리 골드(Harry Gold) ― 그 전 여러 달 동안 영국 간첩 클라우스 푹스(Klaus Fuchs)와 접촉한 ― 는 법무부의 요구에 맞게 자신의 증언을 열심히 꾸며댔다.

그러나 로젠버그 부부를 기소한 검찰의 비밀 무기는 에설의 남동생인 데이빗 그린글래스(David Greenglass)의 증언이었다. 그린글래스를 밀고한 골드는 그린글래스가 제2차세계대전 당시 기계 기술자로 근무한 로스앨러모스의 핵폭탄 개발 프로젝트에서 기밀을 빼내 에설에게 넘겨줬다고 주장했다. 아마 그 때 핵폭탄의 비밀이 새나갔다는 것이다.

증언대에서 그린글래스는 줄리어스를 주모자로 지목했고 에설이 그 기밀 문서를 타이핑했다고 말했다. 2001년에 그린글래스 — 가명을 쓰며 몰래 숨어살던 — 는 당시 자신의 형량을 낮추고 아내를 보호하려고 FBI와 뒷거래를 했다고 고백했다. 그린글래스가 소련측에 넘겨줬다는 유치한 핵폭탄 그림 복사본을 제외하면, 재판 당시 법정에 제출된 물증은 하나도 없었다.

나는 피고인들의 범죄가 살인죄보다 나쁘다고 생각한다. … 나는 우리의 최상의 과학자들이 예측한 소련의 핵폭탄 완성 시기보다 몇 년이나 빨리 핵폭탄을 소련에 넘겨준 피고인들의 행위 때문에 공산주의자들이 남한을 침략했고 그 결과 5만 명 이상이 희생됐다는 것이 내 생각이다. 누가 알겠는가. 피고인들이 저지른 반역죄의 대가를 수백만 명 이상의 무고한 사람들이 치를 수도 있다는 것을.

— 선고 공판에서 판사 어빙 코프먼(Irving Kaufman)

로젠버그 부부에게 사형을 선고하면서 판사 어빙 코프먼은 다음과 같은 선례를 만들고 있었다. 당신이 공산주의자라면 당신은 간첩이다. 그리고 그 대가를 치러야 할 것이다.

비록 로젠버그 부부의 공식 기소장에 적힌 혐의는 "간첩 활동 음모" — 이 죄의 법정 최고형은 사형이 아니었다 — 였지만, 코프먼은 선고 공판에서 그들에게 핵폭탄 간첩 혐의를 적용했다. 마찬가지로, 그는 흔히 전시의 이적 행위에 적용되는 "반역죄"를 로젠버그 부부에게 적용했다. 그러나 로젠버그 부부가 핵폭탄 기밀 훔치는 것을 도와주었다던 제2차세계대전 당시 소련은 미국의 동맹국이었다.

그러나 미국 정부가 에설에게 사형을 선고한 데는 더 흉악한 이유가 있었다. 어쨌든 에설이 저질렀다는 범죄는 문서를 타이핑한 것뿐이었다. 이 사건 담당 검사 중 한 명인 마일스 레인(Myles Lane)은 재판 전에 열린 상하 양원 핵에너지위원회의 비밀 회의에서 이렇게 말했다. "로젠버그라는 이 남자를 굴복시킬 방법은 사형이나 전기의자로 그를 위협하는 것뿐입니다. 게다가, 우리가 그의 아내도 유죄 평결과 25~30년형을 선고받게 만들 수 있다면, 이 놈이 실토하게 만드는 데 큰 도움이 될 것입니다."

1995년에 미국 중앙정보국(CIA)은 베노나 문서철(Venona documents) — 옛 소련 관리들과 미국 내 소련 간첩들이 주고받았다는 전보들을 해독한 자료들 — 을 기밀 분류에서 해제했다. 이 자료들을 보면, 줄리어스가 몇 가지 사소한 간첩 행위를 했음을 알 수 있다고 했지만 에설에 관한 것은 아무것도 없었다. 에설은 줄리어스가 실토하도록 만들고, 그래서 다른 사람들까지 밀고하게 만들고자 지렛대로 이용됐을 뿐이다.

이것이 바로 매카시즘의 논리였다. 네가 살려면 동료를 밀고하라. 그리고 이런 밀고를 계속 이어나가라. 그러나 로젠버그 부부는 매카시즘의 논리를 거부했다. 비록 그들이 싱싱교도소의 담장 너머에 서로 격리된 채 갇혀 있었지만, 그래서 어린 두 아들 마이클과 로버트도 볼 수 없었지만, 그들은 타협을 거부했다.

그들은 혐의를 시인하고 고백하면 목숨만은 살려주겠다는 법무장관의 마지막 제안에 이렇게 답변했다. "정의는 최고가를 부르는 입찰자에게 팔리는 싸구려 보석이 아니다. 우리가 처형당한다면, 무고한

사람이 살해되는 것이고 이것은 미국 정부의 수치가 될 것이다. 우리
가 살든 죽든 역사는 우리가 미국 역사상 가장 극악한 음모의 희생
자들이었다고 기록할 것이다."

우리를 둘러싼 한없는 고독과 어둠침침한 무덤 같은 억압적 분위기가 우
리와 … 외부 세계의 강력한 연대를 단절시켜서는 안 됩니다. 여기 갇힌
우리는 우리의 무고함을 항변하고 굳건하게 버틸 수 있을 뿐입니다. 사형
집행인의 손을 붙들어서 정의를 실현하는 것은 미국인들의 과제입니다.

— 줄리어스가 에설에게 보낸 편지

마침내 로젠버그 부부 구명 운동에 고무된 수많은 사람들이 전
세계에서 항의에 나섰다. 런던·파리·로마에서 공산주의자들을 비롯
한 많은 좌파 활동가들이 대규모 시위를 조직했다. 알베르트 아인
슈타인, 장-폴 사르트르, 넬슨 올그런[미국의 작가], 대실 해밋[하드보일
드 탐정 소설의 창시자로 불리는 미국 작가], 장 콕토[프랑스의 시인·소설가·배우·영
화감독·화가], 디에고 리베라, 프리다 칼로 등 저명한 학자·작가·예술가
들이 이 운동에 동참했다.

미국의 운동은 느리게 시작됐다. 그러나 1951년 8월에 윌리엄 류
벤(William Reuben) 기자가 '로젠버그 유죄 평결 — 냉전기의 미
국 판 드레퓌스 사건인가?'라는 제목으로 쓴 7부작 기사의 첫 기사
가 좌파 신문 〈내셔널 가디언〉(National Guardian)에 실렸을 때,
운동은 본 궤도에 올랐다. 자신의 글이 엄청난 관심을 불러일으키
자 류벤은 '로젠버그 부부 정의 구현 위원회'(Committee to Secure

Justice for the Rosenbergs)의 출범을 도와주었다.

유명한 자유주의자들은 로젠버그 부부를 거의 지지하지 않았다. 그들은 대체로 자신들 고유의 더 온건한 반공주의로 매카시즘에 대응했다. 그러나 운동 초기에 공산당도 투쟁을 지도하기를 거부했다. 소련을 위한 간첩 행위를 했다고 의심받던 공산당은 소련 지도자들에게 더 많은 골칫거리가 될 수도 있는 행동을 일절 꺼렸다.

그럼에도 로젠버그 부부 구명 운동을 위한 위원회들이 우후죽순 생겨나서 저마다 이 사건의 불의와 부당함을 설명하는 발간물들을 펴냈다. 투쟁의 열기가 고조됐고, 뉴욕에서 대규모 시위가 몇 차례 벌어졌다. 1952년 12월 싱싱교도소의 로젠버그 부부에게 지지 메시지를 전달하려고 1천 명이 뉴욕의 오시닝(Ossining)에 모여들었다. 그들이 싱싱교도소로 출발하려 하자 경찰이 이들을 막았다. 그들은 비를 맞으며 로젠버그 부부에게 바치는 노래를 불렀다.

지지자들은 로젠버그 부부의 목숨을 구하려는 마지막 노력으로 사형 집행 예정일 하루 전에 거의 1만 명이 모여 철야 시위를 벌였다. 불행히도 그 시위는 너무 작았고 너무 늦었다. 대법원에 아홉 번이나 상고하고, 대통령 해리 트루먼과 드와이트 아이젠하워에게 사면권을 행사하라고 거듭 요청하고, 대법관 윌리엄 더글러스가 마지막으로 사형 집행을 보류했음에도 1953년 6월 19일 로젠버그 부부는 처형당했다. 이 날은 그들의 14주년 결혼기념일이었다.

그럼에도 미국 정부가 저지른 끔찍한 불의를 폭로하려는 그들의 확고한 의지와 더 나은 세계가 가능하다는 그들의 신념은 오늘날에도 살아 있다. 로젠버그 부부가 대통령에게 보낸 호소문에서 에설은 이렇게 썼다.

우리는 순교자나 영웅이 아니고 그렇게 되기를 바라지도 않습니다. 우리는 죽고 싶지 않습니다. 우리는 죽기에는 아직 젊습니다. 너무 젊습니다. 우리는 어린 두 아들 마이클과 로버트가 자라서 어른이 되는 것을 보고 싶습니다. … 우리는 언젠가 사회에 복귀해서 평화와 빵과 장미가 충만한 세계를 건설하는 데 우리의 에너지를 쏟을 수 있기를 간절히 바랍니다. 그렇습니다. 우리는 살고 싶습니다. 그러나 자신과 자신의 동료들에게 정직한 사람들만이 지닌 소박한 존엄을 누리며 살고 싶습니다.

언론이 대중의 의식을 지배하는가

이명박 정부가 YTN과 KBS에 이어 이제는 MBC마저 접수하려 한다. 많은 사람들이 우파 정권의 언론 장악(시도)에 반발하고 우려한다. 우파에 의해 장악된 대중 매체가 사람들의 의식에 미칠 부정적 영향 때문이다.

사회주의자는 일관된 민주주의자로서 정권의 언론 통제와 장악에 단호하게 반대한다.

실제로 언론은 이 사회를 지배하는 자들 — 대기업 총수들, 정치인들, 고위 국가관료, 군 장성들 — 이 오랫동안 발전시켜 온 계급 지배 도구다.

대중매체는 소수의 지배자들이 대중의 의식에 영향을 끼치게 해준다. 그래서 지배자들은 자본주의 초기에는 주로 교육받은 부르주아지들의 전유물이던 언론(당시에는 신문)을 대중 매체로 발전시켰다.

장호종. 〈레프트21〉 33호, 2010년 6월 4일. https://wspaper.org/article/8224.

거듭되는 반란과 혁명 들을 보면서 지배자들은 총과 칼만으로 노동계급을 지배하는 것이 불가능하다는 것을 깨달았다. 지배자들은 결정적 위기에 빠질 때에는 주저하지 않고 무력을 휘두르지만, 물리적 수단의 남발은 지배의 정당성을 훼손한다는 약점이 있다.

저항을 사전에 예방하는 것이 더 효과적이다.

노동계급을 체념하게 만들고, 서로 이간질시켜 단결을 가로막고, 소외감을 달래주기는 하지만 삶에는 아무런 변화를 가져다 주지 못하는 연예, 스포츠 등에 열광하게 만들 필요가 있다.

카를 마르크스는 1845년에 《독일 이데올로기》에서 이런 현상을 다음과 같이 지적하고 설명한 바 있다.

"어떤 시대에나 지배계급의 사상이 지배적인 사상이다. 즉, 사회를 지배하는 물질적 세력인 지배계급이 그 사회를 지배하는 정신적 세력이기도 하다. 물질적 생산수단을 통제하는 계급이 정신적 생산수단도 통제한다. 따라서, 대체로 말해서, 정신적 생산수단을 갖지 못한 사람들의 사상은 그것[물질적 생산수단을 통제하는 계급]에 종속된다."

지배계급의 사상

그러나 대중매체의 영향력에도 한계가 있다.

무엇보다 대중의 직접 경험이 대중매체의 주장과 어긋나는 경우가 허다하기 때문이다.

그래서 대중매체의 주장을 사람들이 하나부터 열까지 다 받아들이지는 않는다. 천안함 침몰이 북한 소행이라는 정부와 주류 언론의 주장을 수용하면서도 이들이 제시하는 증거가 믿을 만하지 못하다는 의견이 훨씬 많다.

특히 경제 위기가 심화할 때 주류 언론이 전파해 온 신화는 극적으로 허물어지기도 한다.

그러나 "근로 민중이 대중매체의 거짓말을 꿰뚫어 보고 거부할 가능성이 특히 높은 경우는 그들이 집단적 투쟁을 벌일 때다. 왜냐하면 그럴 때는 그들 자신이 뉴스의 초점이 되고 그들 자신의 행동과 경험이 거짓말의 대상이 되기 때문이다."(존 몰리뉴, 〈레프트21〉 2호)

공장 점거 파업을 벌이던 쌍용차 노동자들이 이를 비난하는 〈조선일보〉를 보며 고개를 끄덕이기란 어려운 일이다. 2008년 촛불항쟁 당시에는 수많은 사람들이 〈조선일보〉의 현관 앞에 쓰레기를 갖다 버리고 기업주들에게 항의해 광고를 끊도록 했다.

한편 언제나 대중매체가 전파하는 세계관을 거부하는 소수의 사람들이 있다.

그들은 소수의 사람들이 엄청나게 많은 사람들과 소통할 수 있게 해주는 수단인 대중매체를 거꾸로 활용해 대안적 세계관을 전파하려 한다.

그러나 이것만으로는 주류언론의 지배력을 약화시킬 수 없다. 첫째, 언론 매체 대부분을 자본가들이 통제하기 때문이다.

둘째, 주류 언론이 퍼뜨리는 사상의 일부는 일상적 시기에 사람들의 경험과 맞아떨어지는 것처럼 보이기 때문이다. 특히 노동계급을 이간질시키는 각종 이데올로기들이 그렇다.

마지막으로 언론의 지배력은 단순히 언론사 사주가 만든 것이 아니라 노동계급에 대한 자본가 계급의 지배 즉, 체제에서 비롯한 것이기 때문이다.

따라서 대안적 세계관을 받아들이게 되는 최상의 조건 즉, 투쟁을 선동하고 사람들에게 자신감을 불어넣고 노동자들이 단결할 수 있도록 가교를 놓아 줄 언론이 필요하다. 〈레프트21〉처럼 말이다.

무엇보다 노동계급에 대한 대중매체의 지배력을 분쇄하려면 자본가 계급의 권력 전체를 분쇄해야 한다. 위기 상황과 대중 투쟁뿐 아니라 이런 대안적 매체를 가진 변혁적 조직이 필요한 까닭이다.

인간본성이 사회변화의 걸림돌인가?

"인간 본성은 이기적이라 아무리 좋은 사회를 만들어도 타락하기 마련이야."

이런 생각은 매일 경험으로 뒷받침된다. 이 사회에서는 이기적이고 탐욕스러운 사람이 큰 부와 권력을 누린다. 8조 원이 넘는 재산을 가진 이건희가 반도체 공장 노동자들이 백혈병으로 죽어 가는 것을 은폐하듯 말이다.

평범한 사람들에게도 경쟁은 매일 겪는 현실이다. 입시·취업 경쟁에서 상처 입거나, 사람들의 이기심 때문에 좌절한 적이 한 번도 없는 사람이 있겠는가?

이런 상황에서 인간 본성이 이기적이라고 생각하는 것은 놀랄 일이 아니다.

그러나 반대 사례들도 많다. 천안함 병사의 죽음을 보며 내 자식

정선영. 〈레프트21〉 31호, 2010년 5월 6일. https://wspaper.org/article/8109.

일처럼 마음 아파하는 사람들, 지진으로 큰 피해를 입은 아이티 사람들을 도우려 성금을 보낸 사람들, 자신의 시간과 돈을 희생해 불우한 이웃을 돕는 사람들을 주변에서 흔히 볼 수 있다.

4·19, 5·18, 1987년 6월항쟁 등 한국 현대사도 민주주의와 인권을 위한 수많은 사람들의 희생을 바탕으로 발전해 왔다.

자본주의가 아닌 사회를 보면 더 많은 사례를 찾을 수 있다. 얼마 전 방영된 다큐멘터리 〈아마존의 눈물〉에 나오는 조에족은 사냥해 온 음식을 평등하게 나눠 먹고 경쟁도 싸움도 없는 삶을 살고 있다. 인류의 역사는 10만 년이 넘는데 이 중 95퍼센트에 이르는 수렵·채취기에 인류는 조에족처럼 평등하게 살았다.

그러나 계급사회에 들어와서는 지배와 착취, 여성 억압, 끔찍한 전쟁이 계속됐다. 인간의 역사에서 본성이라 여겨 온 특징들은 바뀌어 왔다.

이 때문에 인간의 본성은 없다고 생각하는 사람들도 있다. 그러나 인간을 다른 종들과 구분하는 특징이 없다고 볼 수는 없다.

그렇다면 인간의 본성은 무엇일까?

예를 들어 꿀벌의 일은 고도로 분업돼 있다. 하지만 꿀벌의 작업은 수백만 년 동안 변하지 않았다. 다른 동물도 마찬가지다.

그러나 인간은 그렇지 않다. 인간은 창조적 노동을 통해 생산 방법을 변화시켜 왔다.

인간은 자유로운 손을 이용해 도구를 발전시켜 왔다. 의사소통을 위해 언어가 발달했다. 인간은 지능이 발달했기 때문에 생산 도구와 노동하는 방법 등을 변화시킬 수 있었다.

인간은 자연과 교류하며 집단적으로 노동하는 과정에서 자연과 인간 사회, 그 자신을 변화시켜 왔다. 이 때문에 마르크스는 '노동이 인간의 본질'이라고 여겼다. 인간은 노동을 통해 역사·사회·문화를 창조했다.

이런 변화에 따라 인간의 관념·가족관계·문화도 바뀌었다. 고대인들에게 토지의 사적 소유는 도무지 이해할 수 없는 일이었지만, 지금 우리에게는 아주 자연스러운 일이 됐다. 원시 사회에는 아이의 아버지가 누구인지 중요하지 않았지만 부를 개인적으로 세습하게 된 이후에는 여성의 정조가 중시됐다.

이렇게 보면 인간의 본성은 그 자체로 '선/악'을 가르거나 '이기적/이타적' 이라고 규정할 수 없다. 사회 필요에 따라 인간의 도덕관도 변해 온 것이다.

자본주의는 본성에 부합하는 체제인가?

자본주의는 인류의 기본적인 의식주를 충족시킬 수 있을 만큼 거대한 부를 만들었다. 하지만 이 잠재력은 좀체 발현되기 어렵다.

이 체제는 1백50억 명을 먹여 살릴 능력이 있다. 그러나 여전히 세계의 절반은 굶주린다. 한국만 해도 누군가는 집을 1천83채나 가지고 있지만, 여전히 많은 사람들이 고시원·쪽방을 전전하며 살아간다.

자본주의는 소수의 탐욕은 충족시키지만 다수의 기본적 필요는 억누른다.

자본주의에서 노동은 단지 돈을 벌려고 육체와 영혼을 파는 고역으로 전락했다. 노동자들의 의사가 반영되지도 않고, 생산물도 소수에게 돌아가는 소외된 노동이 즐거울 리 없다.

노동이 소외된 현실에서 사람들의 인간성도 뒤틀린다. 가난하고 사기 저하된 사람들은 자신이 겪은 억압을 보상받으려 종종 자신보다 약한 사람들을 학대하고 괴롭힌다. 폭력성, 여성 억압, 인종차별 등은 자본주의가 낳는 오물이다.

그러나 소외를 극복하고 인간성을 우애롭게 발전시킬 가능성은 존재한다. 2008년 촛불 운동에서 다른 이들을 위해 물, 김밥을 나르며 자발성에 가득차 활력 있게 움직이던 사람들을 떠올려 보자. 투쟁 속에서 의식이 발전하고 자신감을 얻은 노동자들이 자본주의에서 물든 온갖 편견을 바꿀 수 있는 가능성은 커진다.

나아가 자본주의를 변혁해서 노동자들이 민주적으로 계획하고 통제하는 사회가 도래하면 인간 본성을 협력적이고 풍부하게 발전시킬 가능성이 커질 것이다.

추상적 관념은 '사건'을 현실로 만들 수 없다

프랑스 철학자 알랭 바디우는 급진적 변화를 예외적인 것으로 본다. 즉, 기존의 지배적인 질서를 교란하는 "사건"을 통해 급진적 변화가 일어난다는 것이다.

바디우는 마르크스주의에서 멀어졌지만, 그의 사상은 여전히 혁명적 변화의 문제에 주목한다.

그는 또한 프랑스에서 무슬림의 학내 스카프 착용 금지에 반대하는 등 인종 차별주의를 일관되게 반대하는 몇 안 되는 지식인 중 하나였다.

바디우 저작들의 핵심 주제는 지배적인 사상·가치·해석 등의 요소들이 각각의 상황을 어떻게 "규정"하는가이다.

여기에는 어떤 것은 부각하고 다른 것은 숨기거나 모호하게 만드

조너선 몬더. 〈레프트21〉 21호, 2009년 12월 17일. https://wspaper.org/article/7353. 영국의 사회주의자 조너선 몬더가 오늘날 급진 사상가 중 한 명인 알랭 바디우의 철학을 살펴본다.

는 서열화가 포함된다. 그래서 미국 자본주의의 지배적인 이데올로기에서 사유재산, 소비자의 선택, 행복한 핵가족 같은 것은 매우 중요하게 부각되지만, 노동자 착취, 국가 탄압, 제도화한 인종 차별과 여성 차별은 그렇지 않다.

바디우는 특정 상황을 구성하는 요소들 중에서 기존 서열과 모순되는 요소들이 어떻게 지배적인 질서를 전복하는 새로운 "진리"를 만들 수 있는가에 관심을 갖는다.

상황을 구성하는 요소들의 모순이 매우 분명하게 드러날 때 "사건"이 발생한다. 바디우에게 이런 "사건"은 단지 정치 혁명과 격변에 국한되지 않고 예술 작품의 창조나 과학적 발견과도 관계 있다.

이른바 '주체'로 불리는 사람이나 집단은 "모순적 진리"가 유지되도록 지속적 탐구와 헌신으로 그 진리에 신뢰를 보내야 한다.

이러한 사상은 바디우가 1970년대에 몰두했던 마오쩌둥주의에서 비롯했다고 생각하는 사람들도 있다. 당시 그는 자본주의 사회의 모순적 요소, 즉 노동계급을 대리해서 행동하는 혁명적 전위의 헌신을 통해 혁명적 사건이 일어날 것이라고 생각했다.

1980년대 노동계급과 좌파가 패배를 겪으면서 바디우의 혁명적 신념은 점차 희미해졌다. 그는 그다지 마오쩌둥주의적이지 않은 방식으로 자신의 이론을 표명했는데, 특히 《존재와 사건》이라는 책에서 가장 분명히 드러난다.

이 책에서 바디우는 존재의 가장 근본적인 형태를 갖고 존재의 본질을 사유하려 했다. 그는 존재의 본질이 복수적일지라도 존재는 통일되고 응축된 "하나"로 표현되는 경향이 있다고 주장했다.

그러나 이렇게 ['하나'로] 표현되는 경향은 존재의 다중적 성격을 구현하는 요소들에 의해 약화할 수 있다.

매우 추상적인 이 이론의 주된 문제는 혁명적 주체가 어떻게 만들어질 수 있는지에 대해 알려 주는 바가 거의 없다는 것이다.

바디우는 주체가 사건에 헌신해야 한다고 말하지만, 그 실제 내용은 충분히 설명하지 않는다. 그는 주체를 지속적 탐구, 헌신, "내재적 힘"이라는 개념들로 간단히 정리한다.

그러나 이러한 주장은 다양한 주체가 가진 객관적 힘과 능력을 비교 평가할 여지를 거의 남기지 않는다.

예를 들어, 인종 차별주의와 실업에 분노한 프랑스 청년들의 소요를 살펴보자.

거리에서 엄청난 분노가 폭발했다. 그러나 투쟁을 어떻게 전진시킬 것인가, 국가 폭력에 직면할 때 어떻게 대응해야 하는가, 급진좌파 정당들과 노동조합·청년 들은 어떤 동맹을 형성할 수 있는가 등등 중요한 문제들은 자동으로 해결되지 않았다.

바디우의 이론은 우리가 이런 물음에 답하는 데 도움이 되지 못한다.

게다가, 그는 때때로 초좌파 사상으로 후퇴했다. 그래서 노동조합이 태생적으로 보수적이라고 봤고, 좌파 정당들이 선거에 참여했다는 이유로 그들을 비난했다.

이런 생각의 이면에는 국가가 바람직하지는 않지만 불가피하다고 보는 견해가 깔려 있다. 지금 바디우는 그렇게 생각하는 듯하다.

그렇다고 해서 추상적 사상 자체가 나쁘다는 말은 아니다.

바디우의 접근법은 카를 마르크스가 《자본론》에서 보여 준 접근법과 대조된다.

마르크스는 《자본론》에서 자본주의의 "운동 법칙"에 대한 추상적 이해에서 단계적으로 좀더 구체적인 이해로 나아갈 수 있다는 것을 보여 주었다. 이것은 자본주의의 타도를 좀더 용이하게 할 이해를 제공할 것이다.

그가 화폐 같은 대상을 연구할 때 보여 주었듯이, 추상은 모든 과학적 탐구의 본질적 일부다.

마르크스는 화폐를 먼저 추상적 형태로 분석해서 화폐 뒤에 감춰진 착취적 사회 관계를 드러냈다.

반대로 바디우는 특별한 통찰을 많이 보여 주지만 순전히 추상적인 사고 체계에서 벗어나지 못한다. 그래서 급진적 변화에 대한 바디우의 설명은 불충분하다.

어떤 세력이 지젝이 말한
'적대'를 해결할 수 있는가?

이번 글에서는 슬라보예 지젝의 사상과 한계를 살펴본다.

슬라보예 지젝이 사람들의 관심을 불러일으키는 방식은 오늘날 대다수 학자들의 방식과는 다르다.

지젝은 세계 곳곳을 돌아다니며 청중이 꽉 찬 강연장에서 연설하고, 〈라디오 4〉 '투데이' 프로그램[영국 BBC의 방송 채널]에 나와 인터뷰하고, 자신의 사상을 다룬 영화에서 주연을 맡는 등 가장 대중적인 급진 지식인이라 부를 만하다.

지젝이 인기가 있는 이유는, 부분적으로는 정신분석학, 마르크스주의, 농담, 대중문화 이야기를 혼합해 오늘날의 굵직한 문제들을 탐구하는 놀라운 능력 때문이다.

조너선 몬더. 〈레프트21〉 22호, 2009년 12월 31일. https://wspaper.org/article/7432.

그러나 지젝이 비타협적·독창적으로 자본주의를 비판하고 학계에서 득세하는 자유주의 사상과 포스트모더니즘에 도전한다는 점도 많은 사람들의 마음을 사로잡는 이유다.

미국 노동계급의 상당수가 영향을 받는 종교적 보수주의를 예로 들어 보자. 자유주의자들은 종교적 보수주의를 무지몽매함이나, 어쩌면 게으름에서 비롯하는 완전히 비합리적인 신념이라고 말할 것이다.

포스트모더니스트들은 신념은 모두 [저마다] 특수한 담론이라서 "옳고 그름"을 판단할 수 있는 객관적 잣대가 없다고 주장한다.

이와 달리 지젝은 이런 신념이 고통과 불안에서 비롯한 현실적 근심을 보여 준다고 주장한다. 지젝은 이런 신념을 전이된 형태의 계급의식, 즉 문제의 진정한 원인인 자본주의 체제가 아니라 종교에 관심을 기울이는 양상이라고 생각한다.

지젝은 정신분석학의 개념으로 노동자들에게 혁명적 의식이 없는 이유를 설명하지만, 자유주의자들과 포스트모더니스트들이 내세우는 '계급은 끝났다'는 주장과는 거리를 둔다.

지젝이 보기에 계급투쟁은 사회 현실이 조화로운 전체가 아니라는 사실을 보여 준다. 이런 견해에서는 정신분석학자 자크 라캉의 사상적 영향이 드러난다.

라캉은 무의식의 상징적 질서가 인간 존재를 구성한다고 주장했다. 이 질서가 상징적 '현실'을 만들어 내 사회를 유지시키지만, 이 질서는 근본적으로 불안정·불완전하다고 한다.

라캉은 무의식이 상징화의 영역을 넘어서는 지점들이 있다고 본다.

이 지점들이 '실재계'다. [라캉은 현실을 상상계, 상징계, 실재계로 구분한다. 그에 따르면, 상상계는 이미지의 영역, 상징계는 언어로 의미가 창출되는 영역, 실재계는 현실 바깥이 아니라 현실 내부의 영역이지만 언어로 온전히 표현할 수 없는 영역이다.]

지젝은 자본주의 사회의 계급투쟁을 상징적 '현실' 속의 '실재계'와 비슷하게 여긴다. 그러나 이처럼 다소 모호한 개념 탓에 지젝은 모종의 사회적 이상 현상이나 저항을 모두 계급투쟁으로 보는 경향이 있다.

그래서 지젝은 최근 어떤 글에서 반자본주의자들이 주목해야 하는 몇몇 핵심 '적대'로 생태적 재앙, 지적재산권, 유전공학, "새로운 형태의 사회적 아파르트헤이트"를 거론한 바 있다.

지젝은 "배제된 사람들", 특히 남반구의 거대한 슬럼에 사는 사람들이 새로운 혁명적 주체라고 주장한다.

여기서 문제는 지젝이 강조하는 쟁점이나 집단이 아니다. 그가 노동계급(자본이 자신을 재생산하기 위해 의존하는 계급)을 무시한다는 사실이 문제인 것이다.

이 때문에 다음과 같은 핵심 의문이 여전히 풀리지 않는다. 지젝이 말한 모순과 문제를 해결하는 데 이해관계와 능력이 있는 사회 세력은 누구인가?

지젝은 실재계의 표현인 사회적 적대를 주목하기 때문에 레닌에게 흥미를 느끼는 듯하다. 지젝은 레닌을 이런 적대의 화신으로 묘사하면서, 혁명적 전략·전술가의 대가인 레닌이 "사회를 무자비한 권력투쟁의 장"으로 여겼다고 본다.

[그런데] 이렇게 보면 레닌주의를 현실의 노동계급(레닌이 투쟁의 능

동적 주체로 본)과 전혀 상관없는 권력투쟁으로 환원할 위험이 있다. 그래서 지젝은 레닌주의와 스탈린주의를 다르게 보면서도 그 둘의 본질적 차이를 늘 분명하게 밝히지는 못하는 것이다.

지젝은 1920년대 말 러시아의 강제집산화가 1917년 혁명의 연장선이라고 주장했다. 혁명과 근본적으로 단절하고 국가자본주의로 전환하는 과정으로 보지 않은 것이다.

레닌에게 혁명 전략은 그 자체가 목적이 아니라 노동계급이 자신의 이익을 위해 싸우고 자신감을 높일 수 있는 수단이었다. 이런 일을 하려고 노동자들 속에서 혁명정당을 건설하는 일에 신경을 써야 했던 것이다.

마르크스주의 이론이 세계 변혁을 돕는 유용한 도구가 되려면 현실의 노동자 투쟁과 끊임없이 상호작용해야 한다. 이를 통해 이론과 실천은 서로 영향을 주고받으며 풍부해질 수 있다.

오직 혁명정당을 통해서만 이런 일을 일관되게 추진할 수 있다. 자본주의의 대안이 절실하게 필요한 지금, 급진 이론은 여전히 카를 마르크스의 다음과 같은 문제 제기에 답해야 한다. "철학자들은 단지 세계를 해석해 왔다. 그러나 중요한 것은 세계를 변혁하는 것이다."

제14부
일반적 정치

사형 — 국가가 조직하는 살인

현재 우리 나라에서 집행 대기중인 사형수는 58명이다. 최근 유영철 살인 사건 등으로 1998년 이후 사실상 집행이 중단됐던 사형제를 부활시켜야 한다는 이야기가 신문지상에 오르내리고 있다. 앞으로의 동향이 이 58명의 목숨을 좌우할 것이다.

사형제도는 그 잔인함과 불공정성으로 인해 이미 많은 사형 폐지 운동가들과 인권단체, 종교계의 반대를 받아 왔다. 모든 반자본주의자들과 사회주의자들은 이러한 캠페인을 적극 지지해야 한다.

최근에 출판된 《극단의 형벌》은 우리가 왜 사형제도를 반대해야 하는지 생생하게 고발하는 훌륭한 책이다. 지은이 스콧 터로는 검사 출신으로 미국 일리노이 주 사형위원회에서 2년 동안 조사한 경험을 바탕으로 이 책을 썼다.

이예송. 격주간 〈다함께〉 37호, 2004년 8월 13일. https://wspaper.org/article/1461.

이 책은 2000년에 미국 내에서 벌어진 광범한 사형 폐지 운동과 사회적 분위기의 산물이다. 2000년 미국 일리노이 주의 사형수 앤써니 포터는 사형 집행 불과 48시간 전에 극적으로 임시 유예를 받아 사형을 면했다. 나중에 그는 무죄로 밝혀졌다. 이 사건으로 일리노이 주민의 70퍼센트 이상이 사형 선고 중지를 요구했고 미국 전역에서 사형제도에 대한 지지율이 떨어졌다.

미국 사형정보센터에 따르면, 2003년 5월 현재 미국에서 사형 선고를 받았다가 무죄를 인정받은 사람이 1백8명이나 된다. 그러나 판결을 뒤집을 수 있는 기회는 소수 피의자들에게만 한정돼 있다.

또한, 실제로 사형되는 사람들은 계급적·인종적으로 불평등한 대우를 받는 사람들이다.

2004년 6월 미국 사형수들의 인종별 통계를 보면 흑인이 42퍼센트, 백인이 46퍼센트, 그리고 라틴아메리카계가 10퍼센트를 차지한다. 미국 인구 중 흑인이 차지하는 비율이 12퍼센트임을 고려할 때 사형을 선고 받고 복역중인 흑인의 비율은 엄청나다. 이들은 대부분 실업자나 저임금 노동자 출신이다.

범죄 억제?

한국에서는 1948년 이후 지금까지 902명이 사형당했다. 1987년부터 1997년까지 연평균 12.62명이 형장의 이슬로 사라졌다. 한국은 사형 존치국 83개국 중 최고 집행국인 13개국 중 하나이다.

1987년부터 1998년까지 한국 사형자의 직업별 현황을 보면 전체 101명 중 무직이 전체 사형집행자의 62.37퍼센트에 달한다. 그 외에는 대부분 소위 '블루칼라' 노동자들이다. 범죄 동기를 보면 전체 1백 1건 가운데 33건이 "금전, 생활비" 등 생활고와 연관돼 있다. 한국의 사형수 실태도 스콧 터로의 책이 예로 든 미국과 크게 다르지 않은 것이다.

여전히 사형제도를 지지하는 핵심 논거는 범죄를 줄이기 위해 필요하다는 입장이다.

하지만 스콧 터로에 따르면, 사형제도와 범죄율 사이에 어떠한 상관관계도 발견하기 어렵다. 윌리엄 베일리와 루스 피터슨은 1994년에 이렇게 인정했다. "억제책과 사형에 관한 연구에서는 사형이 범죄 억제책이 되지 못한다는 것을 보여 주는 상당히 일관된 패턴이 나타났다."

사형이 범죄를 억제하는 데 실패할 수밖에 없는 이유는 이 사회에서 일어나는 범죄의 근원은 개인이 아니라 자본주의 체제 자체에 있기 때문이다.

대다수 사람들이 경험하는 빈곤과 소수의 부가 공존하는 이 사회는 우리 모두 노력한다면 얼마든지 부를 누릴 수 있다는 거짓된 환상에 기초할 때만 유지될 수 있다. 이러한 상황에서 아무것도 가지지 못하고 무언가 나아질 희망도 보이지 않는 어떤 사람이 모든 방법을 동원하는 것은 그다지 놀랍지 않다.

막상 가장 끔찍한 범죄는 지배계급이 저지른다. 조지 부시는 사형제도의 유일한 존재 이유는 범죄 억제 효과라고 주장했지만, 정작 그 자신이 이라크에서 1만 명 이상의 민간인들을 학살하는 만행을 저질렀다.

바로 이런 자들이 강력한 범죄 처벌과 경찰력 강화를 선호했고, 이것은 자본주의의 탄생 이후 계속돼 왔다. 미국 마르크스주의 역사가 피터 라인보우는 《목 매달린 런던》(London Hanged)에서 자본주의가 사형제도를 이용하는 방식에 대한 탁월한 실증적 연구를 보여 줬다.

그는 공개 처형이 1780년대 자본주의 성장기 영국의 빈곤과 폐해를 개인의 책임으로 떠넘기기 위해 어떻게 이용됐는가를 분석했다. 당시 영국에서 번창하던 직물업의 번영을 유지하기 위해서는 지배계급이 사회적 공포와 권력을 이용해 노동자들을 훈육하는 것이 필수적이었다. 공개 사형은 이러한 목적에 아주 적절히 들어맞았다.

사형제도는 예나 지금이나 지배계급이 가장 궁핍하고 소외된 계층을 억압해 자신의 지배를 공고히 하기 위해 사용하는 가장 끔찍한 수단 중 하나이다.

사형은 폐지돼야 한다. 그것은 착취와 억압이 없는 세계를 바라는 우리 운동이 옹호하는 중요한 요구로서 성취돼야 한다.

사형 — 국가가 자행하는 살인

지난 1월 20일 2만 명의 시위대가 미국의 수도 워싱턴에 모였다. 조지 W. 부시 대통령의 취임을 반대하기 위해서였다. 미 대통령의 취임식 사상 가장 엄격한 보안 조치가 취해져 '국가 특별 안보 행사'라고 불렸을 정도로 부시는 취임 첫날부터 곤욕을 치러야 했다.

다양한 쟁점을 가지고 모인 2만 명의 시위대 가운데는 사형 폐지론자들도 있었다. 이들은 "살인이 나쁘다는 점을 가르치기 위해 살인을 하는가"라는 구호가 적힌 셔츠를 입고 "죽음의 대통령 반대"를 외쳤다.

부시는 사형 제도를 옹호해 왔다. 그가 주지사로 있던 지난 6년간 텍사스 주에서 152명에 대한 사형이 집행돼 텍사스 주는 '사형 집행의 수도'라는 별명을 얻었다. 심지어 작년 초에 부시는 지능 지수가

———
김현옥. 〈열린 주장과 대안〉 10호, 2001년 4월 1일. https://wspaper.org/article/148.

63인 저능아 크루즈의 사형을 집행하는 데 서명했다.

국제사면위원회의 1999년 발표에 따르면, 미국이 얼마나 반인권적인 나라인지 알 수 있다.

미국은 사형 제도를 고수하고 있는 나라이다. 1999년 한 해만도 31개국에서 최소 1천8백13명의 사형수가 처형됐는데, 미국은 98명으로 5위를 차지했다.(1위는 중국으로 1천77명.) 게다가 국제인권협약은 범죄 당시 18세 미만인 사람을 사형하는 것을 금지하고 있는데, 미국은 미성년 범법자에 대한 사형 집행이 세계에서 가장 많은 나라다. 1990년대에 들어서만도 총 13건에 이른다.

현재 미국에는 3천5백 명 이상의 사형수들이 있다. 이들 중 다수는 너무 가난해 변호사도 제대로 선임할 수 없었다. 일부는 그 사람이 저지른 범죄의 심각성 때문이 아니라 담당 검사나 판사가 범죄에 대한 단호함을 보여줘 재선되려는 의도 때문에 사형을 선고받았다. 또 일부는 판사의 노골적인 인종차별주의 때문에 사형을 선고받았다.

사형 폐지론자들이 부시 대통령 취임식에 맞춰 거리에 나선 이유는 바로 이러한 끔찍한 인권 현실에 대한 분노 때문이다. 이번 시위는 미국이 인권의 사각지대라는 사실을 폭로하고 있다.

복수극

다른 사람들의 생명이나 공공 이익을 보호하기 위해 '필요악'으로 간주되는 사형이 과연 온당한 것인가?

사형 집행을 참관했던 다니엘 마샬 검사는 사형이 얼마나 끔찍한 일인지 〈국가의 살인〉(인권영화제 상영 다큐멘터리)에서 생생하게 증언하고 있다.

백인 도둑을 쏴 죽인 혐의로 사형에 처해진 데이빗 로손의 담당 검사였던 그는 그 후 4~5개월 동안 로손에 대한 기억 때문에 살아가기가 힘들었다고 진술했다.

"30초가 지나면 정신을 잃고 3분이 지나면 죽는다고 들었다. 로손이 들어오고 2~3분 뒤에 교도관이 들어와서 가리개를 씌웠다. 머리를 묶고 팔과 다리를 묶은 뒤 교도관들이 나갔다. 사형이 집행되기 직전 로손은 갑자기 '나는 인간이다! 나는 인간이다!'고 외쳐댔다. 바닥에 온통 연기가 가득차자 로손은 힘이 빠지면서도 안간힘을 다해 '나는 인간이다!'라고 소리질렀다. 다시 2~3분이 흐르자 '인간, 인간 … '이라는 말만 되풀이해 중얼거렸다. 로손이 인간임을 외치고 죽을 때까지 걸린 시간은 총 18분이었다."

사형은 살인범이 저지르는 범죄보다 결코 덜 잔인하지 않다. 가스로 질식시키는 방법 말고도 여전히 사용되고 있는 총살과 전기 의자와 살인 주사 모두 끔찍하기는 매한가지다.

최근에는 약물 투입이 덜 잔인하고 위생적인 사형 방법이라며 많이 사용되고 있다. 그러나 약물은 내장이 타들어 가는 독극물로, 격렬한 경련과 함께 끔찍한 고통을 수반한다. 약물 투입으로 한 번에 숨을 끊지 못한 경우도 부지기수다. 더욱 끔찍한 것은 사형수는 언제 죽을지도 모른 채 죽음을 기다리는 공포에 휩싸여 있어야 한다는 것이다. 사형에 '더 인간적인 방법'이라는 말 자체가 어울리지 않는다.

미시시피 주의 사형 집행관이었던 돈 카바나는 이렇게 말한다.

"사형을 집행한 후에는 새벽 2~3시경에 혼자 산책을 하곤 한다. 그럴 때면 '미시시피가 더 안전해졌을까?'라고 스스로에게 묻곤 한다. 사람을 한 명 더 사형시킨다고 그만큼 더 안전해지지는 않는다. 사형은 단지 복수일 뿐이다."

사형의 계급성

사형 문제를 냉철하게 다루었던 영화 〈데드 맨 워킹〉의 주인공인 사형수는(숀 팬 분) 극 중에서 "사형수 감옥에 돈 있는 사람은 없다."고 말한다. 사실, 범죄를 저지른 사람들 가운데 다수는 사악하거나 전문적인 직업 범죄자들이 아니다.

사형수의 대부분은 어리석은 짓을 하다가 잡힌, 동정심을 일으킬 정도로 가난하고 술과 마약에 찌든 사람들이다. 보란 듯이 으스대는 부자들의 사치스런 생활에 그들이 접근할 수 있는 방법은 범죄밖에 없어 보인다. 한때 화제가 됐던 지존파나 막가파처럼 소외된 현실이 그들을 살인으로 내몬다.

부자들은 범죄 혐의가 분명할지라도 좋은 변호사를 선임할 수 있어 법망을 빠져나갈 수 있는 기회가 훨씬 더 많다. 유능한 사선 변호사를 고용한 사람이 국선 변호사에게 변호를 받은 피고보다 사형 선고를 받은 비율이 더욱 낮다는 것은 이를 잘 보여 준다.

미국의 경우는 특히 인종차별적 요소가 강하다. 흑인에 대한 사형

집행 건수는 백인의 약 10배에 이른다. 1930~65년에 살인죄로 처형된 사람들의 49퍼센트가 흑인이었다. 미국 인구 중 흑인은 12퍼센트밖에 되지 않는데도 말이다.

미시시피 주의 경우, 흑인을 죽인 죄로 사형에 처해진 백인은 단 한 명도 없었다. 또, 펜실베니아 주에서는 1914~68년에 살인범 백인이 감형을 받은 수가 같은 죄의 흑인이 감형된 수의 3배에 이르렀다.

1990년대 초 필리핀에서 사형 제도가 부활되자 마약담당 반장 루치아노 마갈로는 자조 섞인 어조로 이렇게 말한다.

"경찰로 24년간 근무했지만 사형 제도에는 반대한다. 사형 제도가 가난한 이들의 범죄를 막을 수 있다고 보지 않기 때문이다. 정의에는 두 가지 기준이 있다. 가난한 사람에 대한 정의와 부자에 대한 정의가 있다. 가난한 사람에게 사형 제도는 '법은 멀리 있다'는 사실만 실감시킬 뿐이다."

국가의 살인

사형 제도는 계급 사회 이후 지배자들에게 유용한 정치적 도구였다.

국가는 사형이라는 수단을 통해 반역자들을 끔찍하게 죽임으로써 자신의 힘을 과시하곤 했다. 사형을 집행할 때 중요한 요소 중 그가 왜 죽임을 당해야 하는지 대중에게 설명하는 것인데, 이는 국가의 권위에 도전했을 때 맞게 될 처참한 결과를 똑똑히 보여 줌으로써 대중을 위협하기 위한 것이었다.

범죄의 신화

끔찍한 연쇄살인 사건에 뒤이은 경찰 피살 사건은 범죄에 대한 공포를 불러일으켰다. 부르주아 언론은 일제히 "묻지마 살인"이 증가하고 있다고 보도했다. 〈한겨레〉도 "상대적 박탈감과 여성에 대한 막연한 증오심을 품은 남성들이 여성들을 겨냥해 무차별적이고 잔혹한 범죄를 저지를 가능성이 커지고 있다."고 보도했다. 경찰은 강력범죄가 급증하고 있다며 강력 대처하겠다고 밝혔다.

그러나, 우리가 '반사회적' 개인들의 화풀이에 희생당할 위험이 높아지고 있다는 주장은 명백한 과장이다. 정부의 범죄 통계에서 범죄는 전체적으로 증가하고 있지만, 살인 범죄 증가율은 미미하다.

대검찰청의 범죄 통계인 《범죄분석》을 보면, 2002년 인구 10만 명당 살인범죄 발생건수는 2.1건이다. 이것은 범죄 통계를 집계하기 시

정진희. 격주간 〈다함께〉 37호, 2004년 8월 13일. https://wspaper.org/article/1460.

작한 1964년의 1.8건, 1965년 2.0건에 비해 거의 증가하지 않은 것이다.

살인 사건은 부르주아 언론이 가장 빈번하게 보도하는 범죄이지만, 범죄에서 차지하는 비중은 적은 편이다. 살인이 형법범죄에서 차지하는 비율은 0.18퍼센트에 불과하다. 살인, 강간, 강도, 방화, 폭행 등 강력범죄는 재산범죄보다 더 적게 일어난다(36.7퍼센트 대 52.1퍼센트, 《범죄분석》, 2003).

그런데 공식 범죄 통계는 폭력성 범죄 비중을 과대평가하는 경향이 있다. 공식 통계는 실제 일어난 범죄가 아니라 경찰에 신고된 범죄만을 집계한다. 사람들은 대체로 가벼운 범죄보다 '강력 범죄'를 더 자주 신고하는 경향이 있다. 경찰에 신고된 범죄가 아니라 전국을 대상으로 설문조사를 통해 집계하는 한국형사정책연구원의 범죄피해조사(《한국의 범죄피해에 대한 조사연구(IV)》, 2003)를 보면, 절도 사건의 비중이 강도 사건보다 훨씬 높다.

한 해에 살인 사건으로 사망하는 사람 수는 교통사고로 사망하는 사람 수(인구 10만 명 당 16.9명)나 자살자 수(19.1명)보다 적다(2002년 통계청). 더욱이 연쇄살인 사건은 그야말로 희귀하다.(바로 이런 희소성 때문에 연쇄살인 사건이 그토록 언론에게 '보도 가치'가 큰 것이다.)

우리 나라 범죄의 주된 양상이 '선진국형' "묻지마 살인"(무동기 살인)으로 바뀌고 있다는 주장은 그야말로 부풀리기다. 선진국이든 우리 나라든 살인 사건의 대다수는 생판 모르는 사람이 아니라 가족, 친척, 애인, 친구, 이웃 등 잘 아는 사람에 의해 저질러진다.

속임수

지난해 한국형사정책연구원이 펴낸 보고서 《살인범죄의 실태에 관한 연구(Ⅱ)》를 보면, 살인 사건 피해자 가운데 우연히 만난 모르는 사람에 의해 희생된 경우는 9.8퍼센트에 불과했다. 살인 사건의 70퍼센트 이상이 부모, 배우자, 형제, 자녀, 친척, 애인, 친구, 이웃 등이 저지른 것이었다.

강간 사건 역시 대부분 잘 아는 가까운 관계에서 저질러진다. 이런 양상은 정도의 차이는 있어도 개인들을 대상으로 한 폭력 범죄의 특징이다. 폭력성 범죄가 주로 낯선 자에 의해 일어난다는 얘기는 범죄에 대한 공포를 부추기는 신화일 뿐이다.

경찰은 "치밀한 범죄", "범죄의 지능화" 운운 하지만, 살인 사건을 포함한 폭력성 범죄의 대부분은 절망에 빠진 개인들이 인간관계의 갈등 속에서 저지르는 '우발적'인 것이다. 살인 범죄의 검거율이 다른 범죄보다 검거율이 월등히 높고 검거 기간도 짧은(75퍼센트가 하루 이내에 체포) 것은 이 때문이다.

부르주아 언론의 범죄 보도는 언제나 사건의 원인보다 범죄 행위 자체와 범인의 행적에 대한 상세한 묘사에 열을 올린다. "쇠망치 살인의 충격" "엽기적" "한니발 렉터를 꿈꿨다" 따위의 자극적 문구를 표제로 뽑는가 하면, '전문가'들을 등장시켜 범죄자들의 '이상 심리'를 분석하기도 한다.

이런 선정적 보도 행태가 단지 돈벌이에 유리하기 때문만은 아니다. 개인의 행위나 심리에 초점을 두는 부르주아 언론의 보도 방식

은 범죄의 사회적 근원을 감추는 데 이바지한다. 신문과 방송에 등
장하는 범죄 '전문가들'이 하는 구실도 이것이다.

근래에는 범죄의 원인을 범죄자의 뇌 구조에서 찾는 이론이 각광
을 받고 있다. 온갖 전문 과학 용어를 써가며 "살인을 부르는 유전
자"가 있다고 주장한다. 〈조선일보〉는 범죄자의 '유전적 취약성'을
제기하는 신경과학연구자의 글을 실었고, 《시사저널》은 범죄의 원
인을 유전자에서 찾는 서구 연구들을 소개했다. 《시사저널》은 서구
의 실험 결과들을 인용해 "뇌파 검사를 해 보면 범죄를 저지를 사람
들은 정상인보다 비정상적 전기 신호가 더 많이 나타난다."고 보도했
다.

그러나 범죄를 유전자 탓으로 돌리는 '과학' 연구는 죄다 속임수
다. 폭력을 유발하는 유전자를 찾았다는 실험 결과를 믿는 것은 신
을 봤다는 얘기를 믿는 것과 같다. 무엇이 범죄인가 하는 것 자체가
사회적으로 결정되는 것이다. 이들 과학자들이 대량 학살을 저지르
는 부시 일당들의 뇌파를 검사하지 않았다는 것은 분명하다. 또한
파업 노동자들을 두들겨 패는 경찰들과 이들을 지휘하는 지배자들
의 뇌파도 검사하지 않았다. 그렇다면 도대체 누구의 유전자를 기준
으로 정상과 비정상을 구분하는가?

범죄의 근원은 개인의 심리나 유전자 따위에 있지 않다. 그것은 사
회적 원인을 갖고 있다. 많은 연구는 인명과 재산을 대상으로 한 다
양한 정도의 온갖 범죄가 결국 경제 상태와 관련돼 있음을 보여 준
다. 1971년에 유엔 사회보호연구소(Social Defense Research
Institute)는 경제 불황이 모든 형태의 재산범죄와 다른 형태의 "사회

적" 범죄를 증가시킨다고 지적했다.

정부의 공식 통계에서도 범죄의 뚜렷한 증가는 IMF 공황 이후부터다. 실업과 빈곤은 범죄를 낳는 주요 원인이다. 가난은 대중의 삶을 갈기갈기 찢는다. 그들의 인간관계는 무너지고, 대중이 느끼는 소외감은 깊어진다. 빈곤과 소외에 따른 절망과 좌절감이 깊어질수록 사람들은 더욱더 범죄로 내몰린다.

따라서 주류 언론들이 주문하는 범죄에 대한 경찰의 강경 대처와 인력 확충 따위는 결코 범죄 예방책이 될 수 없다. 실업이 넘쳐나고 해고와 임금 삭감, 복지 축소가 자행되는 상황에서 '범죄 근절'은 연막탄일 뿐이다. 경찰 인력과 장비 등 범죄 통제 예산은 갈수록 증가하는데, 왜 범죄는 갈수록 증가한다는 말인가.

범죄 신화에 가려진 범죄의 사회적 근원 — 실업·빈곤·억압·소외 등 — 에 맞서 싸우는 것이 진정한 범죄 예방책이다.

부정 부패는 왜 일어나는가?

김대중은 신년초 기자회견 때 "사정 기관을 총동원해 부패를 척결하겠다."고 비장하게 말했다. 그러나 검찰은 진승현 로비의 핵심 인물인 금감원 부원장보 김영재를 슬그머니 기소중지해 버렸다. 안기부 선거 자금 수사는 김영삼 정치 자금 관련설만 모락모락 피워낼 뿐 관련자 구속은 유야무야됐다. 국세청이 한나라당 선거 자금을 모았던 세풍 비리의 경우 기소된 지 2년이 다 됐는데도 아직 1심 재판도 끝나지 않았다.

김대중은 비리 척결은커녕 집권 첫 해부터 부패 정권으로서의 면모를 드러냈다.

1998년에 폭로된 경성 비리는 건설업계 비리에 신여권도 예외가 아님을 보여주는 사건이었다. 경성 그룹이 건낸 뇌물을 받은 정관계 인

김어진. 〈열린 주장과 대안〉 8호, 2001년 2월 1일. https://wspaper.org/article/96.

사 15명에는 김현철, 전 청와대 인사비서관, 건설교통부 차관뿐 아니라 당시 국민회의 부총재였던 정대철 등도 포함돼 있었다. 한국부동산신탁회사 사장이 토지 용도 변경의 뒤를 봐 줘서 경성그룹은 엄청난 특혜를 누렸다.

정대철은 78명의 변호사로 대규모 변호인단을 구성했다. 여기에는 신기남·노무현·이상수·천정배·추미애·장석화·(전 헌법재판관)변정수·(김대중 대통령의 처조카)이세작·(악명 높은 공안 검사)오제도 등이 포함돼 있었다.

김대중 정권의 대형 비리는 경성 비리에 이어 다음 해 옷로비로, 그 다음 해에는 대형 금융 비리로 이어졌다. 결국 '김대중 20억+?' 수사를 무마시켜 김대중 대선 승리의 1등 공신인 검찰총장 김태정이 옷로비 때문에 경질돼야만 했고 김대중의 '눈과 귀'라고 불렸던 박지원이 한빛은행 부정 대출 비리로 장관직에서 물러나야 했다. 금융 구조조정을 밀어 붙이려고 하자 대형 금융 비리에 금융 사정 기관이 연루됐음이 폭로됐다.

한나라당은 폭로된 비리는 여권 인사들이 연루된 부패 사건들의 빙산에 지나지 않는다며 "성공한 로비는 공개되지 않고, 실패한 로비는 수사하지 않는다."고 말했다. 그러나 한나라당이야말로 '성공한 로비' 덕에 온갖 뇌물과 상납을 받아온 자들로 가득한 부패 정당이다.

그 자들이 핵심으로 연두된 대형 비리 사건만 해도 이루 셀 수 없을 정도이다. 1993년 슬롯머신 사건, 1993년 축협 비리, 1995년 전두환·노태우 비자금, 같은 해 터진 전북은행 대출 비리 사건, 1996년 씨프린스호 비리, 1997년 한보 비리, 1997년 공황의 뇌관 노릇을 했

던 종금사 비리, 1998년 국세청 선거 자금 모집 비리, 2000년 경부고
속철도 비리, 진승현 비리, 안기부 선거 자금 비리 … .

정경유착 ― 한국 자본주의에 아로새겨진 특징

한국 사회가 R.O.T.C(총체적 부패 공화국이라는 의미의 영문
'Republic of Total Corruption'의 이니셜)로 통할 정도로 대형 비
리 사건이 끊이지 않는 핵심 원인은 바로 기업·금융과 국가 사이의
끊을래야 끊을 수 없는 유착 관계 때문이다.

정치 거물들은 주로 기업들이 보험금 성격으로 갖다 주는 비교적
안전한 돈을 앉아서 챙긴다. 그렇치 않은 경우라도 정치인들은 주로
친구들로부터 기부를 받거나, 금융 기관 대출을 소개해 주거나 이권
개입을 통해 사례비를 받는다.

이러한 정경유착은 한국 자본주의에 구조화된 특징이다. 1961년
에 박정희가 정권을 잡고 난 뒤 국가는 경제 발전에서 주도적 역할을
맡았다. "국가로부터 지도받는 자본주의"는 한국 자본주의 발전의
특징이었다.

국가는 산업 투자의 우선 순위를 정했다. 예컨대 중화학공업에 집
중하겠다는 기업에게 법인세를 감면해 주는 식이었다. 한국은행은
낮은 금리로 특별융자를 제공해서 부실기업의 산업합리화를 도모한
다는 내용의 '한국은행 특별융자제도'를 만들었는데 이것으로 재벌
은 막대한 이익을 챙겼다.

대우 그룹이 1967년 대우 실업으로 출발해서 8년 만에 재벌의 대열에 낄 수 있었던 것도 박정희의 '후원' 때문이었다. 김우중 부친의 제자였던 박정희는 울산화력발전소, 옥포조선소 인수 등 고비마다 김우중의 '대우가족'이었다. 김우중은 '실수'로 박정희의 '후원'을 다음과 같이 고백한 적이 있다.

"지금 와서 가만히 생각해 보면 대우가 성장기 때 박대통령으로부터 많은 도움을 받았구나 하는 느낌이 듭니다. 특히 초기 단계에서 귀여움을 많이 받은 것 같아요."(《월간조선》 1987년 인터뷰)

박정희 정권 당시 만들어진 한국전력공사·석유개발공사·포항제철 등 거대한 공기업의 주요 경영진들은 군사 독재 정권의 정치적 위계조직과 서로 긴밀히 얽혀 있었다.

호남석유화학 사장인 하태준도 박정희 정권 때 중앙정보부의 고위 간부 출신이었고, 작년에 불법 부동산 투기 사실이 폭로돼 실각한 박태준도 1963년에 국영기업인 대한중석의 사장을 지낸 바 있다. 5공 때는 11대 국회 재무위원장을 맡다가 포항제철 회장으로 옮겨갔다. 공기업 사장들 가운데 정부 관료 또는 당의 직책을 겸하고 있는 경우는 권위주의 정권 때만큼은 아니어도 여전히 많다.

한국통신 7대 사장인 이상철은 민주당 분당을 지구당위원장이기도 하다. 한국전력 사장인 최수병은 박정희 정권 당시 경제기획원 공보관을 지냈고 김대중 정권 초기에는 국민회의 경제 담당 총재 특별보좌역을 맡다가 한국전력 사장으로 낙하산을 타기 전까지 신용보증기금 이사장을 지냈다. 김명규 가스공사 이사장은 국민회의의 총재 특별 보좌관이었다.

기업 경영진과 정부 관료 사이

국가와 기업 간의 '연줄'은 단지 공기업에만 국한되지 않는다. 수많은 기업의 경영진, 은행 경영진, 정부 관료 사이를 오고 간 자들의 연결망처럼 정경유착을 잘 보여주는 것도 없다.

현 재경부 장관인 진념도 그런 인물이다. 그는 김영삼 정권 때 노동부 장관을 지내다가 1997년말에 기아 그룹 회장에 임명됐다. 대우차 군산 공장의 사장은 진념의 동생이기도 하다.

종금사 무더기 인허가의 장본인이었던 IMF 구제금융 당시 재경부 장관 강경식은 현재 동부그룹 금융 보험 부문의 회장이다.

현 금감위원장 이근영은 대한투자신탁 사장을 지낸 자이기도 하다.

재벌의 경영진들 가운데도 금융계와 국가 관료 사이를 오간 자들이 부지기수다. 예를 들어 한화그룹의 박종석 부회장은 국민은행장·상업은행장·은행감독원장·증권감독원장 자리를 지낸 금융통이다.

재벌의 최고 이사급이나 경영진들의 고문 자리에는 구 국가관료들이 포진해 있다.

현재 롯데 재단 이사장은 전두환 정권 당시 국무총리였던 노신영이고 롯데 그룹의 고문도 전두환 정권 때의 국무총리였던 유창순이었다. 죽은 이낙선 롯데그룹 부회장도 국세청장, 상공부 장관, 건설부 장관 출신이었다.

김영삼 정권 당시 국무총리를 지낸 황인성은 현재 금호그룹 고문이다. 그는 호남정유 이사를 거쳐 장관직을 두루 거치다가 아시아나

항공 사장을 지내기도 했다. 금호그룹 쉘화학 사장은 바로 민국당 김윤환의 동생 김태환이다.

친일 전력이 있는 김정열은 박정희 정권 당시 삼성물산 사장을 지냈고 전두환 정권 때에는 국무총리를 지냈다.

군사 정부 때 경제 총리를 지냈던 남덕우는 이승만 정권 당시에는 한국은행에서, 박정희 정권 때에는 재무부 장관, 5공과 6공 때에는 코리아헤럴드 사장이었고 현재는 전경련 원로 자문단의 일원이다.

데이콤 세틀라이트 멀티미디어 시스템 사장 유세준도 박정희 정권 당시 문화공보부 행정 사무관에서 출발해 공보처 국장을 지낸 정부 관료 출신이다.

기업과 금융계, 그리고 정치권은 이처럼 거대한 사슬처럼 연결돼 있다. 금융계 쪽에서 자금 동원법을 익힌 자들이 기업과 정부 관료로 옮아가서 정치 자금을 수거하고 기업인들에게 막강한 힘을 발휘한다. 대한전선 부사장이었고 식품 기업주이자 증권일보 사장이었던 김원길은 김대중 집권 초기 국민회의의 '경제통' 노릇을 하면서 빅딜·은행 퇴출 등 1차 구조조정을 추진했다.

전두환과 노태우의 비자금을 관리했던 핵심 두 인물은 부정부패의 사슬을 아주 잘 보여준 사례다. 한 때 "금융계의 황제"로 불린 이원조는 제일은행 인사부장이었다가 신군부가 등장한 1980년에 제일은행 상무로 승진하면서 국보위 자문위원, 대통령 경제비서관을 겸임했다. 그는 신군부가 금융계를 통제할 수 있는 다리 구실을 했다. 이원조는 다시 1981년에 석유개발공사 사장이 됐고 5년 뒤에는 은행 감독원장이 됐다. 노태우 비자금의 둘째 주역이었던 금진호는 노태우의 동서로서 상공부에서 잔뼈가 굵은 "정통 상공인"으로 통했다. 1981년에는 상공부 차관, 1983년에는 상공부 장관을 하면서 기업인들에게 압력을 행사해 비자금을 모으는 역할을 했다.

기업과 금융계, 정부 관료를 오가면서 정경유착 인생을 보낸 대표적인 인물 가운데 이헌재가 빠질 수 없다. 전 재경부 장관이었던 그는 다시 5대 은행의 은행장 후보로 거론되고 있다. 그는 금융 관료와 은행과 기업의 경영진 자리를 무수히 오간 자다. 박정희 정권 때인 1973년에 재무부 서기관을 지내고 그 다음해에는 박정희의 경제 비서 노릇을 했던 그는, 전두환 정권 때에는 대우 상무 이사이자 대우 반도체 대표 이사였고 1997년에는 조흥은행 상임 이사였다.

올림픽 — 탐욕과 부패, 그리고 민족주의의 제전

새천년 첫 올림픽이 오스트레일리아 시드니에서 열리고 있다. 이번 시드니 올림픽은 올림픽 사상 가장 많은 2백 개 나라가 참가하고 38억 명 가량의 사람들이 TV를 통해 올림픽 경기를 지켜볼 예정이다.

TV는 연일 축제 분위기에 휩싸인 "세계적인 미항 시드니"의 모습을 비춰 주고 있다. 화려한 연회와 퍼레이드, 떠들썩한 행사 따위가 연일 열리고 있으나 썩은 냄새까지 감출 수는 없다.

지난해 시드니 시는 올림픽 유치를 위해 국제올림픽위원회(IOC) 위원들에게 막대한 액수의 뇌물을 뿌린 것이 폭로돼 구설수에 올랐다. 최근 시드니 올림픽 조직위원회는 입장권 50만 장을 빼돌려 3배 높은 가격으로 유관 단체에 넘기려다 적발됐고 경기장에서 가장 좋은 자리를 부유한 저명 인사들에게 배정했다. 성화 봉송 주자 선발에서는 당초 내정된 소녀를 제치고 케빈 고스퍼 IOC 부위원장의 11

정진희. 이 글은 〈열린주장과 대안〉 5호(2000년 10월 발간)에 실린 것이다.

살 난 딸을 뽑는 뻔뻔스러움을 보여 주었다. 현지를 취재한 〈뉴스워크〉 지의 한 기자조차 "올림픽 표어인 '더 빨리, 더 높이, 더 힘차게'에 '더 탐욕스럽게'가 추가돼야 하는 것이 아닐까 하는 생각이 들 정도였다"하고 썼다.

시드니 올림픽의 추악함은 이뿐이 아니다. 뉴 사우스 웨일즈 주 노동당 정부와 시드니 시 의회는 올림픽의 성공을 위해 3만 5천 명에 이르는 시드니 노숙자들을 쫓아낼 자세한 계획을 세웠다가 언론에 폭로된 바 있다. 이 계획은 4년 전 미국 애틀랜타 올림픽 때의 '성공적인' 빈민 추방 계획을 그대로 본땄다. 애틀랜타 올림픽 당시, 9천 명이 구걸을 하거나 빈둥거렸다는 이유로 올림픽 8개월 전부터 체포돼 경기가 열리는 두 주 동안 애틀랜타에서 3백 킬로미터 떨어진 곳으로 쫓겨났다.

정치적 억압 역시 강화되고 있다. 올림픽 개막 직전, 경찰이 마음대로 사람들을 검문해 강제로 구금하거나 벌금 12만 원을 매길 수 있도록 하는 억압적인 법률이 통과됐다. 올림픽 기간 동안 '위험 상황'이 발생하면 즉각 군대가 출동할 수 있도록 배치됐고 '블랙 호크'라는 헬리콥터 부대도 상시 대기시켰다. 경찰은 테러 가능한 1백15곳을 정해 철저히 감시하고 있다.

교활하게도, 오스트레일리아 정부는 올림픽을 자신의 인종차별주의를 감추는 데 이용하고 있다. 원주민 출신 운동 선수 캐시 프리만을 성화 봉송 주자로 뽑아 성화에 불을 붙이도록 하고 올림픽 공식 엠블럼으로 만들었다.

그러나 오스트레일리아는 지난 18세기 유럽 식민주의자들이 50만 명에 이르는 원주민들을 쫓아내면서 건설됐다. 헤아릴 수 없이 많은 원주민들이 학살됐고 살아남은 원주민들은 갖은 박해와 냉대 속에서 살아야 했다. 가장 극악무도한 인종주의 정책 가운데 하나는 '동화 정책'으로, 1970년대까지 10만 명의 원주민 아이들이 '동화'를 위해 백인 가정에 강제 입양됐다.

그 동안 원주민들과 많은 노동·사회 단체가 강제 구금 철폐, 토지 권리 인정, '도둑맞은 세대'에 대한 사과와 배상 등을 요구했으나, 정부는 어떤 공식 사과도 거부해 왔다. 보수당 수상 존 하워드가 제일 먼저 한 일은 1996년 원주민 관련 예산에서 31억 6천만 원을 삭감한 것이었다.

현재 원주민의 평균 수명은 오스트레일리아의 다른 지역보다 18~20살 가량 낮고 유아 사망률은 백인보다 3배 높다. 실업률은 나라 평균의 3배나 된다. 전체 인구의 2%에 불과한 원주민이 감옥 인구의 3분의 1을 차지한다. 수감 중 사망하는 비율은 세계에서 가장 높다. 바로 이것이 올림픽 개막 직전 8백여 명의 원주민들이 시위를 벌인 이유다.

이처럼 시드니 올림픽은 위선과 부패와 잔혹함으로 가득 차 있다. 그러나 냉혹하고 부패한 올림픽은 비단 시드니 올림픽만이 아니다. 그것은 104년에 걸친 올림픽의 역사에서 고스란히 되풀이돼 온 모습이다.

탐욕스러운

흔히 올림픽은 '순수한 스포츠 제전'이라 불린다. 돈과 권력이 난

무하는 현실 세계와 동떨어져서 순수하게 스포츠 정신으로만 이루어지는 영역이라는 것이다.

그러나 올림픽을 포함한 스포츠 자체가 하나의 거대한 사업이다.

TV나 신문 등 대중 매체에 방영권을 판매한 대가로 받는 수입, 올림픽을 치르는 동안에 필요한 각종 시설, 수용 시설, 광고 수입 등은 엄청 나다. 이 때문에 올림픽 유치를 두고 여러 국가나 도시들은 치열한 경쟁을 벌인다.

거대한 메인스타디움, 수영장, 스키장, 축구장 등 각종 스포츠 시설을 건설하는 일은 주로 국가가 주도하고 기업들이 여기에 적극 참여한다.

뮌헨 올림픽은 스포츠 기구가 국가가 주도하는 거대한 집단으로 구성된 가장 전형적인 예였다. 뮌헨 올림픽은 코카콜라, BMW 등 거대 기업들의 후원과 함께, 각종 정당과 교회 그리고 국가의 지원을 받아 치러졌다.

1996년 애틀랜타 올림픽에서 전세계 TV 회사들은 경기 방영권을 위해 4천4백72억 원을 냈다. 올림픽 주력 스폰서인 코카콜라 사는 공식 음료 업체로 선정되는 데 필요한 320억 원 말고도 4천억 원을 광고에 썼다.

대회 개최국은 순식간에 돈방석에 오른다. 1984년 로스앤젤레스 시는 올림픽으로 2천억 원의 이익을 얻었다. 이 때문에 세계의 여러 도시들의 올림픽 유치 경쟁이 갈수록 치열해지고, 부패는 필연적으로 수반된다.

지난해 12월에는 2002년 캐나다 솔트레이크 동계 올림픽 유치를 놓고 후보 도시와 IOC 위원들 사이에 오간 뇌물 스캔들이 폭로됐다. 부패 추문에 연루된 것으로 드러난 IOC 위원만 13명이었다. 이들은 후보 도시측에 현금과 자동차 등 선물은 물론 여자와 부동산, 그리고 자신의 선거 기부금까지 요구했고, 심지어 친척들을 위한 무료 의료 행위, 대학 학자금, 그리고 직장까지 챙겼다.

IOC 위원들이 막대한 뇌물과 향응을 받는다는 사실은 어제 오늘의 일이 아니다. 올림픽 개최 후보 도시들이 위원들에게 1등석 항공편과 최고급 호텔 스위트룸, 리무진 등을 기본으로 제공하는 것은 잘 알려져 있다.

1992년 올림픽을 유치한 바르셀로나는 68억 원을 썼고, 올림픽 유치에 실패한 영국 도시 버밍엄은 35억 원을 썼다. 1996년 애틀랜타 올림픽 때 6개 후보 도시가 뿌린 돈은 8백억 원으로 추정됐다. 1998년 동계 올림픽을 유치한 일본의 나가노가 쓴 돈은 90억 원이었다.

이렇게 뿌려진 막대한 돈이 IOC 위원을 매수하는 데 쓰인다. 나가노 동계올림픽 유치전 당시 IOC 위원들이 머문 호텔 1층 우편실에는 5개 후보 도시가 보낸 선물이 산더미처럼 쌓였다. 한 호텔 직원에 따르면, "우편실에는 소포가 잔뜩 배달되었기 때문에, 담당 여직원은 그 증여품을 IOC 위원들의 방으로 배달하는 것만으로 1주일 이상 걸렸[다]."

1996년 올림픽 100주년 기념 대회 유치 경쟁에 참여한 한 후보 도시 관계자는 이렇게 말하기도 했다. "나는 어떤 IOC 위원 둘째 딸의 구두 사이즈까지 알고 있다."

최근의 부패 추문에서 IOC는 솔트레이크와 시드니 올림픽 선정 비리만을 공식 인정하고 9명을 사임시켰다. 당시 김운용 한국올림픽위원장도 꼬리가 밟혔으나 그 자신이 IOC 부위원장인데다 사마란치의 오른팔인지라 가뿐하게 살아남았다.

파시스트

올림픽의 '순수성'에 대한 또 다른 신화는 그것이 정치로부터 자유롭다는 것이다. 올림픽 헌장에는 스포츠를 정치에 이용하지 않는다고 적혀있다.

그러나 이것은 20년째 IOC 위원장을 맡고 있는 사마란치 자신의 전력만 봐도 순전한 거짓말이다. 사마란치는 1939~1977년 동안 스페인을 철권 통치한 프랑코 파시스트 정권의 열렬한 지지자였다. 그 자신의 표현에 따르면 "1백 퍼센트 프랑코 지지자"였다. 프랑코는 1936~1939년 스페인 내전에서 선거로 집권한 좌파 정부를 전복하고 무려 20만 명이 넘는 사람을 학살한 인간 백정이다.

사마란치는 부유한 섬유업자 집안에서 태어나 이미 10대부터 파시즘 운동에 가담했다. 그는 일찍이 파시스트 하원 의원으로 출세해 바르셀로나 시의회 의원, 카탈로니아 지방의회 의장을 거쳐 1956년 전국 스포츠 위원회 위원이 됐고 같은 해 스페인 올림픽 위원회 위원이 됐다.

1951년 바르셀로나에서 프랑코 독재에 반대하는 대규모 폭동이 일어나자 군대가 잔혹하게 진압했다. 사마란치는 이 반란을 진압하는 데 어찌나 열심이었던지 보안경찰의 수첩에 "열성적인 폭동 분쇄자"로 기록되었다.

프랑코는 파시스트 정권을 선전하는 수단으로 스포츠를 적극 이용했고 사마란치는 이 정권의 숨이 끊어질 때까지 충성을 바쳤다. 그가 상사에게 보낸 편지 끝에는 "언제나 각하의 뜻대로 손을 들어 경례를 하고 있습니다."라고 적혀 있었다.

프랑코 집권 내내 사마란치는 파시스트의 푸른 옷을 입고 파시스트 경례를 하며 대로를 활보하고 다녔다. 심지어 IOC 부위원장이 된 1966년 이후에도 그의 행동은 조금도 변함이 없었다. 그러나 1977년 프랑코가 죽자 사마란치는 망명하지 않을 수 없었다. 1977년 4월 23일 10만 명의 시위대가 사마란치가 일하던 카탈로니아 지방 청사 앞에 모여 "사마란치, 꺼져"라고 외쳤기 때문이다.

이런 사마란치의 전력을 볼 때 IOC가 수많은 독재자들과 가깝게 지내 온 것이 전혀 이상하지 않다. IOC는 동독의 호네커, 루마니아의 차우셰스쿠, 불가리아의 지브코프 등 동유럽의 옛 스탈린주의 독재자들에게 올림픽 황금훈장을 수여했다.

사마란치의 현재 심경은 어떨까? 그가 혹시 잔혹했던 과거를 반성하고 있지는 않을까?

1992년 스페인 바르셀로나 올림픽이 한창 진행중일 때, 한 카탈로니아 기자는 사마란치에게 질문을 던졌다. "프랑코에게 충성하고, 카탈로니아 민중과 문화를 억압한 과거를 부끄럽게 생각하지 않습니까?" 사마란치의 대답은 이랬다. "나는 나의 과거를 자랑스럽게 생각합니다. 이 말을 믿어도 좋습니다."

사악한

올림픽에서 평화라는 말만큼 애용되는 말도 없다. 그러나 한 번도 올림픽 때문에 전쟁을 피하거나 국가들끼리 영구적으로 연합한 경우는 없었다. 올림픽은 2번이나 전쟁으로 중단됐고 항상 국제 질서의 변동에 따라 좌지우지됐다.

올림픽은 처음부터 "평화와 화해의 제전"과는 거리가 멀었다. 근대 올림픽 자체가 제국주의의 산물이다. 근대 올림픽이 탄생한 1896년은 유럽에서 시작된 자본주의가 해외로 팽창하며 세계를 열강들끼리 분할하던 시기였다.

흔히 묘사하듯 올림픽 부활은 단순히 쿠베르탱의 머리 속에서 나온 게 아니다. 이미 18세기 말에 어떤 사람이 올림픽 부활을 제안했을 정도로 19세기에 올림픽 부활은 대세였다.

19세기 유럽 열강들은 체육 운동을 민족주의를 고취시키는 데 이용했고, 이것이 올림픽 부활에 강한 영향을 주었다. 이 가운데서 영국의 기숙 사립 학교에서 시행되던 스포츠 교육이 쿠베르탱의 관심을 강하게 끌었다.

그러나 프랑스 민족주의자 쿠베르탱이 올림픽을 부활시킨 보다 직접적인 이유는 당시 벌어진 프랑스-프러시아(보·불)전쟁이었다. 그는 19세기 영국의 권력이 팽창하는 데 스포츠 교육이 일익을 담당했다고 보았고 건강한 신체가 전쟁에서 이기는 데 필수적이라고 여겼다. 그는 프러시아와의 전쟁에서 당한 조국의 패배를 극복하기 위해서 영국의 체육 교육이 프랑스 교육 체계에 도입돼야 한다고 생각했다.

쿠베르탱의 올림픽 부활은 자본주의가 세계 체제인 제국주의로 발전하는 국면에서 민족주의를 고취했다는 점 때문에 성공할 수 있었다. 올림픽은 국가가 주도하고 후원하는 국가 스포츠로 시작했고 처음부터 '세계 평화'가 아니라 민족주의를 부추기는 수단이었다.

그리스가 1회 올림픽을 개최한 것은 '고대 올림픽 계승' 같은 고상한 동기가 아니었다. 그리스는 인접국 터키와 벌이는 군사적 경쟁에서 우위를 확보하기 위해서 민족주의를 부추기는 데 올림픽을 이용했다. 이듬해 그리스는 터키와 전쟁을 벌였다.

제국주의 열강들은 올림픽이 식민 지배를 감추고 국내의 착취와 억압을 은폐하는 효과적인 수단임을 금세 깨달았다.

1908년 런던 올림픽은 보어 전쟁에서 패배한 영국이 제국의 권위를 되살리기 위한 시도였다. 영국 당국은 경기에서 이기기 위해 노골적인 속임수를 썼는데, 440야드 달리기 경기에서 놀랍게도 영국 선수를 제외한 모든 경쟁자의 출전 자격을 박탈했다.

제1차세계대전의 결과, 민족주의의 영향력이 엄청나게 강화됐다. 전후에 IOC는 패전국의 올림픽 참가를 금지시키고 독일의 폭격을 받아 폐허가 된 "용감하고 작은 벨기에"를 다음 개최국으로 선정했다.

올림픽이 뿜어 내는 광기 어린 민족주의는 곧 파시스트들의 주목을 받게 된다. 1936년 베를린 올림픽은 스포츠를 정치에 이용한 가장 노골적인 시도다. 베를린 올림픽은 처음으로 텔레비전 중계가 됐는데, 히틀러는 그 대회를 파시스트 정권의 정당성을 강조하는 훌륭한 대규모 선전장으로 이용했다. 경기장 주변과 경기장 곳곳에 군인들이 들어찼고 대회 내내 군중들이 파시스트 경례를 하는 장면이 전

세계로 전달되었다.

히틀러는 이 대회를 "아리안 인종"의 우월성을 과시하는 제전으로 간주했다. 그는 은빛에 가까운 금발 머리에 새하얀 피부, 푸른 눈의 남성 주자가 올림픽 성화에 불을 당기게 함으로써 올림픽을 "유럽인들의 제전"의 일부로 삼으려 했다. 하지만 히틀러의 의도는 '열등한 인종'인 미국 흑인 선수들이 금메달을 대거 따냄으로써 좌절되었다.

협조

당시 IOC는 히틀러가 파시즘을 선전하는 데 올림픽을 이용할 것이라는 사실을 충분히 알면서도 묵인했다. 나치즘의 확산에 우려가 높아가던 1933년 6월에 IOC는 빈에서 총회를 열어 베를린을 개최지로 공식 승인했다.

1933년 베를린이 공식 개최지로 결정되자 그 해 10월부터 미국에서 올림픽 불참 운동이 일어나 미국뿐 아니라 유럽에서도 광범한 지지를 받았다. 미국 유대인 위원회가 미국의 올림픽 불참을 요구하기로 결정했다. 나중에 미국 올림픽위원회 위원장이 된 브랜디지는 직접 독일에 갔다 와서는 "독일의 유대인들이 자신들의 대우에 만족하고 있는 것을 보았다"며 미국 유대인 위원회가 불참 결정을 번복하도록 했다.

그럼에도 올림픽 불참 운동은 계속됐다. 미국에서 1만여 명이 모여 올림픽 개최지 변경을 요구하는 시위를 벌였다. 1935년 독일에서 유대인 학살이 시작되자 미국의 올림픽 불참을 요구하는 압력은 더욱 거세져 미국 의회조차 불참을 고려할 정도였다. 이 때 브란디지는 의회에 나가 독일의 올림픽 준비 상황과 올림픽 이상을 찬양하는 연설을 했다.

미국에서만 1만여 명이 올림픽 개최지 변경을 요구하는 시위를 벌였다. 그러나 당시 베를린과 경합하던 바르셀로나가 있던 스페인에서 좌파 정부가 들어섰기 때문에 그 요구는 끝내 묵살됐다.

베를린 대회는 브란디지에게 강렬한 인상을 남겼다. 대회에 다녀온 후 그는 이렇게 연설했다. "우리는 독일에서 많은 것을 배웠다. 우리가 민주 제도를 보존하려면 그들처럼 공산주의를 말살시켜야 한다. 독일은 5년 전의 절망에서 자신에 찬 나라로 발전하였으며 고대 그리스 이래 어떠한 나라도 오늘날 독일과 같이 올림픽 정신에 진정한 국민적 관심을 보여 준 나라는 없었다."

브란디지는 위원장 재임(1952~1972년) 동안 "스포츠와 정치의 분리"를 줄기차게 주장했다. 이러한 궤변은 아무리 사악한 독재자도 스포츠를 통해 야합할 수 있다는 뜻으로 해석해야 한다. 이것은 실로 2차 대전 이후 냉전기 때 동서 양대 초강대국 진영의 기묘한 동거를 정당화하는 기막힌 설명이 아닐 수 없다.

학살

1956년 멜버른 올림픽은 프랑스와 영국 군대가 중동의 석유를 지배하기 위해 수에즈 운하를 침공하던 때 열렸다. 또한 이 올림픽은 옛 소련이 헝가리에서 노동자 소비에트를 잔인하게 진압하고 부다페스트에서 대량 학살을 한 바로 직후에 열렸다. 올림픽은 세계적이 계급 투쟁과 학살을 감추는 데 이용됐다.

1968년 멕시코 대회는 프랑스에서 대규모 시위와 파업이 일어난 뒤에 열렸다. 이 대회가 열리기 한 달 전에 소련의 탱크는 체코슬로바키아를 침공하여 노동자 운동을 박살냈다.

멕시코 학생들은 정부가 각종 사회 개혁이나 복지를 희생하고 막대한 자금을 올림픽 준비에 투자하는 것에 반대해 올림픽 개최 반대 시위를 벌였다. 멕시코 지배자들은 시위하는 학생들을 대량 학살하고 억압적인 군대의 무장 경호 하에서 올림픽 경기를 치러야 했다.

1972년 뮌헨 올림픽은 수단에서 노동자 운동이 분쇄되고, 팔레스타인 저항 운동이 패배했으며, 미국의 폭격기 B-29기가 인도차이나에서 베트남인들을 대량 학살하는 동안에 열렸다.

인도차이나에서 미국의 개입이 어려움에 부딪히자 닉슨은 상이한 인도차이나 국민들의 후원자인 소련과 중국의 도움이 필요했다. 미국과 중국 사이의 거래가 이루어졌으며, 〈북경신문〉은 "작은 공[탁구]이 우정을 가져왔다."고 말할 수 있었다. 이처럼 냉전 시기 중국과 미국 사이의 '핑퐁 외교'는 베트남 민중의 희생 위에서 이루어진 것이었다.

1988년 서울 올림픽 역시 군부 지배자들이 광주 학살을 감추고 자신의 지배를 정당화하기 위해 개최됐다. 수천의 민중을 학살한 독재자 전두환은 손에 묻은 피를 감추기 위해 막대한 돈을 들여 올림픽을 유치했다.

전두환은 올림픽이 끝나기 전에는 헌법 개정은 없다며 직선제 개헌을 요구하는 시위대를 억눌렀다. 1986년에 열린 아시안 게임 준비 기간 중 경찰은 '사회정화계획'을 내세워 무려 26만 3천5백64명을 구류하는 경이적인 기록을 세웠고, 1988년 올림픽 직전에도 수천 명의 사람들이 서울 밖의 캠프에 감금됐다.

노태우는 고양되고 있던 노동자·민중 운동을 꺾기 위해 올림픽에서 민족주의를 부추기는 데 혈안이 됐다. 스포츠 관료들은 남한 국가의 위신을 드높이고 애국심을 부추기기 위해 승부 조작도 마다하지 않았다. 권투 경기는 대회 내내 심판이 매수됐다는 의혹에 시달렸다. 특히 토너먼트의 마지막 밤 경기, 라이트 미들급에서 박시헌 선수가 미국의 로이 존스에게 판정승으로 금메달을 획득했을 때는 절정에 이르렀다.

시합이 조작됐다는 점은 너무도 명백했다. 박시헌 선수는 판정이 내려진 뒤 링 위에서 미국 선수의 손을 들어올렸는데, 나중에 그는 자신이 승자가 된 것이 부끄럽고 상대가 진정한 승자임을 알리기 위해 손을 올렸다고 말했다.

심지어 시합을 지켜 본 우리 나라 사람들 가운데 5만 명이 국내 방송 국에 전화를 걸어 항의를 했을 정도로 권투 경기는 희대의 사기극이었다. 바로 이것이 올림픽 연속 2회 세계 10위권 진입이라는 '한국의 신화'가 만들어진 '역사적 현장'이었다.

올림픽 개혁?

근대 올림픽은 철저히 돈과 정치에 종속돼 있다. 매번 올림픽이 열릴 때마다 뇌물 스캔들, 약물 파문, 폭력 사태 등으로 시끄러운 것은 이제 그리 낯설지 않다.

지난 104년 동안의 추문 때문에 이제 많은 사람들이 '올림픽 이상'을 곧이곧대로 받아들이지 않게 됐다. 그래서 최근 몇 년 동안 돈과 권력에 좌우되는 올림픽을 개혁하자는 목소리가 높아져 왔다.

올림픽 개혁론자들은 초기 올림픽의 '순수한' 정신으로 돌아가자고 주장한다. 그러나 비록 초기 올림픽이 그 상업적 규모 면에서 오늘날보다 훨씬 초라했다 해서 '순수했던' 것은 결코 아니다. 올림픽 개혁론자들이 쿠베르탱을 낭만적으로 묘사하는 것과는 달리, 쿠베르탱은 식민 통치를 열렬히 지지한 냉혹한 제국주의자였고 지독한 성차별주의자였다. 그는 여성의 스포츠 참여를 혐오했고 그리하여 1회 올림픽 대회에서 여성의 참여는 완전히 배제됐다.

돈자루 면에서도 현재의 올림픽을 과거로 돌린다는 것은 불가능한 일이다. 오늘날 올림픽을 지배하는 거대 다국적 기업들을 20세기 초와 같은 작은 기업들로 쪼갤 수는 없는 노릇이다. 게다가 IOC의 거대하 관료전 위계 구조는 세계 제국주의. 특히 미국과 밀접한 연관을 갖고 있고 제국주의 기구(UN)와도 연관이 있다. IOC에 가장 많은 돈을 대고 있는 나라가 바로 미국이며 각국 올림픽위원회가 갖는 영향력은 그 나라의 경제적·정치적·군사적 힘에 조응한다.

올림픽은 자신이 뿌리내리고 있는 토양, 즉 세계 자본주의 체제에서 떼어내질 수 없다. 따라서 자본주의 틀 내에서 진행되는 '올림픽 개혁'은 대개 공상으로 끝나거나 기껏해야 비사마란치파 스포츠 마피아들이 2001년 IOC 위원장 선거에서 사마란치파 스포츠 마피아들을 물리치는 정도일 뿐이다.

마피아 보스 자리를 누가 차지하든 올림픽은 언제나 경쟁과 같은 자본주의와 제국주의 이데올로기를 정당화하는 세계 지배자들의 제전으로 남을 것이다.

추천 도서와 사이트

바이브 심슨, 엔드류 제닝스, 《올림픽의 귀족들》(나라), 1992

이동연 외, 《스포츠, 어떻게 읽을 것인가》(삼인), 1998

www.sportstory.net 올림픽의 숨겨진 이야기와 스포츠의 역사를 다룬 사이트

www.greenleftorg.au 2000년 시드니 올림픽에 반대하는 오스트레일리아 좌파의 목소리

스포츠와 자본주의

현대 자본주의 사회에서 스포츠는 '민족의 영광과 자존심'을 뜻한다. 많은 사람들은 박찬호가 메이저 리그에 진출한 것이나 선동렬이 일본 프로야구에 진출한 것을 자랑스럽게 생각한다.

또 올해 6월 1일에 결정될 2002년 월드컵 유치를 두고 TV와 언론은 벌써부터 떠들썩하다. 대부분의 사람들은 월드컵이 이 나라에서 개최되기를 바란다.

스포츠가 만들어내는 신화 가운데 하나는 온갖 고난과 역경 속에서도 좌절하지 않고 노력하면 희망찬 미래가 다가온다는 것이다. 올림픽 금메달을 딴 선수나 세계 챔피언이 된 권투 선수들에게 맨 먼저 따라붙는 것은 어려운 시절을 불굴의 '스포츠 정신'으로 극복했다는 찬사이다.

또 다른 신화는 스포츠에 참여하고 구경하는 것이 '건전한 여가

이 글은 《사회주의 평론》 9호(1996년 5~6월)에 실린 것이다.

활동'이라는 생각이다. 이러한 생각의 밑바탕에는 스포츠가 '계급 사회나 계급 지배와는 무관한 개인적인 관심사'라는 생각이 깔려 있다.

그러나 스포츠는 부르주아가 이 체제를 유지하기 위해 이용하는 버팀목이다. 스포츠 경기들을 두고 벌이는 상업주의적 경쟁은 제국주의와 더불어 시작되었다. 자본주의 국가들은 노동자 계급을 원자화시키고 계급투쟁에서 이탈하게 하기 위해 스포츠를 이용해 왔다.

모든 스포츠는 지배적인 사회체제의 산물이다. 따라서 스포츠는 지배적인 이데올로기를 반영하고 그 효과를 증가시킨다. 자본주의에서 모든 스포츠는 경쟁에 바탕을 두고, 경쟁에 기초한 이 체제를 유지하고 강화하는 역할을 한다.

스포츠와 오락

자본주의 사회에서 스포츠가 하는 역할을 진지하게 살펴볼 필요가 있다. 스포츠 하면 떠오르는 멋있는 영광의 장면 따위의 겉모습에 속아서는 안 된다. 스포츠가 시작된 초기부터 이어져 온 이윤 추구와의 연관성을 살펴봐야 한다.

우선, 사람들의 '조직된 활동'을 뜻하는 스포츠와 몸을 움직여 하는 여가 활동(오락)은 구분해야 한다. 오락은 인간의 발전에 반드시 필요한 요소이지만, 스포츠는 이것과 다르다.

예를 들어, 공원을 여유롭게 거닐거나 경치 좋은 곳을 걸어서 여행하는 것은 신체적인 오락이다. 하지만 50㎞를 먼저 가는 경보 시합은 완전히 다른 문제이다.

신체적인 오락은 사람의 육체를 발달시키고 즐거움을 준다. 그러나 스포츠는 상대방을 누르고 이겨서 최고가 되기 위한 일이다. 한판 붙어서 통쾌한 승리를 거두는 것을 최고로 여기기 때문에 스포츠는 '최후의 승자'의 지배를 숭배하게 만든다.

스포츠는 건강한 인간을 기르는 것과는 아무런 상관이 없다. 오히려 자본주의 사회에서 스포츠는 많은 사람들에게 균형이 맞지 않는 뒤틀린 삶을 살아가라고 강요하는 데 지나지 않는다.

스포츠에서 선수들에게 요구되는 규율은 자본주의 사회에서 최대한의 이윤을 만들어내기 위해 노동자들에게 부과되는 작업장의 규율과 비슷하다. 이런 점에서 경쟁과 규율에 대한 복종을 그 내용으로 하는 '스포츠 정신'은 자본주의 체제를 정당화하는 이데올로기 효과를 발휘한다.

심지어 단체 경기에서 나타나는 노동의 사회화된 측면도 자본주의적 형태로 왜곡되어 있다. 이것은 집단을 이루어 하는 활동이 개개인의 발전을 위한 조건이 되어야 한다는 사회주의의 이상과 완전히 다르다. 오히려 사람들을 경쟁으로 몰아넣고 복종시키는 자본주의 공장의 야만성과 비슷하다.

스포츠의 기원

현대의 스포츠는 대부분 자본주의의 산물이다. 축구가 가장 전형적인 예이다.

적어도 중세 이후에 축구 경기가 존재한 것은 사실이지만, 그때의 축구는 지금과는 아주 달랐다. 옛날의 축구는 몇 시간 동안 계속 진행되었는데, 양쪽에 수백 명의 선수들이 공식적인 규칙이 거의 없고 심판도 없는 상태에서 경기를 했다.

현대식 축구는 19세기부터 시작되었는데, 그 때부터 규칙이 생겨나고 팀을 이루는 선수의 수가 고정됐다. 축구팀이 만들어지고, 전국적인 혹은 국제적인 챔피언을 뽑는 대회가 만들어진 것도 이때부터였다. 현대의 축구는 산업 자본주의가 낳은 산물이다.

올림픽 경기를 근거로 이러한 주장에 반대할 수도 있을 것이다. 올림픽의 기원이 고대이고 처음 시작된 게 기원전 776년부터이기 때문이다. 그러나 그 때의 올림픽 경기들은 제우스 신에게 바치는 종교적인 축제의 일부였고, 승리에 대한 대가는 야생 올리브 나무의 잎으로 만든 화환이 전부였다. 올림픽은 2천 년 동안 열리지 않다가 자본주의가 제국주의를 향해 숨가쁘게 달려가던 1896년에야 다시 부활했다.

올림픽을 부활시킨 '올림픽의 아버지' 쿠베르탱은 프랑스 민족주의자였다. 그는 "스포츠는 열정과 심지어 폭력으로 행해져야 한다." 하고 주장했다. 그는 여성도 경기에 참여시키자는 결정에 반발해서 1928년에 올림픽과 인연을 끊기까지 한 반동적인 인물이었다.

사실 자본주의의 산물인 스포츠는 자본주의가 국제적 경쟁과 폭력을 수반하는 것과 마찬가지로, 민족주의라는 깃발 아래 대중의 체력과 이념을 동원하려는 일종의 군사 동원으로 출발했다.

예를 들어 프러시아에서 18세기말에 만들어진 '소년대'라는 체조 운동 조직은 독일인의 민족의식을 고취하고 프랑스에 대한 적개심을 기르기 위해 청소년들을 모아 신체 훈련을 시켰다. 또 '자유대'라는 조직은 프러시아가 '무장된 국가'라는 점을 선전하기 위해 조직된 단체였다.

또한 초기 스포츠 조직 가운데 하나였던 체코의 '소콜' 이라는 단체는 "국가에 봉사하자. 그것만이 우리의 가장 숭고한 노력이다." 하고 외치면서 항상 정치적 목적을 염두에 두라고 촉구했다.

민족적 경쟁의 표현

국제경쟁은 현대 올림픽의 중요한 요소이다. 올림픽 같은 국제경기는 '국민국가의 통일'을 상징했다. 계급 갈등은 스포츠라는 상징적이고 기만적인 '투쟁'을 통해 해소되었다. 사장과 노동자 사이의 거리는 스포츠에 의해 메워졌다.

두 차례의 세계대전 사이에 국제경기는 민족들 사이에 벌어지는 경쟁의 표현으로 완전히 자리잡았다. 이 때부터 월드컵이 시작되었다. 당시 축구경기는 각국의 대통령과 장관들이 모두 참석하는 외교적 승부의 장소였으며, 경기는 전쟁을 방불케 할 정도였다.

현대의 스포츠에 깊이 아로새겨져 있는 국제적 경쟁을 《카탈로니아 찬가》의 작가 조지 오웰은 이렇게 표현했다.

오늘날 행해지는 거의 모든 스포츠의 중심은 경쟁이다. 우리가 이기기 위해 경기를 하고, 이기기 위해 최선을 다하지 않는다면 경기는 아무짝에도 쓸모가 없다. … 솔직히 말해 국제적인 규모에서 스포츠는 모의 전쟁이라고 할 수 있다. 중요한 것은 선수들의 행위가 아니라 관중들의 태도이다. 또한 관중의 뒷편에서 사람들이 이 우스꽝스런 시합들을 보고 열광하고, 뛰고 점프하고 공을 차는 행동이 국민의 미덕을 시험하는 일이라고 진지하게 믿게 만드는 국가들이 중요하다.

조지 오웰의 주장은 완전히 옳다. 국제적으로 이루어지는 경쟁이라는 점 때문에 현대의 스포츠가 신체를 움직여서 하는 건전한 오락이라는 주장은 구역질나는 거짓말에 지나지 않는다. 게다가 스포츠는 위험스러운 것이다. 국민적 승리, 지역의 승리, 우리 팀의 승리를 강조하는 것은 오직 한 가지, 즉 **계급의 화해**를 목표로 하기 때문이다. 이것은 사장들과 국가가 운영하고 돈을 대는 스포츠에 우리가 참가할 때나 그 시합을 지켜볼 때도 마찬가지로 적용된다.

강요된 위험

스포츠는 위험스러운 일이기도 하다. 사람들이 이기기 위해 무리하다가 죽을 수도 있기 때문이다. 또 운동 선수들은 죽지는 않더라도 대부분 고문과 비슷한 아주 야만적인 상태를 받아들이고 견뎌내야만 한다.

88서울올림픽에서 메달을 땄던 벤 존슨은 스테로이드 중독으로 판명이 나서 메달을 박탈당했는데 이것은 예외적인 경우가 결코 아니었다.

대부분의 선수들은 약물을 사용하도록 강요받는다. 선수들은 의사나 코치로부터 약물 복용 흔적이 없어질 때까지 시간이 얼마나 걸리는지에 대해 전문적인 조언을 받기도 한다.

약물을 복용하기 위해 끔찍한 방법을 쓰기도 한다. 예컨대, 여자 선수들은 금지된 약물을 사용하고도 약물 검사를 통과하기 위해 경기 당일에 특수 기구를 몸에 삽입하고 약물을 방광에 집어넣기도 한다.

또 효과가 없는 것으로 밝혀져서 지금은 사용되지 않지만, 이탈리아 육상연맹은 지구력이 필요한 경기에 참여하는 운동 선수에게 혈액 도핑을 장려했다. 큰 대회가 있기 몇 개월 전에 선수의 피에서 산소를 운반하는 적혈구를 분리해 두었다가 경기가 있기 바로 전날 적혈구를 몸 안에 주입시키는 것이다. 그 결과 적혈구가 늘어 경기 중에 더 많은 산소가 근육에 공급되어 피로가 더 빨리 풀린다는 것이다. 이 방법을 쓰면 1500m마다 적어도 5초 정도의 기록을 단축할 수 있다고 알려졌다. 더욱이 올림픽위원회는 이 방법을 형식적으로도 금지하지 않았다.

올림픽위원회는 이런 문제를 은폐하고 조장할 뿐 아니라 심지어 계획하는 경우도 있다. 1984년에 미국 올림픽위원회의 임원으로 주임 의사를 지낸 스포츠 의학 전문가 로버트 버이는 이 같은 은폐에 맞서 싸우고 약물 없는 스포츠를 주장했다. 그러자 올림픽위원회는 버이 박사의 예산을 삭제하고 해임시켰다.

뿐만 아니라 미국 올림픽위원회는 '프레올림픽 검사 프로그램'을 연구·개발했는데, 이것은 공식 검사에 대비해서 스테로이드 흔적을 몸 안에서 확실하게 중화시키는 데 필요한 기간을 연구하는 프로그램이었다.

선수들은 이러한 위험에 항상 노출되어 있다. 미국의 단거리 선수 다이안 윌리엄즈는 1989년에 사법위원회에서 코치로부터 스테로이드를 권유받아서 복용했다고 증언했다. 이것을 복용한 지 1년이 지나지 않아 그녀의 몸에 변화가 생기기 시작했다. "입가나 턱에 수염이 진하게 나서 남자 같아졌다. 클리토리스가 눈에 띄게 커지기 시작했다. 성대가 굵어지고 목소리가 낮아졌다. 체모가 마치 남자처럼 나기 시작했다."

이탈리아 선수들은 국제대회에 나가기 위해 다음과 같은 서약을 하기도 했다. "나는 이탈리아 육상연맹의사단이 조언하는 의학적 요법을 받아들여 약품을 쓰길 희망합니다. 투약과 또 생길 수 있는 부작용과 부정적인 반응 그리고 우발적으로 독성을 가질 가능성이 있는 약품에 대해서도 받아들이겠습니다."

'시합 성적을 올리기 위해서' 어떠한 기술이라도 사용하려는 것이 모든 스포츠 종목의 일반적인 현상이다.

선수들은 이러한 상황을 받아들일 수밖에 없다. 캐나다 단거리 선수이자 벤 존슨의 동료이기도 한 토니 셔프는 몸에 해로운데도 약물을 복용하는 이유를 이렇게 말했다. "그 대가로 멋진 영광이 돌아오고, 수중으로 돈이 넉넉히 들어오기 때문이다."

자본주의 사회의 체육교육

스포츠에 녹아 있는 경쟁은 선수들뿐 아니라 학생들에게도 커다란 영향을 끼친다. 미래의 스타 선수가 될 인재를 선발하는 방식을 대표적인 예로 들 수 있다.

수영은 아주 좋은 운동이고 배워 두면 쓸모가 있다. 그래서 모든 아이들이 수영을 배우면 좋은 일일 것이다. 그러나 현실에서는 많은 아이들이 수영을 배울 기회를 갖지 못하고, 수영 선수로 길러지는 아이들은 시합을 하는 데 필요한 수영 방법에 맞춰 엄격한 훈련을 받아야 한다.

챔피언이 될 가능성이 있는 어린이들을 뽑는 방식 가운데 가장 극단적인 예는 동유럽의 국가들에서 찾아볼 수 있다. 예컨대 동독에서는 스포츠가 학교 교육에서 필수 과목이었고 체육 성적이 나쁘면 시험에 합격하지 못했다. 가능성이 엿보이는 아이들에게 10살부터 스포츠를 집중적으로 훈련시키는 특수 학교가 있었다. 동독에서는 국민학교 1학년이나 2학년 때부터 운동 선수가 될 아이들을 선발하는 것을 중요하게 여겼다. 동유럽 이외의 다른 국가들에서도, 동독처럼 빈틈없이 조직되지는 않지만, 학교에서 아이들끼리 하는 축구 시합에서부터 프로 팀이 재능 있는 선수들을 스카웃하는 것까지 비슷한 과정이 마찬가지로 존재한다.

이러한 과정에서 소수를 제외한 대부분의 학생들은 자신의 신체에 대한 열등감을 가지고 살아가야 한다.

스포츠가 '평화와 화합'의 상징일까?

스포츠는 항상 평화와 화합의 상징으로 표현되곤 한다. 88서울 올림픽의 구호도 "화합과 전진"이었다.

그러나 스포츠는 평화나 화합과는 거리가 멀다. 스포츠는 시작할 때부터 경쟁과 폭력의 대변자였다. 이것을 가장 비극적으로 입증시켜 준 것이 파시스트들이었다.

이탈리아 무솔리니는 국가비용으로 선수들을 육성하여 대외정책의 무기로 이용했다. 이탈리아팀은 제2회 월드컵에서 우승했고, 무솔리니는 자신의 권위를 높이는 데 이것을 이용했다.

스포츠를 가장 중요하게 생각했던 인물은 히틀러였다. 그는 자서전인 《나의 투쟁》에서 "독일 국민에게 완벽히 훈련받은 600만 명의 운동선수가 있다면, 우리는 2년 안에 대군을 창설할 것이다." 하고 말했고, 실제로 스포츠를 나치 권력의 정당성을 획득하는 가장 중요한 수단으로 삼았다.

그는 막스 슈멜링이라는 권투 선수가 미국의 흑인 권투 선수 조 루이스와 경기를 하자 처음에는 아리안족이 어떻게 흑인과 경기를 할 수 있냐고 비난했다. 하지만 막스 슈멜링이 승리하자 그를 나치의 영웅으로 부상시켜서 정치적으로 이용했다.

1936년 올림픽은 나치가 정권을 장악한 독일의 베를린에서 열렸다. 처음에는 올림픽을 스페인에서 개최하려 했지만, 스페인에서 노동자 혁명이 일어나서 베를린으로 옮겼던 것이다.

올림픽에서 나치는 자신들의 우월성을 과시하기 위해 베를린을 '청소'했다. 부랑자와 빈민들을 쫓아내고, 낡은 건물을 허물었다. 당시 올림픽에 참여한 선수 가운데 한 명인 헬렌 스티븐슨은 "독일은 겉으로 보기에는 잘 사는 나라같이 보였지만, 사실상 가는 곳마다 군인투성이인 경찰국가였다." 하고 증언했다.

또한 자신들의 민족적·인종적 우월감을 표현하기 위해 모든 방법을 동원했다. 그들은 유태인들이 올림픽 대회장에 출입조차 하지 못하게 가로막았으며, 심지어 화장실에조차 '개와 유태인 출입금지'라는 푯말을 내걸었다.

나치는 독일 선수들이 메달을 딸 때마다 자신들의 정당성을 입증해서 국민들의 존경심을 얻어낼 수 있었다. 결국 올림픽에서 우승하자 아리안족의 우수한 인종적 특성을 보존해야 한다는 명목으로 젊은 여성들을 이용해 인종 개량을 시도하기까지 했다.

또한 올림픽의 뒷편에서, 나치는 재무장을 진행하면서 제2차세계대전을 준비했다.

나치 이외에도 스포츠가 얼마나 반노동자적인지 알 수 있는 예는 무궁무진하다.

예를 들어 88서울올림픽 당시 국제올림픽위원회(IOC) 위원장이었던 사마란치는 스페인의 프랑코 파시스트 정권에서 40년 가까이 일한 자였다. 그는 파시스트 국회의원, 바르셀로나 시의회의 파시스트 의원, 카탈로니아 지방의회의 파시스트 의장, 파시스트 정권의 체육장관을 지냈다.

그는 평생동안 자신의 정치적 성공과 프랑코 정권의 국제적 고립을 막기 위해 스포츠를 이용했다. 남한의 지배계급은 이런 사마란치에게 서울평화상을 수여했다.

올림픽 헌장에는 스포츠에서 인종차별을 금지한다고 적혀 있다. 그러나 남아공은 공공연한 인종차별 정책을 쓰고 있었음에도 불구하고 1970년까지 올림픽에 참가할 수 있었다. 그리고는 국제적 비난 여론이 들끓어서 올림픽 출전이 금지되었지만, 보이파통에서 인종차별에 반대하는 흑인들을 대량 학살하고 흑인들에게 투표권조차 주지 않았던 1992년에 다시 바르셀로나 올림픽에 참여할 수 있었다. 이것은 영국, 프랑스, 미국의 노력으로 이루어진 일이었다.

1968년 멕시코 올림픽 열흘 전에 멕시코 경찰이 더 많은 민주주의를 요구하는 시위대에게 발포하는 일이 벌어졌다. 이 일로 3백 명이 사망하고 몇 천 명이 체포되었다. 그러나 올림픽은 아무 일도 없었다는 듯이 치뤄졌다.

1970년대에 남미의 지배자들은 사회를 통제하는 방법의 하나로 축구를 이용했다. 호르헤 비엘라 장군이 이끄는 아르헨티나 군사 정부는 11억 달러를 쓰면서 월드컵 축구 대회를 개최했다. 아르헨티나에서 축구 열기가 온나라를 휩쓸고 있을 때, 몇 만 명의 민주 투사들이 납치되어 고문당하고 사형장의 이슬로 사라졌다.

월드컵 공동개최는 좋은 일일까?

이 나라에서도 스포츠는 지배자들이 대중의 저항을 무마하고, 자신들의 권력에 정당성을 부여하는 무기로 사용되어 왔다. 지금 김영삼 정부는 곤란한 처지에서 벗어나기 위해 2002년 월드컵 개최라는 카드로 대중을 민족주의로 몰아가고 있다. 지배 언론은 월드컵을 들이대면서 노동자들에게 '국가적 차원'의 이익을 위해 단결해야 한다고 주장한다.

이 나라 지배자들은 여러 차례 스포츠를 자신들의 위기를 모면하는 데 이용했다. 박정희 정권을 이어받은 전두환, 노태우 군사정권은 86아시안게임과 88서울올림픽을 통해 자신들의 지배를 정당화하려 했다.

88서울올림픽은 이미 박정희 정권 때부터 계획된 일이었다. 유신정권에 반대하는 투쟁으로 궁지에 몰린 박정희는 대중의 저항을 무마하기 위한 방법의 하나로 올림픽을 이용하기로 했다.

광주항쟁에서 민중의 저항을 무력으로 짓밟고 권력을 잡은 전두환은 박정희의 뒤를 이어 올림픽을 숙원 사업으로 선정하고, 정주영을 특사로 파견해 올림픽 유치에 열을 올렸다. 노태우는 자신이 직접 올림픽대회위원장을 맡았는데 이것은 남한의 독재자들이 올림픽을 정치적으로 얼마나 중요하게 여기는지를 보여 준다.

유치에 성공하자마자, 전두환은 "올림픽이 끝나기까지 헌법개정은 없다."는 4·13 호헌조치를 발표하고 물밑에서 들끓던 대중의 분노를 짓밟아버리려고 했다. 88서울올림픽 두 달 전에는 '올림픽 평화법'을 제정해서 "올림픽 대회 운영과 직결되는 작업장의 파업 등 쟁의 행위를 공권력을 동원해 철저히 막겠다." 하고 올림픽의 반노동자적인 본색을 노골적으로 드러냈다.

노태우는 올림픽을 이용해 민주주의 투쟁과 노동자들의 투쟁을 억압하는 일을 본격적으로 실행에 옮겼다. '올림픽 평화구역'이 선포

되었고, 올림픽 개막 한 달 전부터 올림픽 경기가 치러지는 대부분의 도시와 전국 성화봉송로 1㎞ 안의 지역에서 모든 옥외집회와 시위가 금지되었다. 또 지배자들은 도시 미관을 해친다는 이유로 50만 명에 이르는 노점상과 도시빈민들을 삶의 터전에서 몰아냈다.

이 때 투사들은, 올림픽 개최를 이용해 민주화 운동과 노동자들의 투쟁을 공격하는 군사정권에 맞서 헌신적으로 싸웠다. 그렇지만 그들은 올림픽이 분단을 영구화하는 데 기여한다고 생각해 '남북한 공동올림픽 개최'를 요구하며 싸웠다. 통일에 대한 열망에서 비롯한 이러한 요구는 충분히 이해할 만한 것이었다. 그러나 당시 서울대와 고려대 총학생회가 시위 자제를 선언하고 서울지하철이 조합원의 파업 결의를 올림픽 이후로 연기했듯이, 지배자들의 민족주의 이데올로기에 적극 반대하지 않을 때에는 '국가 이익을 위한 단결'에 굴복해 투쟁을 자제하는 결과를 빚게 된다. '월드컵 남북공동개최'를 주장하는 것도 마찬가지이다.

스포츠와 계급투쟁

사회주의자들이 선뜻 자기 나라를 지지해야 한다고 얘기하는 경우는 드물다. 그러나 스포츠에서는 '민족'과 자신을 동일시하는 함정에 빠지기 쉽다. 더 중요한 점은 대중이 스포츠에 열광하게 되면 엄청난 정력과 열정이 자본주의에는 하나도 해로울 게 없는 엉뚱한 방향으로 흘러간다는 사실이다. 노동자들의 엄청난 시간과 능력이 스포츠와 관련해서 혹은 거기에 참여하느라고 낭비될 뿐 아니라 훨씬 더 많은 시간과 능력이 스포츠를 구경하느라고 흘러간다.

로마의 귀족들은 노예들을 야만적으로 억압하고, 가난한 자유민들의 불만은 다른 곳으로 돌림으로써 자신들의 지배를 유지할 수 있었다. 그들은 이러한 지배 방식을 '빵과 서커스'라고 불렀다. 자본주의에서 스포츠는 이와 똑같은 역할을 한다. 노동자들의 관심을 사장에 맞서는 투쟁에서 딴 곳으로 돌려놓는 것 말이다. 트로츠키는 이렇게 썼다.

혁명은 필연적으로 영국 노동계급 안에 가장 뛰어난 열정을 일깨울 것이다. 지배자들은 지금까지 사회적 훈련이나 교회, 언론의 도움을 받고, 권투·축구·경주 같은 스포츠들로 이루어진 인위적인 통로를 통해 이들의 가장 뛰어난 열정을 부자연스럽게 억누르고 무마할 수 있었다.

트로츠키의 주장은 지금도 여전히 올바르다.

스포츠가 지배계급에 대한 노동자들의 저항을 억누르는 역할을 한다는 주장에 쉽게 동의하기 어려울 수도 있다. 이렇게 생각하는 사람들은 많은 사람들이 여전히 스포츠를 즐긴다는 사실을 부정할 수는 없지 않냐고 주장한다.

그러나 이것은 논리적으로도 맞지 않는 주장이다. 많은 사람들이 즐기는 게 언제나 옳은 것은 아니기 때문이다. 예컨대 많은 노동자들이 술이나 담배를 즐기기 때문에 그것이 몸에 해롭지 않다고 말하는 사람은 아무도 없을 것이다.

스포츠를 통해 노동계급의 특성이 발현되지 않느냐고 주장하는 경우도 있다. 자본주의에서 왜곡되기는 하지만 스포츠가 여전히 노동 대중의 자발적인 활동의 하나이기 때문에 비판적으로 지지해야 한다는 주장이다.

분명 이런 주장에는 일말의 진실이 담겨 있다. 대중적인 영향력을 가진 스포츠와 대중의 생활 사이에는 분명 연관성이 존재한다. 아주 억압적인 사회에서는 스포츠를 즐길 수 있는 날이 노동자들이 모일 수 있는 유일한 기회가 될 수 있다. 그러나 이 때조차 스포츠는 대부분 정치적 목적을 은폐하는 덮개 역할을 한다.

노동자들이 선수로든 관중으로든 스포츠에 참여하면 그 흔적이 남는 것은 사실이다. 예컨대 아일랜드와 영국이 축구경기를 할 때 아일랜드 노동자들은 억압의 경험 때문에 자국이 이기도록 열렬히 응원할 수 있다. 우리는 스포츠에서 계급의식의 자취를 발견할 수 있다. 그러나 그것은 자취일 뿐이다. 스포츠에서 펼쳐진 에너지는 기껏해야 분명치도 않을 뿐더러 자본주의에 대한 저항이 잘못된 방향으로 분출되기 십상이다. 그러한 저항은 아무리 잘 이루어지더라도 자본주의에 대한 진정한 도전이 될 수는 없다.

스포츠가 사라지는 사회

스포츠가 노동계급에 끼치는 영향이 이처럼 모순적이기 때문에 사회주의자들이 스포츠에 타협해야 하는 경우도 있다. 그렇다고 지배계급의 스포츠와 그것이 지닌 민족주의, 인종주의, 성차별주의, 그리고 갖가지 혐오스런 이데올로기에 타협해야 한다는 뜻은 결코 아니다. 코민테른은 스포츠 활동을 위해 노동계급 남성과 여성 들을 조직하는 '혁명적 스포츠 인터내셔널'을 만들었다. 코민테른과 초기의 소련은 올림픽을 제국주의의 산물이라고 거부하고 민족주의적 경쟁이 없는 노동자들의 스포츠 축제를 조직하기도 했다.

그러나 이것은 순전히 타협이었고 과도적인 것이었다. 공산주의 사회에서는 스포츠가 사라지게 될 것이다. 스포츠는 노동 분업의 결과로 생겨난 것이다. 스포츠를 위해서는 분업에 따라 육체적 활동을 필요로 하는 고정된 노동에만 종사하는 사람들이 있어야 하기 때문이다. 또한 노동 분업은 육체 노동을 하는 사람들이 모든 영역에서 고른 발전을 할 수 없고, 생산에 쓸모 있는 육체적 특성만을 발전시켜야 함을 전제로 한다. 사회주의에서는 이러한 조건들이 폐지되고 인간의 육체가 자유롭게 발달하도록 할 것이다.

사람들은 여전히 공을 이리저리 차겠지만 스포츠의 요소인 군대식 편제나 독단적인 규칙, 경쟁 요소는 더 이상 필요하지 않을 것이다. 사회주의에서는 우리가 알고 있는 스포츠가 아니라 육체를 움직여서 하는 여가 활동만이 존재할 뿐이다.

이처럼 행복한 날이 오기 전까지는, 스포츠가 타도되어야 할 대상은 아니더라도 노동계급을 분열시키는 역할을 한다는 점은 분명하다. 모든 혁명은 사회뿐 아니라 혁명적 계급 자체도 크게 변화시킨다. 혁명적 노동계급은 자본주의 사회의 틀 내에서 분열한 채 경쟁하는 대신에 그 정력과 관심을 사회를 완전히 변화시키는 데로 돌릴 것이다. 노동계급은 스포츠에서 정치로 관심을 돌릴 것이다.

인간 창조의 신화

8월 중순 미국 캔자스 주 교육위원회는 학교에서 진화론을 가르치는 것을 금지했다. 이 충격적인 조처는 학생들이 열여덟 살이 될 때까지 가방 한 가득 분량의 과학 시험을 치르고도 세계를 과학적으로 이해하기 위한 핵심 기초들 가운데 하나를 전혀 모른 채 학교를 떠날 수 있다는 것을 뜻한다. 캔자스 주의 결정으로 타격을 입은 과학 분야는 생물학만이 아니다. 항성과 태양계의 형성 등 우주의 진화를 가르치는 것도 모두 금지됐다.

과학 지식에 대한 이런 공격의 배후에는 반동적인 기독교 근본주의 단체들이 있다. 그들이 "창조론" — 하나님이 이레 만에 세상을 창조했고 동시에 각각의 종들을 지금의 형태로 창조했다는 성서의 설명 — 이라 부르는 터무니없는 생각을 밀어붙이면서 거둔 성공은 끔찍하다. 여론조사에 따르면, 미국인의 55퍼센트 가량은 인간이 원숭

이 글은 《비판과 대안》 2호(1999년)에 실린 것이다.

이의 자손이라는 사실을 믿지 않는다. 그러나 의심할 바 없이 우리는 원숭이의 자손이다.

21세기를 목전에 두고 있는 때에 이 모든 것은 자본주의의 가장 기괴한 측면들을 단적으로 보여 준다. 우리는 자본주의에서 비롯한 과학과 기술이 만물을 변화시켜 온 세계에 살고 있다. 우리는 인간을 달에 보내고, 생물 유기체에 절대적으로 필요한 유전자를 조작하고(좋든 나쁘든), 일식 같은 사건들을 예보하고, 태양의 활동을 세밀하게 묘사할 수 있다. 그런데도 이 모든 일의 한가운데 있는 세계 제일의 선진 자본주의 사회에서 그런 일들을 가능케 하는 과학 지식의 대들보가 공격받고 있다.

세계에 대한 합리적이고 과학적인 이해에 대한 이런 공격은 과학의 외피로 치장하려 하고 있는 또 다른 것을 반영한다. 언론과 이른바 이름난 과학자들이라는 많은 자들이 선전하고 있는 생물학적·유전학적 결정론이 그것이다. ≪이기적 유전자≫(을유문화사)의 지은이 리처드 도킨스는 인간이 "미리 프로그램된 로봇"이라는 생각을 퍼뜨려 왔다. "이기적 유전자"로 인간의 행동을 설명할 수 있다는 것이 그의 생각이다. 마찬가지로, '사회생물학'자들은 공격성·범죄·알콜중독·게이 등 들먹일 수 있는 모든 행동에 유전자가 있다고 주장한다.

아마도 이런 종류의 사이비 과학의 압권은 이름난 미국 잡지인 〈사이언스〉지의 한때 편집자였던 다니엘 코쉴런드의 주장일 것이다. 그는 유전자 때문에 노숙자가 된다고 너무도 진지하게 주장했다. 따라서 당신이 거리로 나앉게 된다면 그것은 당신의 집을 압류한 은행이나 사채업자, 또는 당신을 실업자로 만든 기업주와는 아무 상관이 없다. 그것은 전적으로 당신의 유전자 때문이다.

이런 종류의 생물학적 결정론은 창조론자들을 이롭게 한다. 다시 도킨스의 예를 들자. 그는 진화를 오랫동안 지속되는 점진적이고 작은 변화의 연속이라고만 본다. 그러나 흔히 자연은 훨씬 더 급속하고 급작스러운 방식으로도 변화한다는 것을 시사하는 많은 증거들이 있다. 창조론자들은 이 점을 세계를 만들고 고치는 신의 힘을 보여 주는 징후로 붙들고 늘어진다. 캔자스 교육위원회는 지구가 단기간에 거대한 변화를 겪을 수 있음을 보여 주는 화산 폭발 같은 사실을 "하나님의 창조 권능"을 입증하는 사례이자 창조론의 올바름을 입증하는 사례로 들었다.

그러나, 사실, 그런 증거는 자연과학의 관점에서 쉽게 설명된다. 그리하여 생물학자인 스티븐 제이 굴드와 닐스 엘리지는 진화가 "중단 있는 균형" — 장기적으로는 종이 똑같이 유지되지만, 격렬한 변화기가 간간이 끼어 드는 것 — 을 통해 일어난다는 이론을 발전시켰다.

당연하게도 사회주의자들은 창조론의 비합리성과 터무니없음을 거부하고 가차없이 맞서 싸울 필요가 있다. 그러나 그것은 또한 생물학적 결정론자들이 퍼뜨리는 종류의 과학으로 치장한 이데올로기와도 맞서 논쟁을 벌이는 것을 뜻한다. 다윈과 그의 최상의 후계자들이 보여 주었듯이, 진화는 우리가 살고 있는 세계와 우리의 종으로서의 발전을 설명하는 데서 실로 핵심이다. 물론 어떤 과학 이론이라도 그러하듯이, 새로운 발견들에 비추어 논쟁과 토의와 변화가 이루어진다.

그러나 의심할 바 없이 모든 증거는 진화의 핵심적인 사실들이 충분한 근거를 갖고 있다는 점을 보여 준다. 사회주의자들과 합리적인 과학적 세계관을 옹호하고자 하는 모든 사람들은 이를 부정하는 사람들과 전투를 벌여야 한다.

죽을 권리

지난 4월 10일 네덜란드 정부가 안락사를 합법화하자, 안락사 합법화 논쟁이 불붙었다.

네덜란드는 불치병에 걸린 환자가 온전한 정신으로 꾸준히 요구할 때 의료진의 권고에 따라 안락사를 실시할 수 있도록 했다. 또, 환자가 물리적·정신적으로 고통이 심해 의사에게 자신의 결정을 말하기 어려울 경우 서면[변호사가 공증한 유세]으로 안락사를 요구할 수 있도록 했다.

보수·우파를 대변하는 로마 교황청은 네덜란드 의회의 안락사 합법화 결정이 "인간 존엄성에 대한 모독"이라고 비난했다.

지금 안락사를 용인하는 나라는 스위스·콜롬비아·벨기에 등이다. 미국 오리건 주는 1996년부터 말기 환자*에 대한 안락사를 합법화

월간 〈다함께〉 2호, 2001년 7월 1일. https://wspaper.org/article/185.

* 암처럼 불치병에 걸렸거나 위독한 상태에 빠져 치료로 더 이상 회복을 기대할 수 없는 상태에 있는 환자를 가리킨다.

했다. 그러나 국가 차원에서 안락사를 합법화한 나라는 네덜란드가 처음이다.

우리 나라에서는 의사협회가 안락사 합법화 논쟁을 점화했다. 5월 10일에 의사협회는 윤리지침 개정안에 소극적 안락사, 대리모, 낙태, 뇌사 인정 등을 포함시켰다. 그러자 정부는 소극적 안락사가 "실정법에 어긋난다"고 입장을 밝혔다. 결국 의사협회는 윤리지침 개정안을 실정법 테두리 안에서 적용한다는 단서 조항을 달았다.

사전적 정의에 따르면, 안락사는 "신중한 고려 하에, 치유할 수 없는 질병이나 상태로 고통 받고 있는 사람에게 극약을 처방하거나 혹은 단지 치료를 중단함으로써 죽게 만드는 것. 윤리학자나 종교계, 철학자 등은 적극적 안락사와 수동적 안락사를 다른 것으로 취급한다. '자비로운 죽음'이라고도 불린다."

안락사는 기본적으로 환자 자신이 죽음을 간절히 원하는 상황에서 이뤄진다. 설령 환자가 스스로 견해를 밝힐 수 없는 상황이라도 환자가 이미 고통 없이 신속하게 죽기를 바랐다면 — 예컨대, 유서를 통해 — 그 또한 안락사의 범주에 포함될 것이다.

대부분의 말기 환자들은 자신의 본래 표정을 잃어버리는 바람에 사람들은 그를 쉽게 알아 볼 수 없다. 깊이 주름이 패이거나 약에 취해 흐리멍덩한 눈으로 허공을 바라본 채 신음을 내는 경우가 대부분이다. 이런 말기 환자들 가운데 고통을 견뎌 살 수 있기를 바라는 사람들도 있지만, 그 반대로 고통 없이 빨리 죽기를 바라는 이들도 있다.

---

* Mosby, *Medical, Nursing & Allied Dictionary*, 4th edition.

1998년 서울의 모 병원에 22세의 김모 씨가 오토바이를 타고 가다가 사고를 당해 입원했다. 그는 목뼈가 부러져 목 아래의 모든 부분이 마비되었다. 그의 신경은 치유가 불가능할 정도로 망가져 머리만 살아 있는 몸이 되어 버렸다. 그에게는 21세의 아내가 있었고 2살짜리 딸이 있었다. 그의 의식은 명료했고 사고 이후 의식이 깨어나 자신의 처지를 알고는 죽기를 원했다. 그는 튜브를 통해 영양분을 섭취해야 했다. 소변은 가는 튜브를 통해 배설됐고, 기저귀에다 대변을 봤다. 몸에는 전혀 감각이 없었고 움직일 수도 없었다. 그러나 그는 말을 할 수도 생각할 수도 있었다. 그러나 그에게 죽음은 허용되지 않았다. 일 년 후에 그는 온몸에 욕창(몇 일이고 같은 자세로 누워 있으면 몸무게에 눌려 혈액순환이 안 돼 엉덩이나 등이 썩는다)이 생겨 다시 입원해야 했다. 그의 몸의 근육은 모두 위축되어 뼈만 남은 앙상한 몸이 되었고 살점을 도려내는 치료를 받는 도중에도 그는 계속 어떻게든 죽고 싶다고 울부짖었다. 역시 죽음은 허용되지 않았지만 몇 개월 뒤에 그는 폐렴으로 죽었다.

윤리학자들이나 법조계 등에서는 최종 행위자가 누구인지, 혹은 죽음에 이르는 과정이 구체적으로 어떻든지에 따라 '적극적 안락사'나 '소극적 안락사', 혹은 '의사 원조 자살' 등으로 구분한다.*

———

* 그들의 주장에 따르면, 각각은 다음 같이 구분된다.
  - 적극적 안락사 — 의사가 환자에게 독약을 투여하는 것.
  - 소극적 안락사 — 생명 유지 장치로 생명을 유지하고 있는 환자의 치료를 중단하거나 생략하는 것.
  - 의사 원조 자살 — 의사가 환자에게 독약을 주고 그 스스로 자살할 수 있게 하는 것.

그리고 이런 구분에 따라 소극적 안락사는 허용하되 적극적 안락사나 의사 원조 자살은 허용해서는 안 된다는 것이다.

그러나 이런 구분은 별 의미가 없다. 왜냐하면 환자가 죽음에 이르는 과정은 환자와 의사의 협조에 의한 것이고 무엇보다도 환자 자신이 간절히 죽음을 원하고 있기 때문이다.

이런 구분은 현실적으로 잘 적용되지도 않는다. 예컨대, 의사가 자살을 위한 준비를 모두 갖춰 놓고 환자는 버튼만 누르면 죽을 수 있는 장치를 이용한다면,* 이것은 "적극적 안락사"인가 아니면 "소극적 안락사"인가?

죽을 권리인가 아니면 살인인가?

미국 안락사 합법화 운동의 주요 슬로건 가운데 하나는 "자신의 삶을 스스로 통제하기"(control over one's life)이다.

그러나, 안락사를 반대하는 사람들은 죽음은 어느 누구도 스스로 결정해서는 안 된다는 논리를 편다. 그들은 안락사를 살인으로 여긴다.

그러나, 안락사는 결코 살인이 아니다. 안락사는 환자의 요청으로 의사가 치료를 중단·생략하거나, 약물을 투여해 삶을 중단시키는 것

---

* 실제로 생각하는 끔찍한 장면들과 달리 안락사를 합법화한 곳에서는 이런 장치를 이용하는 것이 가장 일반적이다.

이다. 때문에 자신의 상태에 대해 잘 이해하고 있는 환자가 스스로 죽기를 원한다는 점에서 살인(타살)과는 근본적으로 다르다.

환자가 어떤 상황에서 의사의 손에 죽기를 바라는지를 생각해 보라. 그들은 자신이 원하는 때에 지독한 고통으로부터 신속하게 벗어날 수 있기를 바란다.

그 때문에 많은 사람들은 안락사를 인정해야 한다고 생각한다. 유럽과 북미뿐 아니라, 우리 나라 여론 조사 결과에서도 응답자의 80퍼센트가 소극적 안락사를 지지했다.

사실, 지금도 안락사는 말기 환자 자신과 보호자와 의사 간의 암묵적 합의 하에 실제로 많이 이뤄지고 있다.

한편, 안락사를 합법화할 경우 생명 경시 풍조가 만연할 것이라며 안락사를 반대하기도 한다.

일명 '죽음의 의사' 잭 케보키언에게 실형을 선고했던 미국 뉴욕 주는 세계적으로 안락사에 대해 가장 보수적인 법을 유지하는 곳 가운데 하나다.

1994년 안락사 합법화 문제를 처리하기 위해 구성된 뉴욕의 '생명과 법에 관한 특별조사반'은 안락사 합법화에 반대하는 보고서를 제출했다.* 뉴욕 주는 그 보고서에 근거해 안락사 합법화는 안 된다는 결정을 내렸다. 보고서의 내용을 요약하면 다음과 같다.

"남용과 실수 발생은 불가피"하기 때문에 "극소수를 위해서 원조

---

* 생명과 법에 관한 특별조사반, When Death Is Sought : Assisted Suicide and Euthanasia in the Medical Context, Albany, NY : New York State Task Force on Life and the Law, 5월, 1994년.

자살을 합법화했다가는 (어떤 안전 대책을 법 조항에 명기한다 하더라도) 다수의 집단을 위험에 빠뜨릴 수 있다." 안락사를 합법화한다면 "우리의 도덕적 감수성과 지각을 무디게 할 것이다." 따라서 "환자들을 죽음으로부터 보호"해야 한다.

보고서의 논지에 따르면, 안락사를 합법화할 경우 인간의 세계는 브레이크가 파열된 자동차가 가파른 내리막길을 내려가듯이 생명 경시 풍조가 걷잡을 수 없이 만연될 것이라는 것이다.

이것은 개인의 '죽을 권리'를 부정하는 데서 더 나아가 인간 본성에 대한 문제까지 제기한다. 즉, 인간 본성에는 통제하기 어려운 사악함이 인간들의 내면에 깔려 있고, 따라서 법률이나 제도를 통해 인간 본성의 '사악함'을 원천 봉쇄해야 한다는 것이다.

그러나, 안락사와 무차별 살인은 분명히 다르다. 안락사를 옹호하는 사람들이 상황과 조건을 무시하고 언제나 모든 사람들에게 기계적으로 안락사를 적용하겠다고 하는 것도 아니다.

오히려 안락사를 합법화하지 않는 것이 더 많은 비극을 낳을 가능성이 높다.

앞서 언급한 뉴욕 주의 보고서는 안락사를 합법화하는 것보다 불법 상태로 내버려두는 것이 "쇠약한 환자들에게 위협이 되지도 않고 사회적 결속을 해치지도 않을 것"이라고 주장했다.

그리 되면, 고귀하게 여겨야 할 환자의 선택과 삶의 종말은 승합 차량*이나 밀실에서 비밀스럽게 일어난다. 오히려 안락사를 불법화할

---

* 잭 케보키언은 경찰의 눈을 피하기 위해 승합 차량을 종종 이용했다.

경우, 그리하여 죽음의 과정이 은폐될 경우, 의사와 환자 보호자 간의 합의에 의해 죽음을 원하지 않는 환자를 의도적으로 살인하는 일이 실제로 벌어질 수 있다.

안락사 합법화론자들의 핵심 주장은 죽음을 개인이 선택할 권리로 인정해 달라는 것이다.

따라서 자신의 삶을 스스로 통제하고자 하는 환자의 권리를 보호하기 위해서라도 안락사는 합법화돼야 한다.

그리고 국가가 개인들의 '죽을 권리'를 통제하고 억압하려 드는 것에 대해 반대해야 한다.

노동 계급 문화는 있는가?

오페라와 시는 종종 지배 계급의 취미로 치부됐다. 그러나 문화와 계급의 관계는 복잡하다. 또, 이 문제는 사회주의자들이 무시해도 되는 문제가 아니다. 예술의 문제는 종종 혁명 정치에서 중심이 돼 왔다. 린지 저먼이 마르크스주의 전통을 검토하고 마르크스주의 전통이 오늘날에도 여전히 타당한지 살펴본다.

문화에 관한 토론은 언제나 우리 주변에 넘쳐난다. 그러나 문화를 둘러싼 어려운 문제들에 대해서 예상할 수 있는 답변들이 이미 있는 것도 사실이다. 한 가지 답변은 문화를 정치적 타당성이라는 관점에서 판단하는 것이다. 그래서, 예컨대, 만약 어떤 영화나 책이 여성을 폭력의 희생자로 묘사하면 그것은 좋은 작품이 될 수 없다는 것이

린지 저먼. 월간 〈다함께〉 21호, 2003년 2월 1일. https://wspaper.org/article/576.
지금도 일부 좌파들은 머리 염색 등을 "[미국] 제국주의의 문화"라며 거부감을 나타내곤 한다. 스탈린주의의 민족문화론·민중문화론의 잔재인 이런 태도가 어떤 문제를 안고 있는지 살펴본다.

다. 그와 반대로, '진보적인' — 유색인종 차별이나 여성 차별에 반대하는 — 태도를 보이고 있는 예술 작품은 본질적으로 좋은 것이라는 것이다.

또 다른 중요한 문제점은 예술이 계급 사회의 병폐들과 계급 사회 내의 관계들을 완벽하게 반영한다고 보는 것이다. 그래서 특히 '중간계급' 예술(때때로 모든 예술)에 반대하는데, 이것은 이런 예술이 노동 계급과 아무런 관련이 없다고 보기 때문이다.

많은 주장들이 이런 생각과 연관돼 있다. 하나는 모든 '고급 예술' — 특히 비싼 관람료를 내는 극장 예술, 오페라, 갤러리 들 — 을 계급 의식적인 노동자들이 거부해야 하는 배타적이고 중간계급적인 것으로 여긴다. 이런 생각에서 한 걸음 더 나아간 것은 TV 드라마, 록 음악, 축구와 경주 같은 '노동 계급 문화'를 '고급 문화'와 대치시키는 것이다.

이런 주장들의 문제점은 이런 주장들이 아무 쓸모가 없다는 데 있다. 이런 주장들은 "나는 베토벤을 좋아하지 않아" 같은 주관주의와 "나는 내가 좋아하는 것만 알고 있어"와 같은 일종의 속물주의에서 비롯한다. 그러나 우리는 다양한 수준의 예술과 문화를 이해하고 감상하는 것의 중요성을 과소평가해서는 안 된다. 이것은 우리가 사회 전체를 더 깊이 이해하게 할 뿐 아니라 사회와 그 속의 개인들 모두의 발전 수준을 측정하는 데 도움을 준다.

바로 이 때문에 위대한 마르크스주의자들이 문화 문제에 결코 무관심한 적이 없었으며 그들 가운데 일부 — 특히 마르크스·엥겔스·트로츠키·그람시 — 는 많은 시간을 들여 그런 문제를 다룬 글을 썼다. 그들은 특정 종류의 예술을 감상하는 데서 시작했다. 마르크스 자신은 문화를 사회 발전의 지표이자 인간 업적의 정점이라고 보았다.

그러나 문화 이론에 가장 위대한 공헌을 한 사람은 트로츠키였다. 그는 언제나 예술을 기계적인 방식으로 파악할 수 없다고 주장했다.

그는 문화를 "사회 전체나 적어도 지배 계급을 특징짓는 지식과 능력의 유기적 총합"이라고 묘사했다. 따라서 문화는 사회와 연관돼 있는 동시에, 그 사회를 뛰어넘으려는 시도라고 말할 수 있다. 특정 형태의 예술은 특정 사회의 산물이며 그 사회와 동떨어져서 평가될 수 없다.

"쾰른 대성당의 건축 설계도는 토대와 아치의 높이를 측정하고 본당 중회석 세 개의 치수와 기둥의 치수와 위치 등을 결정하면 만들 수 있다. 그러나 중세의 도시가 어떠했는지, 길드나 중세의 가톨릭 교회가 어떠했는지 모르면 쾰른 대성당을 결코 이해할 수 없을 것이다."

마르크스는 예술이 사회의 발전을 반영하는 방식을 설명하면서 이와 비슷한 주장을 했다. 서사시나 그리스 비극은 여전히 예술적인 흥미 거리가 되겠지만, 세계를 훨씬 더 합리적으로 이해하게 해 주는 과학 연구가 이루어지고 인쇄기와 전신이 존재하는 사회에서는 더는 우세한 예술 형식이 될 수 없을 것이다.

"그리스인의 상상과 그리스 예술을 만들어 낸 자연관·사회관이 자동 기계, 철도, 기관차, 전신의 시대에 가능할까? … 모든 신화는 상상 속에서 그리고 상상을 통해서 자연의 힘을 지배하고 통제한다. 따라서 인간이 자연의 힘을 지배하게 되자마자 신화는 사라져 버린다. 여신 페메(Fame)가 프린팅 하우스 스퀘어(Printing House Square)와 어떻게 나란히 존재하겠는가 …

"아킬레스가 화약이나 총탄과 나란히 존재할 수 있겠는가? 아니면 일리아드가 인쇄기와 경쟁할 수 있겠는가? 노래 부르기, 암송하기, 뮤즈들이 인쇄기가 등장함에 따라 불가피하게 사라질 수밖에 없으며 따라서 서사시의 필요 조건들이 사라질 수밖에 없는 것 아닌가?"

자본가 계급이 생산하는 예술과 문화는 이러한 사회 발전의 반영이고 마르크스 시대에는 그 전 어느 때보다 훨씬 빼어난 예술 작품들이 생산됐다. 부르주아지, 즉 새로운 자본가 계급은 옛 중세 사회의 태내에서 발전했다. 이들은 실제로 정치 권력을 장악하기 전에 이미 몇 세기에 걸쳐 어마어마한 힘과 부를 발전시켰다. 도시, 대학, 인쇄술의 발전은 모두 성장하는 부르주아 문화의 증거였다.

부르주아의 문화적 산물은 방대했다. 르네상스 회화와 건축, 셰익스피어의 희곡, 밀턴의 시, 공연 음악의 발전. 그럼에도 부르주아 문화가 그 성과를 구축하고 세련되게 하며 발전시키는 데는 수백 년이 걸렸다.

부르주아 문화의 정점은 계몽주의의 등장부터 위대한 프랑스 대혁명을 거쳐 유럽 전역에서 구질서에 대항한 1848년 혁명까지 약 1백년간의 시기로 잡을 수 있다.

이 시기는 부르주아 발전의 정점을 반영한다. 계몽주의라는 이성적이고 과학적인 사상으로 무장했으며 이미 영국·프랑스·미국에서 구 질서를 전복한 자신감 넘치는 혁명적 계급은 이제 자신의 정치적·경제적 성장에 걸맞은 문화를 생산할 수 있는 부와 권력을 가지게 됐다.

그 산물 중에는 특히 부르주아 혁명가인 베토벤의 교향악, 스콧·발자크·디킨스와 점차 등장한 러시아 작가들의 위대한 소설들, 성장하는 도시들의 고전 건축들이 포함됐다. 그 문화는 자신감 넘치는 세계관을 표현했다.

1848년은 전환점이었다. 물론 그 후에도 여전히 훌륭한 부르주아 예술은 나왔다. 그러나 부르주아지가 더는 혁명적 계급이 아니게 된 때는 결정적으로 바로 이 때부터였다. 그들은 옛 봉건 질서를 싫어했으나 노동 계급의 혁명을 훨씬 더 두려워했다. 그래서 그들은 점점 더 소심해져 자신들이 이미 알고 있는 것에 집착하고 봉건 질서와 타협하면서 완전히 성숙한 부르주아 혁명이 발전하지 못하도록 막았다.

일단 새로운 자본가 계급이 더는 혁명적이지 않게 되자, 그들의 세계관도 산산조각나기 시작했다. 최상의 예술 가운데 일부는 점점 새로운 자본주의 세계를 경축하는 게 아니라 그에 반대하면서 나왔다. 20세기 초의 모더니즘 운동은 이러한 일관성 부족을 반영하는 기법들을 발전시킴으로써 이 조각난 세계를 이해하려 했다. 이 운동 속에는 많은 요소들이 들어 있었다. 어떤 이들은 자본주의가 이룬 기술 발전을 찬양하는 경향을 갖고 있었고 또 다른 많은 예술가들은 체제 전체에 도전하려 했다. 특히 러시아에서는 1917년 혁명의 영향으로 많은 모더니스트들이 선명한 사회주의 예술이라는 사상에 몰두하게 됐다. 그들은 예술을 갤러리와 극장에서 떼어내 평범한 사람들이 누릴 수 있게 하는 기법들을 시도했다.

많은 사람들은 자본가 계급이 혁명을 성공시키기 전에 자신의 문화를 발전시킨 것과 마찬가지로 노동 계급도 자본주의 사회에서 자신들의 문화를 발전시킬 수 있다고 생각했다. 이것은 부르주아 예술과 완전히 반대편에 서는 것을 뜻했다.

러시아 혁명 과정에서 러시아 미술가들과 작가들 사이에서 일어난 '프롤레트쿨트' 운동은 과거의 예술은 노동 계급에게 완전히 쓸모 없는 것이라며 거부했다. 1918년 프롤레트쿨트 첫 대회에서 한 연사는 다음과 같이 말했다.

우리는 프롤레타리아 의식이라는 짐을 진 채 새로운 삶에 들어서고 있습니다. 그들은 우리에게 부르주아 문화의 성취라는 또 다른 과중한 짐을 지우고 싶어합니다. 그리 되면 우리는 과중한 짐을 진 낙타처럼 조금도 나아가지 못할 것입니다. 부르주아 문화라는 낡은 쓰레기는 죄다 내던져 버립시다.

과거에 대한 거부는 당시가 혁명적 파고의 절정이었다는 점을 고려할 때 어느 정도는 이해할 만한 것이었다. 수많은 사람들은 모든 것이 가능하다고 생각했다. 노동자들이나 노동자들에게 공감하는 사람들이 만든 진정한 노동 계급 예술을 발전시키고 훨씬 더 많은 노동자와 농민 들이 이것을 누릴 수 있다는 생각도 포함돼 있었다.

그러나 레닌은 프롤레트쿨트를 강력하게 비판했고 트로츠키는 더 심도 있게 비판했다. 트로츠키는 새로운 노동자 국가가 발전해서 사회주의로 나아가기 위해서는 노동자 국가가 과거의 성과 위에서 건설돼야 한다고 주장했다. 이것은 기술 발전과 과학 연구를 혁명에 이롭게 이용하는 데 적용됐다. 그러나 그는 이러한 관점을 부르주아 예술과 문학에도 확장시켜 그것이 인간 존재와 사회 발전을 이해하는 데 도움을 줄 수 있다고 말했다.

과거의 성과를 거부하는 것은 인류 문화 전체와 사회주의 혁명 전에 예술가들이 성취한 모든 것을 거부함을 뜻했다. 게다가 트로츠키는 심지어 노동자 국가에서조차 '프롤레타리아 문화'를 발전시키는 것이 불가능하다고 주장했다.

트로츠키의 논점은 이렇다. 첫째, 그는 노동 계급 전체의 문화 수준이 아직 매우 낮기 때문에 노동 계급은 현존하는 부르주아 문화에 바탕을 두고 점진적으로 증진시켜야 한다고 말했다. 이것은 특히 러시아에서 진실이었는데, 많은 러시아 노동자들은 거의 문맹이었고 노동자 문화 조직들의 수준은 독일보다 매우 낮았다. 그러나 심지어 가장 발전한 자본주의 사회에서도 노동 계급은 지배 계급이나 중간 계급이 누리는 많은 문화적 혜택을 박탈당하고 있었다.

둘째, 노동 계급은 — 트로츠키는 혁명 성공 몇 년 뒤에 이 글을 썼다 — 자신의 문화를 발전시킬 여유가 없다. 이것은 혁명 전후 모두에 진실이다. 혁명 전에는 착취 체제가 노동자들을 공장에서 장시간 노동에 시달리게 하고 여가 시간에는 완전히 지쳐 있게 만들고, 혁명 뒤에는 혁명을 성공적으로 지키고 확산하는 데 노동자 국가의 물적·인적 자원을 대부분 투여해야 하기 때문이다.

"혁명은 새로운 사회를 위한 토대를 마련한다. 그러나 혁명은 계급 투쟁, 폭력, 파괴, 절멸이라는 옛 사회의 방법들을 사용해서 그렇게 한다. 만약 프롤레타리아 혁명이 일어나지 않았다면, 인류는 자신의 모순 때문에 망가졌을 것이다. 혁명은 사회와 문화를 구했지만 가장 무자비한 수술이라는 방법을 통해서 그렇게 했다."

'프롤레타리아 문화'라는 개념에 대한 트로츠키의 셋째 반대는 부르주아지와 프롤레타리아 사이의 근본적인 차이에 있다. 초기의 자본가 계급은 수백 년 동안 자신의 문화·제도·부·권력을 발전시켰다. 프롤레타리아에게는 그럴 기회가 없다. 프롤레타리아는 본질적으로 자본주의 사회에서 재산·부·권력을 갖고 있지 않다. 프롤레타리아는 물질적 생산 수단과 함께 정신적 생산 수단도 박탈당해 있다.

노동 계급은 사회의 부를 생산하지만 자신의 노동 생산물과 분리돼 있다. 이러한 사태를 끝장내고 사회의 부와 사상을 통제하기 위해서는 체제 전체에 맞서 투쟁하고 사회의 구 소유자들에게서 통제력을 빼앗아야 한다. 이러한 혁명적 변화 과정에서 노동 계급은 자신도 변화시킨다.

따라서 노동 계급이 혁명을 부분적으로 하는 것은 불가능하다(왜냐하면 이런 상태에서는 노동 계급이 정신적·물질적 생산 수단을 여전히 빼앗긴 상태일 것이므로). 또는 자본주의 사회 안에서 노동 계급 문화라는 고립된 섬을 창출할 수도 없다.

자본주의의 혁명적 전복이라는 과업이 너무나 막중하기 때문에, 가장 기본적인 필요를 충족시키기 위해 모든 노동자들의 자원이 필요하다. 프롤레타리아 문화는 혁명 직후에 진정한 의제가 되지 못한다.

그렇다면 노동자 혁명이라는 즉각적 과제가 완수된 사회주의 사회에서는 어떠한가? 트로츠키는 노동자들의 이익을 지키기 위한 노동자 국가가 더는 필요하지 않게 돼 [국가가] 점차 소멸하는 과정에서만 프롤레타리아 문화가 성취될 수 있을 것이라고 주장한다. 이러한 상황에서는 사회의 문화적 산물은 어느 한 계급의 산물이 아니라 인류가 집단적으로 노력한 성과일 것이다. 따라서 그것은 프롤레타리아 문화가 아니라 인류의 문화일 것이다.

초기에 프롤레트쿨트 운동은 혁명이 직면한 어려움들과 후진국에서 일어난 혁명이 제기한 엄청난 역사적 문제들을 전혀 진지하게 평가하지 않는 과도 좌익주의적 태도를 취했다. 그러나 초기 열정은 언제나 계속되지 않았다. 이러한 과도 좌익주의는 대부분의 예술가들이 고통받은 문제 — 노동자들에게서 고립 되는 것 — 와 결합해, 프롤레트쿨트는 직접 혁명에 복무하는 것처럼 보이지 않는 예술을 모두 거부하는 데로 나아갔다.

1920년대 후반에 프롤레트쿨트나 이들과 연관된 사상들은 획일성을 강요하는 데 이용됐고, RAPP(프롤레타리아작가연합)는 트로츠키주의를 공격하는 데 이용됐다. 나중에 관료의 이익에 봉사하는 데 적절한 도구가 못 되자 RAPP 자신이 공격받게 됐지만 말이다. 1930년대 초에 '사회주의 리얼리즘'은 시대의 명령이 됐다. 그것은 부르주아 고전 예술의 패러디 형식을 빌어 스탈린과 소련 관료를 찬양하는 일종의 궁정 예술이었다.

트로츠키는 1930년에 시인 마야코프스키의 자살과 관련해 다음과 같이 썼다.

"'프롤레타리아 문화'를 위한 투쟁 — 단 5년 만에 모든 인류의 성과를 '완전 집산화'하라는 명령과 비슷한 — 은 10월 혁명의 시작 때부터 공상적 이상주의의 성격을 지녔으며, 바로 이 점 때문에 레닌과 이 계통의 작가들이 이를 거부했다. 최근에 이것은 단순히 예술에 대한 관료적 명령 체계이자 예술을 메마르게 하는 도구가 돼 버렸다."

오늘날 우리는 이런 다양한 이론들을 어떻게 이해해야 할까? 트로츠키 시대 못지 않게 많은 논쟁이 있는데 말이다. 이것은 우리가 단지 '고급 문화'만을 감상할 수 있다거나 꼭 오페라를 보러 가야 한다거나 혁명을 기다려야만 한다는 뜻일까? 노동자들이나 그들을 지지하는 사회주의자들이 함께 이야기할 만한 가치가 있는 예술을 생산하는 것은 불가능할까? 그리고 사회주의자들은 부르주아 예술의 정점 뒤에 발전해 온 모든 종류의 매체를 거부해야 할까?

명백히 이런 견해들은 모두 어리석을 것이다. '최고의 부르주아 문화' 시기 뒤에 나온 예술을 거부하는 것은 예술에 대한 편협한 해석으로 나아갈 수 있다. 실제로 그 뒤 가장 훌륭한 예술 작품 중 일부가 체제에 반대하면서 존재해 왔다. 예컨대 브레히트의 희곡, 제임스 조이스의 소설, 피카소의 회화 작품들처럼 말이다.

많은 노동자들이 예술을 생산하는 데 참여해 왔고, 지금도 그러고 있다는 것은 명백한 사실이다. 이들이 노동자라면 이들은 매우 자주 노동계급의 생활 방식이나 집단성을 모두 포기해야 한다. 그러나 그들이 발전시키는 것 — 창조적인 글쓰기, 회화, 다양한 형식의 음악

등 — 은 종종 매우 중요했다. 그러나 이러한 개인들의 행동이 '노동 계급 문화'를 이루지도 않고 이룰 수도 없다.

트로츠키의 말처럼 "심지어 노동 계급의 가장 소중한 성과조차 프롤레타리아 문화라는 이름을 붙이는 것은 매우 경솔한 일이다." 자본주의에서 이러한 노동자들은 여전히 극소수에 그칠 것이다. 그리고 그들의 지위 때문에 그들은 가장 유력해질 수 있는 세계관을 발전시키기 힘들 것이다. 이것은 오직 혁명 과정을 통해서만 성취될 수 있을 것이다.

그렇다고 해서 중요한 기여를 할 수 있는 사회주의자나 헌신적인 예술가가 있을 수 없다고 말하는 것은 아니다. 예술은 여전히 수많은 사람들의 진정한 필요 — 계급 사회가 거부하거나 억눌러 온 이해와 감정들 — 를 표현한다. 그것은 예술의 '생산자'와 '소비자' 둘 다에게 사실이다. 그리고 자본주의 자체의 모순 때문에 매우 많은 예술가들이 적어도 체제에 불만을 품게 되거나 때로는 훨씬 더 급진적이게 된다.

예술이 인간의 열망을 표현하는 동시에 점점 더 상품이 되고 있다는 사실 때문에 급진주의가 표현될 수 있는 모순이 생긴다.

그러나 이러한 급진주의는 오직 자본주의 사회라는 한계 안에서만 전개될 수 있다. 세계를 변화시키는 데 헌신하는 예술가들은 반드시 그것을 자기 예술의 중심으로 삼지 않으면서도 세계를 변화시키기 위해 노력해야 한다.

사회주의자 예술가들은 선전 위주에 빠지지 않으면서 자신의 사상을 전달할 수 있는 형식을 사용하기 위해 노력해야 한다. 그들이 내세우는 등장 인물들은 자신이 확신시키고자 하는 정치적 메시지를 뛰어넘는 깊이와 힘이 있어야 한다. 예컨대 〈비즈니스 애즈 유주얼(Business as Usual)〉 ─ 밀리턴트 그룹의 정치가 압도적으로 우세했던 ─ 이나 마이크 리(Mike Leigh)의 〈커다란 희망(High Hopes)〉[1982년 대처 시대 런던을 신랄하게 비판한 영화 ─ 옮긴이] 같은 영화는 모두 실패했는데, 왜냐하면 좌파 사상을 전달하는 방식이 우스꽝스럽기 때문이다.

선전 중심주의를 피하기 위해서, 특히 가장 성공적인 소설들 가운데 일부는 아주 반동적인 관점을 지닌 등장 인물을 개발해 우리가 사는 사회의 모순을 표현하고 많은 질문을 던질 수 있다. 예컨대 도리스 레싱(Doris Lessing)의 첫째 소설 《초원은 노래한다(The Grass is Singing)》에서 주요 등장 인물은 로디지아(현 짐바브웨)에 사는 가난하고 억압받는 백인으로, 그는 흑인 하인 때문에 정신적 고통에 시달린다. 1930년대의 헌신적인 트로츠키주의자 소설가인 제임스 패럴(James T Farrell)은 자신의 소설 《스터즈 로니건(Studs Lonigan)》에서 주요 등장 인물을 좌파 정치와 집단 행동을 거부하는 여성 차별론자이자 유색인종 차별론자로 설정한다.

오늘날 예술 생산에 종사하는 사람들은 점점 더 열악한 환경에 직면하기 쉽다. 보조금 삭감, 기업 후원의 증가, 무언가 새로운 시도에 대한 보수주의, 모든 측면에서 예술의 상업화.

그 결과는 대부분 평범한 것이다. 그러나 그들 분야에 널리 퍼진 관습에 진정으로 도전하고 무언가 새로운 것을 보여 주는 예술적 성과들도 소수 있다. 심지어 책이 잘 팔리는 소설가 ─ 예를 들어 줄리언 반스(Julian Barnes)나 마틴 에이미스(Martin Amis) 같은 사람들 — 조차 때때로 반체제적인 기미를 보이기도 한다. 반제국주의 소설가인 가브리엘 가르시아 마르케스와 살만 루시디는 훨씬 더 강력한 사례다.

혁명 조직과 사회주의 정치는 문화라는 문제에 대해 작지만 중요한 구실을 할 수 있다. 그러나 이것이 뜻하는 바는 단순히 누가 문화를 소비하는가를 살펴보는 것만으로도 우리가 문화를 이해할 수 있다는 생각(수백만 명이 'Neighbors'를 보니까 거기에 뭔가 문화적 가치가 있을 것이라고 말하는 태도)을 거부하는 것이다. 자본주의 안에는 문화적 조류에 포함되지만 사회에 대한 통찰을 발전시킨 것이 아니라 소외의 산물인 여러 종류의 활동들이 있다. 이런 범주에는 예컨대 빙고·도박·스포츠가 들어간다.

그리고 재즈든 오페라든 서로 다른 예술 형식들에서 본질적으로 진보적이거나 반동적인 것은 아무것도 없다. 예술은 형식적인 측면을 뛰어넘는 요소들, 특히 그것이 우리 사회와 그 속의 개인이 어떻게 행동하는가에 대한 통찰력과 이해를 심화시켜 주는지 여부에 따라 판단해야 한다. 이런 태도는 우리가 오늘날과 직접 관련 없는 특정 형태의 예술을 좋아하거나 이해하게 해 준다.

마지막으로, 이런 주장들은 현대 예술을 무시하는 것이 아니라 환원론적 관점을 뛰어넘는 것을 뜻한다. 예술이 우리에게 정치를 직접 말할 필요는 없다. 그러나 새로운 예술이 그것을 잘 한다면 매우 흥미롭다. 최근[1991년 — 옮긴이 주]의 희곡 두 개, 미셸 셀레스테 (Michele Celeste)의 〈대통령 목매달기(Hanging the President)〉

와 더못 볼저(Dermot Bolger)의 〈아서 클리어리를 위한 비가(悲歌)(A Lament for Arthur Cleary)〉는 각각 남아프리카공화국에 사는 가난한 백인의 심리나 아일랜드의 이민과 가난 문제를 정치 팸플릿보다 훨씬 더 잘 설명하고 있다.

예술에 대한 마르크스주의 이론은 이러한 발전에 바탕을 두고 점진적으로 형성해야 하며 정치와 예술 사이에서 협소하고 기계적인 연관을 찾으려는 경향을 피해야 한다.

제15부
종교

마르크스와 종교

종교를 다룬 마르크스의 저작들을 잘 살펴보면, 분명히 마르크스가 종교를 비판했을 뿐 아니라 종교 비판을 다른 모든 정치적 문제들보다 중요하게 여긴 자유주의자들도 비판했음을 알 수 있다.

마르크스의 많은 저작들과 마찬가지로, 마르크스의 종교관을 이해하려면 그가 평생 동안 관여한 정치 투쟁들을 더 자세히 살펴봐야 한다.

마르크스는 1818년에 오늘날 독일 영토의 일부인 프로이센에서 태어났다. 마르크스의 초기 활동에서 두드러진 정치 투쟁 가운데 하나는 종교를 둘러싼 투쟁이었다.

당시 프로이센의 유대인들은 체계적으로 차별당하고 있었다. 그들이 거주할 수 있는 지역과 선택할 수 있는 직업은 법률로 정해져 있

아닌디야 바타차리야. 격주간 〈다함께〉 75호, 2006년 3월 8일. https://wspaper. org/article/2938. 아닌디야 바타차리야(Anindya Bhattacharyya)는 종교를 비난하는 자유주의자들을 카를 마르크스가 비판했다고 지적한다.

었다. 1840년대에 유대인 해방을 둘러싸고 격렬한 논쟁이 벌어졌다. 그 논쟁은 오늘날 이슬람이나 무슬림[이슬람 신자]을 둘러싼 논쟁과 비슷했다.

당시 마르크스는 자유주의 신문사의 급진적 언론인으로 명성을 떨치고 있었다. 그는 청년 헤겔주의자들이라는 자유주의 저술가·사상가 집단과 논쟁하는 데 자신의 에너지를 쏟아부었다. 청년 헤겔주의자들 중에서 가장 유명한 사람은 마르크스의 대학 시절 지도교수였던 브루노 바우어였다.

우파로서 학자 경력을 시작한 바우어는 정치적으로 좌경화해서 점차 기독교를 비판하게 됐다. 1842년에 그는 급진적 견해 때문에 베를린대학교에서 쫓겨났다.

바우어와 청년 헤겔주의자들이 기독교와 종교 자체를 비판한 것은 충분한 이유가 있었다. 당시 프로이센은 여전히 절대왕정 치하였다. 봉건 시대에서 유래한 엄격한 법률들이 존재했고, 교회의 숨막힐 듯한 이데올로기가 그 절대왕정을 뒷받침하고 있었다.

프로이센의 자유주의자들은 1789년 프랑스 대혁명 이후 시행된 것과 같은 개혁 조처들을 염원했다. 그러나 실제로 혁명을 경험하는 성가신 일에는 그다지 열의가 없었다. 따라서 그들은 삐걱거리는 프로이센 정부에 개혁 조처들, 특히 의회 선거와 정교 분리를 요구하는 데 집중했다.

유대인 해방을 요구하는 운동은 이러한 더 광범한 투쟁의 일부였다. 마르크스 — 그의 아버지는 억압을 피해 기독교로 개종한 유대인이었다 — 는 유대인 차별 법률 폐지 운동을 지지했다.

그러나 자유주의자들이 모두 마르크스처럼 행동한 것은 아니었다. 마르크스와 사뭇 달리 유대인 해방에 반대한 바우어는 언뜻 보면 좌파적인 듯한 주장을 이용해 자신을 옹호했다. 바우어의 많은 주장들은 오늘날 이슬람 혐오주의를 경시하고 무시하고 심지어 이에 동조하는 일부 사람들의 주장과 비슷했다.

바우어는 종교가 주된 적이라고 주장했고, 따라서 유대인이 유대인 해방을 지지하는 것은 종교와 소수 종교인의 일방적 주장에 굴복하는 것과 마찬가지라고 주장했다. 유대인들은 먼저 자신의 종교를 비난해야 하고, 그런 뒤에야 그들은 자유주의적 무신론자들의 지지를 받을 만하다고 바우어는 주장했다.

이 문제를 다룬 한 에세이에서 바우어는 이렇게 썼다. "누군가가 유대인으로 남아 있는 한은 유대인이라는 제한적 본성이 인간 본성 — 그와 다른 사람들을 연결시켜 주는 — 을 반드시 압도할 것이고, 그 때문에 그는 유대인이 아닌 사람들과 분리될 것이다."

이런 주장은 언뜻 보면 모든 종교를 "똑같이 나쁜" 것으로 취급하는 듯하지만 순식간에 또 다른 주장, 즉 바우어의 본심을 진정으로 드러내는 주장으로 이어진다. 유대인 해방 운동을 비판하는 둘째 에세이에서 바우어는 모든 종교가 똑같이 나쁘지만 일부 종교는 다른 종교들보다 더 평등하다고 주장했다.

특히, 바우어는 기독교가 유대교보다 사실상 우월하다고 주장했다. "기독교도는 모든 종교를 포기하기 위해 오직 한 단계만 넘어서면 된다. 즉, 자신의 종교를 넘어서기만 하면 되는 것이다. 반면에, 유대인은 자신의 유대인 본성을 버려야 할 뿐 아니라 자신의 종교를 완성하는 발전, 즉 그에게는 낯선 발전도 포기해야 한다.”

이런 주장은 오늘날 이슬람에 대한 주장과 놀라울 만큼 비슷하다. 자유주의적 세속주의자들은 흔히 자신들이 모든 종교에 반대하며 특별히 이슬람에 대해 이의를 제기하는 것은 아니라고 주장한다. 그러나 그들이 가장 많이 우려하며 논하는 특정 종교, 즉 테러리즘부터 동성애 혐오까지 다양한 사회 악의 근원으로 그들이 주로 거론하는 종교는 늘 이슬람이다.

이미 청년 헤겔주의자들과의 관계를 재고하고 있었던 마르크스는 1844년 〈유대인 문제〉라는 논쟁적 에세이에서 자신의 옛 스승인 바우어를 강력하게 반박했다. 마르크스는 “유대인의 후진성”을 비판하는 데 가담하거나 억지웃음을 지으며 “관용”을 호소하지 않고, 오히려 바우어의 자유주의적 정치의 약점에 비판의 화살을 맞추었다.

첫째, 마르크스는 바우어가 요구한 제한된 “정치적 해방” — 실제로는 세속 국가를 요구하는 것 — 으로는 결코 충분하지 않다고 지적했다. 사실, 그것은 바우어가 말한 주된 표적인 종교를 제거하지도 못할 것이다. 마르크스는 미국 헌법이 명백히 세속적이지만 미국이야말로 온갖 종류의 종파와 이교가 넘쳐나는 “두드러지게 종교적인 나라”라고 지적했다.

더 근본적으로, 마르크스는 종교 신앙이 훨씬 더 일반적인 억압의 원인이 아니라 결과라고 주장했다. 종교 문제에 집중하는 것은 이 더 넓은 그림을 흐리고, 진정한 사회적 투쟁이 아니라 쓸데없는 신학 논쟁에 에너지를 쏟게 만들었다.

마르크스는 또 자유주의자들이 인간 사회를 공적인 “정치 생활”

과 사적인 "시민 사회"로 엄격하게 나뉜 것으로 보았다고 지적했다. 그들은 정치 개혁이 "정치 생활"에 국한돼야 하고, "시민 사회"의 범주에 속하는 사적 소유나 임금 노동 같은 경제 질서는 건드리지 말아야 한다고 주장했다.

더 나아가 마르크스는 그런 인위적 대립을 무너뜨렸다. 그는 청년 헤겔주의자들의 무신론적 요구가 실제로는 그들 자신의 유사(類似) 종교적 주장들을 은폐하는 데 어떻게 이바지하는지 설명했다.

특히, 그들은 인간 사회가 재산을 소유하고 이기심에 따라 움직이는 원자화한 사적 개인들로 이뤄져 있다고 보았다. 그런 생각은 사회가 실제로 돌아가는 방식과는 아무 관계가 없는, 대처리즘 이전의 대처리즘 같은 것이었다.

"이른바 인간의 권리는 시민 사회 구성원의 권리, 이기적 인간의 권리, 다른 사람들이나 공동체와 유리된 인간의 권리일 뿐이다."

마르크스가 지적하듯이, 바우어가 유대인들의 "이기주의"를 비판하는 것, 즉 유대인들 스스로 사회에서 유리되고 장사와 무역 등 돈벌이에 집착한다고 비판하는 것은 아이러니다. 바우어 자신이 그가 유대인들의 죄악이라고 비난하는 죄악을 범하면서 유대교를 자신의 정치적 약점을 은폐하는 속죄양으로 삼고 있다.

자유주의자들과 달리 마르크스는 단지 국가의 성격을 땜질하는 "정치적 해방"에 그치지 말고 그것을 철저히 보편화해 경제적 관계들과 사회 전체를 혁명적으로 바꾸는 "인간 해방"으로 나아갈 것을 주장했다. 그리고 이 사회주의적 정치 프로젝트는 단지 무신론적 세계관이 아니라 일관되게 유물론적인 세계관을 바탕으로 해야 한다고 주장했다.

마르크스의 에세이 〈유대인 문제〉는 그가 청년 헤겔주의자들의 정치적 소심함에 앙갚음을 한 일련의 저작들 가운데 하나였다. 머지 않아 마르크스는 노동계급의 혁명적 투사가 됐고, 그는 오늘날에도 그렇게 기억되고 있다.

반면에, 바우어는 급속하게 우경화했고, 1870년대에 독일에서 나타난 야비한 반(反)유대주의 ― 결국은 나치의 가스실을 낳은 이데올로기 ― 의 앞잡이가 됐다.

오늘날 우리 좌파는 마르크스의 통찰을 재발견할 필요가 있다. 전쟁을 지지하는 세속적 자유주의자들의 주장과 사뭇 달리, 마르크스는 자유 시장에 대한 신념과 사적 소유 숭배가 어쨌든 종교적 사고방식보다 우월한 것이라고 생각하지 않았다.

그리고 종교 반대를 이유로 종교적 소수자들을 속죄양 삼으면서, 빈곤·인종차별·전쟁을 낳는 자본주의 체제를 옹호하는 사람들을 마르크스는 분명히 경멸했다.

더 읽을거리

마르크스의 에세이 〈유대인 문제〉(On The Jewish Question) [국역: 《유대인 문제에 관하여》, 책세상, 2015]는 인터넷 웹사이트 www. marxists.org에서 읽을 수 있다. 그 에세이는 그리 쉬운 글도 아닌데다, 세 가지 이유에서 흔히 오해를 받는다. 첫째, 당시 청년 헤겔주의자들 사이에서 유행하던 언사로 가득 차 있다.

둘째, 마르크스가 사용한 일부 언어는 당시 거의 보편적으로 인정되던 유대인에 대한 편견을 반영하고 있다. 이 때문에 일부 반(反)마르크스주의 선전가들은 마르크스가 반유대주의자였다고 주장한다. 그러나 이런 주장은 그 에세이가 유대인 해방을 지지하며 쓴 글이라는 요점을 놓치고 있다.

그런 주장을 논박하는 글로 핼 드레이퍼(Hal Draper)가 1977년에 쓴 에세이 〈마르크스와 경제적 유대인이라는 고정관념〉(Marx and the Economic Jew Stereotype)이 있는데, 이 글도 www.marxists.org에서 찾아볼 수 있다.

셋째, 마르크스는 헤겔 철학의 전문 용어들을 사용하고, 헤겔 철학에 나오는 "정치적 국가"와 "시민 사회"의 구분을 따르고 있다. 특히, "정치적"이라는 말은 법률적·헌법적 개혁들을 뜻하는 매우 협소한 의미로 쓰인다. 오늘날 우리는 그 말을 훨씬 더 넓은 의미로 사용한다.

이런 어려움들을 제외하면, 〈유대인 문제〉는 충분히 읽을 가치가 있는 에세이다.

핼 드레이퍼의 고전 《카를 마르크스의 혁명 이론》(Karl Marx's Theory of Revolution) 제1권은 그 에세이와 당시의 정치적 배경에 대한 탁월한 분석을 담고 있다. 더 많은 것을 알고 싶어하는 사람들에게 그 책을 강력하게 추천한다.

마르크스주의와 종교

종교에 관한 마르크스주의의 출발점은 "종교가 인민의 아편"임을 이해하는 것이었다. 마르크스와 엥겔스는 지칠 줄 모르고 종교를 비판했을 뿐 아니라 종교의 기원과 그것이 인류 역사에서 오랜 기간 지속될 수 있었던 이유를 설명했다. 또한 그들은 종교가 기본적으로 지배 질서의 수호자 역할을 하면서도, 특정 시기에는 일부 종교가 어떻게 진보적인 역할을 할 수 있는지도 보여 주었다.

마르크스나 엥겔스와 마찬가지로 레닌 역시 종교에 반대하는 마르크스주의 원칙을 확고하게 견지했다. 그러나 볼셰비키 당원 가운데에는 종교를 갖고 있거나 심지어 성직자인 사람들도 있었다. 물론 볼셰비키당의 정치 강령을 받아들이는 경우에 한해서였지만 말이다. 또한 러시아혁명 이 일어난 뒤에 볼셰비키는 러시아 정교가 차르 시대에 국가의 시녀 역할을 하면서 누렸던 특권을 박탈했다. 그러나 스

최일봉. 이 글은 《사회주의 평론》 7호(1996년 1~2월)에 실린 것이다.

탈린 반혁명 이전의 노동자 국가는 종교의 자유를 보장했고, 차르 시대에는 허용되지 않았던 다양한 종교 분파를 허용했다.

얼핏 보아 모순돼 보이는 이러한 관점은 종교에 대한 마르크스주의적 비판에서 자연스럽게 나온 것이다. 마르크스주의 원칙은 종교에 대해 타협하지 않고 반대하지만, 공동의 정치적 목적을 위해서 종교를 믿는 사람들과 함께 일하는 것을 거부하지는 않는다. 종교는 추상적인 주장이 아니라(이론적 반박은 물론 중요하지만), 계급투쟁을 통해서만 극복될 수 있기 때문이다. 계급투쟁은 대중을 훈련시키는 가장 훌륭한 교육자이다.

마르크스주의는 종교에 반대하는 이데올로기적 비판보다 계급투쟁을 더 중요하게 생각하지만, 그렇다고 결코 원칙을 포기하지는 않는다. 이탈리아공산당은 정교(政敎) 분리나 이혼과 낙태의 권리 같은 문제에서 모호한 태도를 취해 왔다. 그들은 원칙을 저버린 채 로마 교황청에 잘 보이려고 안간힘을 써 왔다. 이렇게 개량주의 좌익이 종교와 타협하는 것은 마르크스주의와 아무런 관련도 없다. 또 옛 소련이나 중국에서 국가가 교회를 세우고 통제하는 것도 똑같이 마르크스주의와 아무 상관이 없다.

마르크스주의자가 종교에 관심을 갖는 것은 종교가 대중의 삶에 커다란 영향을 미치기 때문이다. 게다가 종교는 다양한 방식으로 노동자 계급 운동에 영향을 미친다.

그러나 종교에 관한 마르크스주의의 분석은 단지 이데올로기를 논박하는 것에 만족하지 않는다. 종교의 사회적 뿌리를 추적하면 사회적 토대와 종교의 변화가 어떻게 서로 관련돼 있는지를 이해할 수 있다. 또한 지금의 자본주의 사회에서 종교가 어떻게 지배체제를 유지하는 데 이바지하는지도 알 수 있다.

종교의 기원

마르크스주의는 그리스 시대 에피쿠로스 학파의 주장을 이어받은 초기 유물론자들의 종교관을 받아들인다. 그들은 원시 부족이 자연에 대해 가졌던 두려움과 공포에서 종교가 시작되었다고 생각했다. 하지만 전해 내려온 신화들을 꾸준히 비교하고 사회학적인 통찰을 결합하면서, 마르크스주의 종교관은 다듬어지고 확장되었다. 엥겔스는 자신의 종교론에서 "모든 종교는 … 인간의 일상 생활을 지배하는 외부의 힘이 인간의 정신에 비현실적으로 반영된 것에 지나지 않는다."고 주장했다.

엥겔스는, 현대 인류학의 창시자인 에드워드 타일러의 발견을 이용하여, 인간의 영혼이 영원하다는 생각은 원시인들이 꿈을 이해했던 방식에서 비롯했다는 점을 주장했다. 원시인들은 인간이 잠들어 있는 동안 혼이 육체를 빠져나가 경험하는 것이 꿈으로 나타난다고 생각했다. 또한 지금까지 남아 있는 원시 부족들은 사진을 찍으면 카메라에게 영혼을 빼앗긴다고 생각하기 때문에 카메라를 두려워한다. 현대의 인류학자들이 밝혀낸 바에 따르면, 원시인들은 인간의 영혼이

Engels, *On Religion*, p.147.

죽은 육체를 떠나면 초자연적인 힘을 지니는 것으로 여겼기 때문에 영혼을 두려운 존재로 생각했다.

원시인들은 자연과 영혼을 두려워했기 때문에 자연물과 자신의 조상이나 뛰어난 인물들을 신격화하곤 했다. 원시인들은 자연물들이, 인간과 마찬가지로, 영혼과 생각할 수 있는 능력과 욕망을 가지고 있다고 생각했다. 종교의 첫 형태가 모든 만물에 영혼이 깃들어 있다고 생각하는 애니미즘이었던 것은 이런 점 때문이었다.

생산력이 발달해서 식량 채집 대신에 농경을 시작하면서 인간 사회는 계급으로 나뉘어지게 되었다. 종교가 본격적으로 생겨난 시기도 이 때였다. 잉여 생산물이 생기면서, 사제 역할을 하는 사람은 생산에서 제외될 수 있었기 때문에 종교가 유지될 수 있었다.

과학이 고도로 발달한 오늘날에도 종교에는 여전히 미신의 요소가 존재한다. 예를 들어 유대교나 이슬람교를 믿는 사람들은 돼지고기를 먹지 않고, 힌두교도들은 소를 죽이는 것을 금기시한다. 이것은 원시인들이 초자연적 힘이 깃들어 있다고 믿는 사물에 손대는 것을 금지한 것과 비슷하다. 기도, 성수(聖水), 성직자가 내리는 축복은 미신에서 제문(祭文)이나 주문(呪文) 의식에 해당한다. 가톨릭 교리에서 빵과 포도주가 예수의 살과 피라고 말하는 것은 어떤 사람의 고기를 먹으면 그의 힘과 용기를 가질 수 있다고 믿었던 원시인들의 식인(食人) 문화와 비슷하다.

미신이나 종교는 모두 인간이 자연을 통제할 수 없었던 것에서 비롯했다. 동시에 종교는 사회가 계급으로 분화되면서 인간이 사회를 완전히 통제하지 못하게 된 현실을 반영한다. 이 점을 처음으로 깨달았던 사람이 엥겔스였다.

자연력과 함께 사회적 힘이 활발히 작용하기 시작한다. 사회적 힘은 자연력과 마찬가지로 인간에게는 낯설고 설명할 수 없는 존재로 다가온다. 또한 인간을 지배하는 것이 자연력처럼 자연스럽고 필수적인 것처럼 보인다. … 역사가 더욱더 진전하면서 다양한 신(神)들이 지닌 온갖 자연적이고 사회적인 속성들이 하나의 강력한 신에게 부여된다.*

이데올로기로서의 종교

마르크스와 엥겔스는 변증법적 유물론에 근거하여 종교의 역할을 역사적으로 또 구체적으로 설명했다. 종교는 역사적 상황에 따라 모순된 역할을 한다. 종교의 주된 기능은 사람들이 억압적인 사회 제도를 누구도 거역할 수 없는 신성한 것으로 여기게끔 하는 것이다. 종교는 사람들이 세계와 사회를 보는 시각을 지배하기 때문에 이런 일이 가능할 수 있다. 그렇지만 부르주아 사회 이전이나 심지어는 부르주아 사회에서조차 억압받는 사람들에게서 반란의 분위기가 무르익게 되면, 이 운동에서도 종교적 색채와 이단적 경향이 나타나는 것을 볼 수 있다. 운동을 이끄는 사람들은 자신들의 목적이나 열망을 반란을 일으킨 대중이 지니고 있던 필요와 욕망에 들어맞는 전통적

---

* 같은 책, p.148.

인 종교 사상으로 표현했다.

독일의 재침례교 교리가 급진적인 농민들의 이해와 들어맞았던 점과 종교가 기득권을 지닌 사회 세력이 이용하는 무기라는 점은 서로 모순되지 않는다. 종교는 서로 대립해서 싸우는 두 당사자 모두가 사용할 수 있는 무기이기 때문이다. 종교적 사상을 서로 다르게 받아들이는 배경에는 사회적 관계가 근본적으로 변화하면서 서로 충돌하는 첨예한 계급 갈등이 존재한다.

엥겔스는 《독일 농민전쟁》에서 이 점을 아주 명쾌하게 설명했다. 독일 농민전쟁 시대에는 세 개의 세력이 서로 다투고 있었는데, 각각은 서로 다른 사회 계급의 이해를 대변했다. 보수적인 가톨릭 진영, 온건한 개혁을 추구하는 시민들의 이해를 대변했던 루터파, 재침례교 지도자 토마스 뮌처의 '혁명적 당'이 그것이었다.

루터가 해석한 성경은 평민 운동에 강력한 무기가 되었다. 그는 성경을 통해 봉건적인 기독교와 겸손했던 1세기 기독교를, 그리고 쇠퇴해 가는 봉건 사회와 복잡하고 인위적인 계급 제도라곤 없던 사회상을 대비시켰다. 농민들은 군주와 귀족과 성직자 들에 대항해서 이 수단을 광범하게 사용했다. 이제 루터는 농민들에게서 등을 돌리고, 성경에서 끌어낸 찬송가를 신(神)이 임명한 권력에게 바쳤다. 그 권력은 절대 군주에게 아첨하는 자들이 지금까지 갖지 못했던 것이다.*

---

* 같은 책, p.108.

마르크스와 엥겔스는 농민 반란이 지닌 독특한 종교적 형식이 초기 기독교에서 비롯되었다고 지적했다. "기독교는 원래 억압받는 사람들의 운동이었다. 기독교는 처음에 노예나 해방된 노예들, 모든 권리를 빼앗긴 가난한 사람들, 로마에 정복되어 자기가 살던 땅에서 쫓겨난 사람들의 종교로 등장했다."

봉건제도에 반대하는 혁명 투쟁은 중세 내내 계속됐다. 이러한 투쟁은 신비주의나 공공연한 이단이나 무장 봉기의 형태를 띠었다. 봉건제도에 반대하는 이단은 두 가지로 나타났다. 하나는 도시를 중심으로 봉건제도에 반대하는 운동이었고, 또 다른 하나는 농민들의 봉기였다.

그러나 엥겔스는 "일찍이 12세기에 시민과 농민 사이의 거대한 적대감을 표현했던 평민 반대파"가 형성된 것에 관심을 기울였다.

당시에 봉건체제와 시민 세력 모두에서 벗어나 있던 … 유일한 계급은 평민이었다. 그들에게는 어떠한 특권이나 소유 재산도 없었다. … 이것은 평민 반대파가 그 때에조차 봉건제도와 특권 시민들에 반대하여 투쟁하는 것에서 멈추지 않았던 이유였다. 또, 이것이 적어도 공상 속에서나마 … 그들이 계급 적대에 기초한 모든 사회에 공통된 제도, 견해와 관념 들에 의문을 던졌던 이유이기도 했다. … 이러한 점에서 초기 기독교의 천년왕국이라는 전망이 아주 적절한 출발점 역할을 했다. … 현실과 심지어 미래까지 뛰어넘으려는 이들의 돌진은 폭력적이고 환상적일 수밖에 없었다.'

---

* 같은 책, p.102.

"초기 기독교의 천년왕국이라는 복음" — 그리스도가 재림해서 지구상에 신의 천년왕국을 가져다줄 것이라는 생각 — 이 농민 전쟁 때 수세기 동안 가난하고 억압당해 왔던 사람들의 투쟁에 영감을 불어넣었다. 이 때문에 마르크스는 '종교는 인민의 아편'이라고 주장했다. 종교는 대중이 반란을 일으킬 힘을 마비시키고 환각 상태에서 자신들의 비참한 처지를 잊도록 하는 마약과 같은 역할을 한다는 의미였다.

하지만 마르크스는 "**종교적인 비탄**이 동시에 현실의 비탄이며 그에 대한 **저항의 표현**"이기도 하다고 지적했다. 아편은 통증을 무디게 할 뿐 아니라 원기도 불어넣기 때문이다. 그러나 아편은 현실 감각에 결코 도움이 되지 않는다. 농민 전쟁으로 공산주의를 이룰 수 없었기 때문에 계급 없는 사회에 대한 그 당시의 열망은 공상의 형태를 띨 수밖에 없었다.

17세기에 영국의 혁명적 부르주아지도 '자기 기만'을 위해 종교 — '폭력적이고 공상적인' 형태를 띠지는 않았지만 — 를 이용했다. 혁명의 지지자들은 "그 투쟁의 부르주아적 한계를 감추고 자신들의 열망을 위대한 역사적 비극이라는 지평 위에 올려 놓기 위해" 종교가 필요했다. "크롬웰과 영국인들은 부르주아 혁명을 위해 구약 성서에서 연설과 열정과 환영(幻影)을 빌려 왔다. 실제 목적이 이루어지고 영국 사회의 부르주아적 변혁이 완수되자, 존 로크는 하박국(신의 정의가 승리해 악(惡)을 물리친다는 내용이 담긴 구약의 이야기)으로 주제를 바꾸었다."

———

* 마르크스, 《루이 보나파르트의 브뤼메르 18일》, 태백, 13쪽. 문맥에 맞게 다시

부르주아지의 세력이 늘어감에 따라 과학과 산업이 발전했다. 17세기의 영국에서 혁명적 부르주아지의 종교였던 칼뱅주의는 과학이 발전할 수 있는 길을 열어 놓았다. 과학의 발전으로 부르주아지는 곧 종교를 넘어서게 됐다.

> [법률적인 세계관은 — 인용자] 신학(神學)적 관점을 세속화시킨 것이었다. 인권(人權)이 교리와 신의 권리를 대신하고, 국가가 교회를 대신하게 됐다. … 자유로운 상품 생산자들이 교류할 때의 기본 형식인 경쟁이야말로 가장 커다란 평등 구현체이다. 법 앞의 평등이 부르주아지의 주된 구호가 되었다.[*]

미국과 프랑스 혁명가들의 상상력에 불을 지폈던 인간의 '양도할 수 없는 권리'라는 사상은 부르주아지의 합리주의였다. 마치 청교도주의가 영국 혁명가들의 종교적 합리화였던 것처럼 말이다. "그 내부에서 노동력의 매매(賣買)가 진행되는 유통 분야, 즉 상품교환 분야는 사실상 천부인권의 참다운 낙원이다. 여기에서 지배하고 있는 것은 오로지 자유와 평등과 소유와 벤담이다."[**] 겉으로 보기에 자본과 노동은 자유로운 행위자로 계약에 임한다. 각자가 소유한 화폐와 노동이라는 '평등한' 기초 위에서 교환이 이루어진다. 그러나 노동자

번역했음.

[*] 같은 책, 270~271쪽.

[**] 마르크스, 《자본론》, 비봉, 222~223쪽.

가 노동력을 팔지 않는다면 굶어죽을 자유밖에 없다. 그는 착취당하고 자유도 구속당한다.

부르주아지는 부르주아 혁명이 절정을 달릴 때 종교를 거부하고 세속적 이데올로기를 택했지만 19세기에는 다시 종교를 받아들였다. 비록 옛날과 똑같은 정열을 불러일으킬 수는 없었지만 말이다. 영국의 부르주아지는 프랑스 혁명에서 등장한 자코뱅과 상퀼로트를 보고 공포에 질렸다. 이들은 그런 혐오스런 일이 벌어진 이유가 반(反)종교주의의 확산 때문이라고 생각했다. 버틀런트 러셀은 이렇게 지적했다. "1795년에 이르러 영국의 거의 모든 유산 계급은 성경 밖의 모든 교리에서 소유에 대한 공격과 단두대의 위협을 느꼈다. 여러 해 동안 영국의 여론은 혁명 전보다 훨씬 자유주의적이지 않았다."

그러나 얼마 지나지 않아 영국 부르주아지만이 아니라 다른 나라의 부르주아지도 종교를 고집하기 시작했다. 사회주의 운동이 성장하자 대륙의 부르주아들도 '자유로운 사상과 종교적 자유'에 등을 돌렸던 것이다. 부르주아지에게는 종교가 반드시 필요했다. 그들은 사회가 완전한 폐허로 변하는 것을 막기 위해 종교를 유일한 최후의 수단으로 삼았다.

사회주의 운동의 성장으로 유럽의 부르주아지가 다시 종교에 의존하게 됐다는 엥겔스의 주장은 종교에 호의를 가지고 있는 뛰어난 역사가 아놀드 토인비가 입증해 주었다.

---

* Bertrand Russell, *Religion and Science*, p.64.

19세기에 이르면 적어도 프랑스 혁명 이후에는 반교권주의나 불가지론 또는 무신론을 받아들이던 프랑스 부르주아지의 일부가 로마 가톨릭의 신앙고백으로 되돌아 갔다. 로마 가톨릭 교회의 철두철미한 보수주의야말로 사회주의가 세력을 떨치고 있는 시대에 사유 재산을 보호하는 성곽이 될 수 있다고 생각했기 때문이다.

한때 가장 급진적인 부르주아지가 종교라는 마약을 거절했지만 그 후에 유럽 부르주아지는 다시 '종교의 외판원'이 되었다. 프랑스 혁명 이후에 종교는 어떠한 진보적인 계급의 이해에도 봉사할 수 없었다.

노동계급이 혁명을 이루는 데에는 종교를 포함해서 이데올로기가 주는 환상이 전혀 필요없다. 계급의식을 지닌 노동자들의 세계관인 유물론적 역사관은 그런 환상들을 쫓아내는 데 기여할 것이다. 그럼으로써 종교나 다른 이데올로기적 혼란에서 자유롭고, 혁명을 이끈 계급의 목적과 인류 전체의 미래가 완전히 일치하는 일이 역사상 처음으로 가능하게 될 것이다.

종교적 소외

마르크스주의에 관해 아는 게 거의 없었던 프로이트도 종교가 "자신의 무력함을 견뎌내려는 인간의 욕구"에서 비롯한 "소망의 충족" 이라고 말했다.

[종교는] 개인이나 인류 전체가 유년기에 지녔던 무력감에 관한 기억을 재료로 만들어졌다. 이런 사상을 받아들이면 분명 두 가지 점에서 인간이 보호받는 것처럼 보인다. 자연과 운명이 가하는 위험, 그리고 바로 인간 사회가 개인을 위협하는 상처로부터 말이다.

프로이트의 주장은 신이 '낯설고 설명할 수 없는' 자연의 힘이나 사회적 힘을 반영한다는 엥겔스의 주장을 떠올리게 한다.

엥겔스는 포이어바흐의 말을 인용하면서 종교적 소외에 관해 다음과 같이 설명했다.

종교의 본질은 인간과 자연에서 모든 내용을 없애고 신이라는 허깨비에 이 내용을 옮겨 놓은 것이다. 그러면 신이 자비로움을 베풀어 많은 사물들 가운데 어떤 것을 인간이나 자연으로 되게 한다는 것이다. … 종교 안에서 인간은 그 존재를 잃고 인간성을 단념해 왔다. 지금은(역사적 진보로 종교가 흔들리기 시작했기 때문에) 종교의 공허함과 내용의 빈곤함이 드러나고 있다. 인간에게 구원이란 존재하지 않는다. 모든 종교적 억지를 근본적으로 극복하고 '신'이 아니라 자기 자신에게 정직한 상태로 돌아가야만 인간은 인간성과 본질을 한 번 더 획득할 수 있다.

자신의 창조물인 신 앞에 무릎 꿇음으로써 인간은 자신과 자신의 동료들에게서 소외된다. 인간은 신에게 보호받기 위해 자신의 모든 것을 버린다. 횡포와 변덕이 심한 아버지에게 복종하는 아이처럼 신에게 복종하여 독단적인 힘에 의존할수록 오히려 불안감은 더 늘어난다. 또한 보복하지 않을까 하는 두려움을 주는 '아버지'에 대한 억눌린 반발심이 자라난다. 인간은 이러한 의존 상태에서 완전히 벗어날 때만 자유로워질 수 있다.

더 나아가 완전한 자유는 실업, 인플레, 전쟁 같은 악(惡)을 낳는 지금의 사회가 전복되고 새로운 사회가 수립될 때만 가능할 것이다. 새로운 사회에서 인간은 자신의 노동 생산물에서 소외당하지 않을 것이다.

사회주의 사회에서도 인간은 여전히 부상과 질병과 죽음 같은 일을 겪을 것이다. 그러나 그 사회에서는 이런 일들이 신의 독단적인 힘의 결과가 아니라 자연 법칙의 결과로 여겨질 것이다. 또한 그 정도가 지금처럼 심하지 않을 것이고 그 가운데 일부는 치료가 가능해질 것이다.

다른 소외가 사라지고 종교에 반영돼 있는 소외마저도 사라진 후에야 종교는 인류 역사에서 모습을 감추게 될 것이다. 그렇지만 노동자 국가는 종교를 금지하지 않을 것이다. 엥겔스는 종교 금지를 옹호했던 뒤링을 공격하면서 이렇게 말했다. "뒤링 씨는 … 종교가 이처럼 자연스런 죽음을 맞이할 때까지 기다리지 못한다. … 그는 미래의 경찰관에게 종교를 탄압하도록 격려하고 있고, 그럼으로써 종교적 순교와 종교의 생명이 연장되는 데 도움을 주고 있다."

강제로 종교를 금지하는 것은 합리적인 방법이 아니다. 사람들로 하여금 종교를 갖게 했던 조건들을 제거하는 게 훨씬 좋은 방법이다.

마르크스주의도 종교가 아닐까?

어떤 사람들은 마르크스주의도 종교에 지나지 않는다고 비난한다. 종교인들은 종교에 대한 마르크스주의의 공격을 이렇게 맞받아치곤 한다. 종교적 믿음이 합리적이지 않다는 이유로 비난받아야 한다면 마르크스주의 역시 마찬가지 아니냐는 것이다. 자유주의자들도 마르크스주의가 종교와 마찬가지로 시대에 뒤떨어진 퇴물에 지나지 않는다고 비난한다.

그러나 이런 식의 비난은 전혀 새롭지 않다. 마르크스와 엥겔스가 활동했던 1840년대에도 사회주의에 대한 똑같은 비난이 존재했다. 파리의 지식인들은 "종교를 가지지 않은 사람들을 괴물로 취급했고, 우리에게 이렇게 말하곤 했다. '무신론이야말로 당신들의 종교이다.'"*

무신론도 종교라는 주장은 말장난에 불과하다. 일반으로 종교는 신(神)에 대한 믿음을 뜻한다. 인류학자 타일러는 종교를 더 광범하게 정의해서 '영혼에 대한 믿음'이라고 했지만 말이다. 두 가지 정의 모두에 비교해도 무신론은 종교에 대한 부정임이 분명하다. 그러므로 종교를 '일관된 세계관'이라고 정의하지 않는 한 마르크스주의가 종교라는 주장은 억지일 뿐이다. 종교는 '내세(來世)에 대한 환상'을 이용한다는 점에서만 '일관된 세계관'이다.

마르크스주의를 종교라고 비난하는 또 다른 근거는, 마르크스주의도 다른 종교와 마찬가지로 믿음과 권위에 기초한 교리를 가지고

---

* Engels, 앞의 책, p.239.

있다는 것이다. 마르크스는 원래 그가 살았던 시대 상황에 바탕을 둔 관찰자에 지나지 않았는데, 후대 마르크스주의자들에게 무조건 적이고 열렬한 숭배를 받으면서 '종교적 예언자'가 되었다는 것이다.

그러나 마르크스는, 사람들은 주어진 역사적 조건에서 자신에게 던져진 문제를 집단으로 해결해 나간다는 점을 강조했다. 이러한 역 사적 과정에서 인간의 행동은 사회 발전의 결과이자 원인이다. 사회 적 환경을 변화시키는 과정에서 인간은 스스로 변한다. 그러나 사회 변화는 역사적 조건들, 특히 생산력 수준에 의해 제한된다. 뛰어난 개인이 사회적 조건을 초월해 머리 속에서 짜낸 이상적인 계획을 실 현할 수는 없다.

마르크스주의는 주문만 외우면 진리가 완성된 형태로 튀어나오는 마법이 아니다. 현실은 끊임없이 변화하기 때문에 사물의 본질을 깨 닫기 위해서는 구체적인 접근 방식이 필요하다. 마르크스주의의 정수 (精髓)인 프롤레타리아 혁명을 예로 들어 보자. 마르크스주의를 광 신으로 몰아치려는 사람들이 가장 신경질적으로 반응하는 것이 이 문제일 것이다. 그들은 마르크스가 프롤레타리아 혁명을 '예언'한 것 이 요한 계시록과 다를 바 있느냐고 자신만만하게 주장한다.

그러나 그들의 얄팍한 주장으로 프롤레타리아트 혁명이 단지 꿈 이 아님을 보여주는 현실의 풍부한 증거들을 가릴 수는 없다. 파리 코뮌과 러시아혁명처럼 노동자 국가가 수립됐던 혁명의 경험뿐 아니 라 중간에 좌절된 혁명도 수없이 많았다. 자본주의 역사는 노동자 계급의 반란의 역사이다.

그렇지만 결국 모든 혁명은 패배했고 자본주의는 아직 살아있지 않은가? 그러니까 마르크스가 '사회주의의 필연성'을 얘기한 것은 종교적 예언에 불과하지 않을까? 마치 기독교인들이 예수 재림 이후에 펼쳐질 천년왕국을 기다리는 것처럼 말이다.

그러나 마르크스주의는 사회주의가 언젠가는 필연적으로 승리할 것이라고 주장하는 기계적 숙명론이 아니다. 오히려 혁명의 기회를 승리로 이끌기 위해서는 혁명정당의 정치적 지도와 만나는 것이 결정적이라고 주장한다. 그람시는 기계적 숙명론이 "지식인[사회주의자]의 용의주도하고 일관된 철학으로 채택된다면 그것은 수동성과 어리석은 자족감의 원인이 된다."고 지적했다. 숙명론적 세계관은 마르크스주의와 정면으로 대립된다.

또한 마르크스주의는 우상숭배와 어떠한 관련도 없다. 마르크스주의는 언젠가 세상을 구원하러 올 메시아를 기다리지 않기 때문이다. 노동자 계급의 해방은 오직 노동자 계급 자신의 힘으로 쟁취된다. 마르크스가 사회주의의 필연성을 얘기한 것은, 자본주의 사회에서 노동계급이 끊임없이 자본주의를 철폐하고 새 사회를 건설하기 위한 투쟁으로 나서게 된다는 의미였다.

후대 마르크스주의자들이 마르크스를 단지 예언자로 신봉하는데 그쳤다면 마르크스주의는 지금까지 살아남지 못했을 것이다. 마르크스의 주장 가운데 몇 가지는 현실과 다르다는 점이 드러났기 때문이다. 예를 들어 마르크스는 선진 자본주의 국가에서 사회주의 혁명이 먼저 일어날 것이라고 생각했지만, 혁명은 후진 자본주의 국가였던 러시아에서 먼저 일어났다. 또 마르크스는 혁명정당 문제에 대해 모호했다. 마르크스는 《공산당 선언》에서 "공산주의자는 다른 노동자 계급의 정당에 대립된 별개의 당을 만들지 않는다."고 주장했다. 혁명정당이 사회주의 혁명에서 얼마나 사활적인지를 이론과 실천 모두에서 정립한 것은 레닌과 그람시 같은 후대 마르크스주의자들이었다.

　마르크스가 살았던 시대에, 자본주의는 서유럽의 일부에서만 발전된 상태였다. 그 때에는 부르주아 당이든 노동자 계급의 당이든 근대적 의미의 당은 아직 존재하지 않았다. 마르크스의 '오류'는 그가 살았던 시대의 한계에서 비롯한 것이었다. 후대 혁명가들은 노동자 운동의 경험에서 이끌어낸 교훈을 결합시킴으로써 마르크스의 사상을 더욱 풍부하게 발전시켰다. 마르크스는 혁명가들이 자본주의를 해석할 수 있는 틀을 제시했고, 그 사상은 노동자 운동의 발전에 따라 풍부함을 더해 왔던 것이다. 레닌은 마르크스주의가 고정불변의 교리가 아니라 변화하는 현실을 설명하기 위해 끊임없이 보완되는 혁명 이론임을 강조하였다. "우리는 마르크스주의 이론을 확정되어 있는 신성불가침의 것이라고 생각하지 않는다. 반대로 마르크스주의는 과학의 초석일 뿐이다. 현실에서 뒤처지기를 원치 않는 사회주의자들이라면 모든 방향에서 마르크스주의를 발전시켜야만 한다."

마르크스주의 당과 종교

　앞에서 종교의 사회적 뿌리를 살펴 보았다. 사회의 발전이 종교에 반영되어 있지만, 반대로 종교도 계급 투쟁에 영향을 미친다. 때문에 마르크스주의자들은 종교에 대해 관심을 가져야 한다. 마르크스주의자들은 종교에 대해 어떠한 태도를 취해야 할까?

우선 마르크스주의자들은 국가와 교회의 완전한 분리를 요구한다. 엥겔스는 《프랑스 내전》 서문에서 "국가와의 관계에서 종교는 완전히 개인적 영역"이라고 썼다. 레닌은 이러한 관점을 더욱 발전시켜 1905년에 쓴 글에서 다음과 같이 주장했다. "국가가 종교에 관여해서는 안 된다. 또한 종교가 국가와 관련을 맺어서는 안 된다. 모든 사람이 조금도 거리낌없이 어떤 종교를 믿고 싶다거나 아무런 종교도 가지고 싶지 않다고, 즉 대부분의 사회주의자들이 그렇듯이 무신론자라고 주장할 수 있어야 한다."

레닌은 국가가 종교의 자유를 완전히 허용해야 한다고 주장했다. 이와 동시에 그는 혁명정당이 종교에 대한 이데올로기 투쟁에 개입해야 함을 강조했다.

프롤레타리아트 당은 국가가 종교를 개인적인 문제라고 선언하도록 요구해야 한다. 그러나 프롤레타리아트 당은 잠시라도 인민의 아편에 맞선 투쟁 — 종교적 미신에 맞선 투쟁 — 을 개인적인 문제로 여기지 않는다. 기회주의자들은 이러한 입장을 완전히 왜곡해서 사회민주주의당이 종교를 개인적인 문제로 여기는 것처럼 보이게 만들었다.

레닌은 기회주의뿐 아니라 원칙적 입장만을 암송하는 초좌익 아

---

* Lenin, *On Religion*, New York:International Publishers, 1935, p.12.

나키스트들에도 반대했다. 그는 엥겔스의 말을 상기시키면서 "종교에 대한 전쟁을 노동자 정당의 정치적 목표로 선포하는 것은 아나키즘적인 태도에 지나지 않는다."고 지적했다. 종교에 맞선 투쟁은 정치적인 것이 아니라 이데올로기적인 것이기 때문이다. 따라서 종교에 맞선 투쟁은 계급투쟁의 구체적 요구에 종속되어야만 한다.

마르크스주의자는 유물론자임에 틀림없기 때문에 종교의 적이다. 그러나 마르크스주의자는 **변증법적** 유물론자이다. 따라서 종교에 맞서 싸울 때 모든 시대 모든 곳에서 똑같이 적용될 수 있는 추상적이고 완전히 이론적인 선전에만 의존하지 않는다. 종교에 맞서 싸울 때는 현실에서 진행되는 계급 투쟁 — 대중은 다른 어떤 것보다 투쟁을 통해 배운다 — 에 기반해서 구체적으로 싸우는 게 필요하다. 마르크스주의자는 구체적인 상황을 총제적으로 판단할 수 있어야 한다. 마르크스주의자는 언제나 아나키즘과 기회주의 사이의 경계를(이 경계는 상대적이고 유동적이고 언제나 변화한다. 하지만 반드시 존재한다) 명확히 그을 줄 알아야 한다. 추상적이고 말만 번지르르하고 실제로는 아무짝에도 쓸모없는 아나키스트들의 '혁명주의'와 프티부르주아 자유주의 지식인의 속물 근성이나 기회주의 모두에 빠지지 말아야 한다.*

현대의 종교는 노동계급이 겪는 사회적 억압과 자본주의의 무자비한 힘 앞에 완전히 무력할 수밖에 없는 그들의 처지에 깊이 뿌리박고

---

* 같은 책, p.16.

있다. 따라서 아무리 많은 선전물을 쏟아 붓고 계몽 운동을 펼쳐도 자본주의 사회에서 종교를 완전히 없앨 수는 없다. 종교가 번성하는 원인인 자본주의에 맞서 의식적인 투쟁을 벌일 때만이 종교는 사라질 수 있다.

그렇다고 혁명정당이 종교에 반대하는 원칙에 관한 선전을 게을리 해서는 안 된다. 계급투쟁에서 이데올로기는 실질적인 힘이기 때문이다. 다만 마르크스주의자의 무신론적 선전이 지배계급에 맞선 계급투쟁에 비해 부차적인 지위를 차지한다는 뜻이다. 예를 들어 교회의 영향을 받는 후진 부위의 노동자들이 기독교인들로 이루어진 노조를 조직해서 파업에 참여하는 경우를 상상해 보자. 이 때 마르크스주의자들은 파업에 참여하는 노동자들에게 무신론을 선전하기보다는 파업이 승리하는 것을 더욱 중요하게 생각하고 파업에 지지를 보낼 것이다. 만약 파업에 지지를 보내기보다 그들의 종교를 공격하는데 초점을 맞춘다면 오히려 파업에 참여한 노동자들은 마르크스주의자들에게 적대감을 드러낼 것이다. 그 결과 그들 사이에서 종교의 영향력은 더 확대될 것이다.

종교에 반대하는 투쟁을 계급투쟁에 종속시킨다는 것은, 혁명정당의 강령에 무신론자만이 당원이 될 수 있다는 규정을 넣지 않는다는 뜻이기도 하다. 혁명정당이 대중정당으로 성장할 때는 종교를 가진 노동자들도 당원이 될 것이다. 또한 아주 드물겠지만 성직자들도 강령에 동의하고 당에서 활동할 의사만 있다면 당원으로 받아들여질 것이다. 물론 그가 가지고 있는 세계관과 당의 강령이 여러 가지 점에서 갈등을 빚겠지만, 그가 당규율에 따라 활동을 하는 한은 별 다른 강제를 받지 않을 것이다. 물론 당규율을 받아들이지 않고 대부분의 시간을 선교 활동에 보낸다면 당연히 제명될 것이다.

마지막으로, 마르크스주의자들은 종교 단체가 국가에 맞서 자신들의 권리를 요구하는 투쟁을 지지한다. 레닌은 마르크스주의자들이 "모든 피억압 민족, 박해받는 종교, 사회적으로 멸시당하는 사람들이 동등한 권리를 위해 사회질서에 저항하는 모든 혁명 운동을 지지한다."는 점을 명백히 밝혔다. 이러한 지지는 종교의 힘을 강화시키는 것이 아니라 종교적 반동의 요새인 국가의 힘을 약화시킬 것이다.

사회주의를 위한 투쟁과 종교

혁명적 마르크스주의자들은 공동의 정치적 목표를 위해 종교를 믿는 사람들과 함께할 수 있다. 마르크스주의자들은 제국주의에 맞선 투쟁에서 이슬람교도, 힌두교도, 불교도와 함께해 왔다. 북아일랜드에서 영국 제국주의와 그 지지 세력인 개신교에 맞서 싸우는 가톨릭교도들이나, 핵무기와 전쟁 준비에 반대하는 투쟁에 참여한 유럽과 미국 교회의 자유주의 분파와도 함께했다.

마르크스주의자들은 종교에 반대하는 이데올로기적 투쟁을 구체적인 계급투쟁의 요구에 종속시키지만, 자신의 유물론적 철학을 숨기지는 않는다. 종교가 여전히 투쟁에 참여하는 대중에게 영향을 미치고 있는 한, 마르크스주의자들은 종교의 영향 아래 있는 대중을 어떻게 사회주의를 위한 투쟁으로 끌어들일 수 있는가 하는 문제에 구체적으로 접근해야 한다. 중동이나 북아일랜드에서 볼 수 있듯이 종교는 여전히 계급투쟁에 커다란 영향을 미칠 뿐 아니라 대단히 복잡하게 얽혀 있기 때문이다. 미국과 같은 서방 국가들에서도 종교는 여전히 사회에서 중요한 영향력을 행사하고 있다. 이런 점에서 종교에 대한 레닌의 태도는 마르크스주의자들에게 등대 역할을 해 줄 것이다.

사회주의가 전세계에서 승리를 거두게 되면 종교는 점차로 생명을 다하게 될 것이다. 자본주의에서는 정교 분리가 확고한 나라에서조차 국가가 종교의 막강한 버팀목 역할을 해 왔지만, 노동자 국가는 더 이상 종교를 지지하지 않을 것이기 때문이다. 또한 사회주의에서는 종교와 마찬가지로 국가도 사라질 것이다. 인류에게는, 자신이 만들어 놓고도 그 앞에서는 두려움에 떨어야만 하는 신(神)이 더 이상 필요치 않게 될 것이다. 사회주의에서는 인류가 자신의 운명을 완전히 통제할 수 있게 될 것이기 때문이다.

오늘날 자본주의 사회에서 사람들은 자신의 노동에서 소외되어 있다. 대부분의 사람들에게 노동은 끔찍하고 지겨운 일일 뿐 전혀 자기 표현의 수단이 되고 있지 못하다. 또한 사람들은 서로에게 소외돼 있다. 상품을 생산하는 사회에서 사람들은 이익을 중심으로 맺어지기 때문에 서로를 물건처럼 대한다. 사람들은 모두 혼자라는 외로움을 느끼는 '고독한 군중'이다.

사회주의 사회에서는 이 모든 것이 완전히 달라질 것이다. 트로츠키가 얘기했듯이 "사회주의 사회에서는 연대가 사회의 기초가 될 것이다."

종교인들은 "네 이웃을 사랑하라"고 말한다. 자본주의에서 이 말은 지배자들에 맞서는 노동자들의 투쟁을 가로막을 때 유용하게 사용된다. 네 이웃(사장)을 사랑하며, 모든 고통을 참고 받아들이라는 것이다. 이것은 착취질서를 정당화하는 공허한 문구일 뿐이다. 이 말은 오로지 사회주의 사회에서만 실현 될 것이다.

아프가니스탄 피랍 사태와 선교 논란:
기독교 선교, 어떻게 볼 것인가?

아프가니스탄에서 납치됐던 한국인 선교단이 천만다행이게도 9월 2일 무사귀환했다. 반전운동은 배형규·심성민 씨의 불가피하지 않던 죽음을 안타까워하고 노무현 정부의 무책임한 처사에 분노하는 것만큼이나 속에서 우러나는 참된 마음으로 무사귀환 피랍자들을 환영한다.

인천공항에서 계란을 던지려 하는 등 피랍자들을 비난하는 일부 사람들의 목소리는 '테러에 너무 유화적으로 대처하는 것 아니냐', '혈세 낭비' 따위를 운운하는 우파적인 목소리일 뿐이다. 정부의 존재 이유 중 가장 중요한 것은 국민의 생명과 안전이다.

피랍자를 비난하는 자들은 무엇보다 미군 등 나토군과 한국군의 아프가니스탄 점령이 없었다면 이런 일이 일어나지 않았을 것이라는

최일붕. 〈맞불〉 57호, 2007년 9월 4일. https://wspaper.org/article/4499.

점에 대해 완전히 침묵하거나 간과하고 있다.

필자를 포함한 모든 〈맞불〉 기고자들과 반전 운동 자체는 언제나 이 점을 분명히 해 왔다. 우리는 종교가 아니라 제국주의(그리고 그 아류)가 진정한 문제이고 진정한 쟁점이라고 그동안 거듭 강조했다.

그럼에도 부차적인 문제 — 종교 문제, 특히 기독교 선교 문제 — 에 대해서도 마르크스주의자는 입장 밝히기를 요구받고 있다.

먼저, 우리는 국제주의자로서 당연히 제국주의가 우리 시대의 가장 중요한 문제이자 쟁점이라는 점에서 출발해야 한다. 그러므로, 제국주의적 점령이나 침략을 한국이 돕는 지역에서 기독교 선교(봉사 선교일지라도) 활동이든 NGO 구호 활동이든 해서는 안 된다.

선교든 구호든 모두 제국주의 점령자들과 현지 꼭두각시의 지배를 결과적으로 돕는 효과를 낸다는 것을 알아야 한다. 오늘날의 소위 '인도주의적' 제국주의는 점령지에서 생색내기 차원에서 구호 활동을 후원한다. 가령 〈경향신문〉 8월 30일치는 다음과 같이 보도했다.

"정부는 동의·다산부대의 철수와 별개로 미국이 요청하는 NGO 등의 지방재건활동 참여 문제를 고민중인 것으로 전해졌다. … 미국은 지난 5월 아프간의 지방재건팀(PRT), 지역재건팀(RRT) 참여 등을 요청해 왔다."

점령 당국의 처지에서 볼 때 구호는 거대한 대중 반란을 일으킬지도 모를 최악의 빈곤을 다소 완화함으로써 점령을 유지하는 수단으로 유용하고 자신의 지배에 대한 도덕적 정당화를 제공한다. 반면에, 점령지 주민인 수혜자는 이런 구호가 자신의 품위를 떨어뜨리고 존엄성을 훼손하는 것으로 느낀다.

공동 운동

　파병 한국군이 점령자의 일부인 나라에서 선교 봉사 활동하는 것을 반대한다고 해서 이번에 무사귀환한 피랍자들을 비난해서는 안 된다. 바람직하지 않은 일을 하다가 죽을 뻔한 친구를 반기기보다 야단치는 일부터 할 수는 없지 않은가. 이번 피랍자들은 노동계급 사람들이 대부분이고 소규모 자영업자들이 나머지 소수인 보통 사람들로, 그저 선량한 마음과 신심만으로 오지에 갔을 것이다. 그러므로 한국군 점령지에서의 선교 반대라는 일반적인 입장이 구체적인 이번 피랍 무사귀환자들에 대한 책임 추궁으로 이어져서는 안 된다.

　특히, 이번 무사귀환자들에 대한 비난이 미국과 한국 정부들의 아프가니스탄 점령이라는 본질적인 문제를 흐리게 하는 구실을 하고 있으므로 더욱 그래서는 안 된다.

　그렇다면, 한국이 소제국주의적 가해자가 아닌 나라에서는 기독교(정확히 말하면 개신교)가 공세적 선교 활동을 해도 좋을까? 가령 중국 선교는 어떤가?

　비록 옛 소련과 북한 등지의 극악무도한 스탈린주의로 말미암아 진정한 마르크스주의가 부당한 오명을 뒤집어쓰고 있지만, 진정한 마르크스주의는 국가가 종교 활동의 자유를 침해해서는 안 된다고 강조했다.

　한 예를 들면, 1917년 10월 혁명 이후 1927년 스탈린 반혁명 때까지 러시아에서 침례회나 오순절회 등 복음주의 계열의 기독교는 신도 수가 10만 명에서 1백만 명 이상으로 크게 번창했다. 특히, 1918년

10월 내전 상황인데도 트로츠키 주도로 혁명 정부가 종교적 병역 거부를 인정하고 의료분야 대체복무도 인정하면서 병역 기피를 위해 많은 청년들이 복음주의 기독교에 입교했다.*

원칙을 존중하는 마르크스주의자로서 우리는 한국이 보조 점령자 노릇을 하는 나라가 아닌 곳에서도 선교 활동하는 것을 금지하라고 정부에 요구할 수 없다.

그러나 선교 금지를 정부에 촉구하지 않는다고 해서 우리가 공세적 선교 방식과 그런 선교 개념을 찬동하는 것은 아니다.

'종교문화'라는 학술 용어가 있을 정도로 세계의 수많은 인종들 속에서 종교와 문화는 서로 융합돼 있고, 또 이 종교문화가 오늘날 새로운 형태의 인종차별의 근거가 돼 있다. 가령 이슬람 공포증과 무슬림에 대한 편견이 대표적 사례이다. 그런 인종들에 대한 제국주의적 차별에 반대해 문화 다원주의를 지지하는 우리 마르크스주의자는 종교 다원주의도 지지하는 것이 일관된 정책일 것이다.

따라서 복음주의 기독교인들은 예수의 유일무이함과 우월함을 강조하는 선전 중심의 활동을 하기보다는 교육·의료·복지·환경 등의 분야에서 비기독교인들과 공동 활동을 하면서 그 속에서 자신의 진실성과 자신의 방식의 효과성을 입증하는 것이 현명할 것이다. 토착 문화에 대한 존중이 출발점이 돼야 함은 두말하면 잔소리일 것이다.

개신교 자유주의자들의 선교 개념('하나님의 선교'라는)과 방식이

---

* P. Steeves, 'Keeping the Faiths: Religion and Ideology in the Soviet Union', 1991, pp. 85~86; P. Brock and T. P. Socknat, eds., Challenge to Mars: Essays on Pacifism from 1918 to 1945, 1999, pp. 21~40.

성공을 거두지 못한 것은 '복음'(기독교 고유의 메시지)이 빠져 있었기 때문이 아니다. 지난 10년간 우리 나라의 경험이 보여 주듯이 종교적 자유주의자들이 정치적 자유주의자들과 유착해 신자유주의와 제국주의에 미온적이고 타협적인 태도를 취한 것이 문제였다.

그러므로 진정으로 바람직한 선교 방식은 다른 문화와 종교를 존중하고, 그들과 협력적 봉사 활동을 할 뿐 아니라, 신자유주의와 제국주의에 맞서서도 이들과 공동 운동을 건설해 나가는 것이어야 할 것이다.

한국 기독교와 역사적 예수[1]

지난해 봄에 만민교회 신도들이 MBC 방송국의 일부 시설을 점거했을 때 모든 기성 언론과 국가는 "국가 권위에 대한 도전"이라고 몰아세우며 마녀 사냥했다. '사교'니, '사이비 종교'니, '유사 종교'니, '이단'이니 하는 말들이 마구 뱉어져 나왔다. 기성 체제를 보호하기 위해, 비할 데 없이 훨씬 더 큰 악이 작은 악을 두들기는 낯익은 위선의 광경이었다.

어떤 것도 당연시하기를 거부하는 시각에서 보면 '사교'·'사이비'·'유사'·'이단' 따위의 낙인들은 편견, 그것도 제도화된 기성 종교가 속해 있는 사회 주류의 편견일 뿐이다. 게다가 따지고 보면, 제도화된 기성 종교가 더 큰 문제다. 그 영향력이 실제로 훨씬 더 크기도 하거니와, (제도화돼 있기 때문에) 다수의 사람들이 문제의 심각성을 깨닫지 못하고 있기 때문이다. 예컨대, 기독교는 전통적 가정 가치관을

최일붕. 이 글은 《열린 주장과 대안》 3호(2000년 6월)에 실린 것이다.

수호하는 데 앞장섬으로써 여성 억압에 일조해 왔다.[2] 예수 자신은 혈연보다 자신이 이끄는 운동의 대의와 그 실행이 우선함을 역설했는데도 말이다.[3] 불교는 과거에 군사 독재 정권들을 보호했고, 지금도 조계사 종권 다툼에서 보듯 그 부패 규모는 신흥 종교가 감히 필적할 수 없다.

신흥 소수파 교회에 대한 가장 흔한 비판인 **완전 불치병** 환자 치유(치료) 기적 얘기로 말하자면, 기성 교회 교인들이 자식 수능시험 잘 보게 해 달라고 기도하고 남편 '명예 퇴직'당하지 않게 해 달라고 기도하는 것만큼이나 미신이고 기복(祈福)이다. 게다가 환자 치유는 예수도 한 것으로 성경에 나와 있다.(예수의 치유 행위는 대부분 실제 사실이었던 듯하다. 마르코 복음서 3:1-5의 손이 오그라든 사람처럼 히스테리 증세를 가진 사람에 대한 암시의 효과는 프로이트의 최면술 치유 경험에서도 입증됐다. 하지만 이 치유의 효과는 오래 지속되지 못했다. 증세가 일시적으로 잠복하거나 다른 증세로 전이하기 때문이다. 이 때문에 프로이트는 최면술을 포기하고 정신분석으로 전환했다. 병원에서 때때로 환자에게 종교 신앙을 가질 것을 권유한다거나 또는 아무런 유효 성분이 없는 심리 효과용 가짜 약을 처방하는 소위 '믿음 요법'도 최면 암시의 효과를 노리는 것이다. 예수의 치유 행위에 대해서는 뒤에서 다룰 것이다.) 그렇다면, 성경도 미신적 얘기를 일부 포함하고 있고 그 미신적 얘기들을 곧이곧대로 믿는 기성 교회들도 비판해야 하지 않겠는가. '재림 예수'를 자처한다는 비난도 마찬가지다. '예수 재림'이라는 발상 자체와 그것을 대부분의 기성 교회가 믿는다는 것이 문제라면, 특별히 신흥 종교 교주들만 문제시할 이유가 없다.

　매스컴과 정치인들이 신흥 소수파 종교에 들이대는 잣대는 이처럼 위선적인 것이고, 기성 제도 종교의 잣대다. 더 정확히 말하면, 기성 제도 종교를 좌지우지하는 자들(즉, 지배 계급)의 잣대다. 반면에, 신흥 소수파 종교의 신도 대다수는 가난하고, 억눌려 살고, 소외돼 있는 사람들이다. 소외는 쉽사리 이들을 광란 또는 병적 흥분 상태에 가까운 분노나 공포로 몰아넣을 수도 있다. 계급 사회는 대다수 사람들이 자신에게서 창조적 표현을 발견할 수 있는 능력을 파괴한다. 그래서 그들은 예컨대 죽은 자를 영웅 숭배의 우상이자 자기 삶의 꿈과 이상에 대한 상징으로 만들어 놓는 등 갖가지 대체물을 찾는다. 한국 등 여러 나라 청년들 사이에서 체 게바라가, 미국에서 엘비스 프레슬리가, 영국에서 다이애너 세자비가 추앙받는 것도 마찬가지다. 이처럼, 신흥 소수파 종교가 소외 문제와 결부돼 있다면, 그것은 우리 사회의 근본적인 모순을 보여 주는 징후라고 할 수 있다. 그런데도 언론과 기성 정치권이 틈만 나면 신흥 소수파 종교를 매도하는 것은 일종의 적반하장이 아닐 수 없다.

　사실, 신흥 소수파 종교의 성장에는 기성 제도 종교가 매력을 주지 못하는 것도 한몫 했다. 기성 교회가 부자를 선호하는 경향은 한 원인이다. 그리고 가난한 서민들은 화려한 교회에 비해 때때로 자신이 너무 초라하다고 느낀다. 한 통계에 따르면, 예배당을 갖고 있는 교회의 약 84퍼센트가 상당액의 부채를 지고 있다. 이런 교회들이 원리금을 갚기 위해 신도들의 헌금을 쥐어짜려 애쓸 것은 물어보나마나다. 그렇다면, 일정액의 돈을 낼 수 없는 가난한 교인들은 자기가 교회에서 그다지 쓸모 있는 존재가 아니라는 느낌을 받을 것이다. 의사결정권은 돈 많은 장로들과 장로가 되고 싶어하는 부자들에게 집중될 것이다. 사회에서 소외된 사람들은 제도 교회에서도 소외되는 경향이 있다.

그렇다고 해서 신흥 교회가 가난한 사람들의 진보적인 교회인 것은 물론 아니다. 오히려 기성 교회가 충분히 기복적이지 않다고 생각해서, 또는 충분히 신비주의적이지 않다고 생각해서, 또는 충분히 종말론적이지 않다고 생각해서 기성 교회를 떠나는 가난하고 소외된 사람들도 많다. 바로 이러한 압력 때문에 기성 교회들도 더 기복적이 되려 하고, 신비한 체험과 열광을 더 강조하게 되고, 내세를 더 강조하게 된다. 전반적인 효과는 소위 '정통'과 '이단' 사이의 구분이 흐려지고 상당수 기성 교회가 '사이비'화하는 것이다. 그래서 많은 사람들이 '사이비' 종교의 문제를 불필요하게 실제보다 훨씬 더 심각하게 느끼고 있는 것이다. 물론 이것은 언론이 과장한 면이 크게 작용한 탓일 것이다. 하지만 기성 제도 교회 내에서 진행돼 온 추세를 반영하는 것이기도 하다.

기성 교회로부터 무속(샤머니즘) 교회의 분리, 그리고 이로부터 압력 받은 기성 교회의 무속화는 사실 어제 오늘의 일이 아니다. 성경의 내용을 글자 그대로 믿어야만 참된 신앙으로 여기는 근본주의 전통 위에 세워진 한국 교회는 예수의 카리스마적(예언·치유·방언 등)[4]이고 종말론적인(세계의 종말과 "하느님 나라"의 도래가 임박했다는)[5] 언행을 고스란히 모방하려 해 왔다. 심지어 고대의 미신까지도 말이다. 하지만 예수는 생계에 급급하지 말고 먼저 하느님의 나라를 찾으라고 했다.[6] 기성 교회의 기복 신앙은 실리주의와 소박한 이기심이 예수에게 투사된 것이다.

더한층의 문제점

지금까지 나는 기성 체제와 그 일부인 기성 종교가 신흥 종교를 매도하는 것이 똥 묻은 개가 겨 묻은 개를 나무라는 것과 같다고 주장한 셈이다. 그리고 신흥 종교의 성장이 어느 정도는 기성 제도 교회의 신앙과 실천이 만들어 놓은 산물이라고도 지적했다. 이 절에서 나는 기성 교회든 신흥 교회든 교회가 대학생 등 청년들에게 호소력을 갖지 못하고 있음을 설명하고자 한다. 기초적인 사실들을 확증하기 위해 나는 한국 갤럽에서 조사 발표한 《1997 한국인의 종교와 종교의식》(1998)과 '한국 교회 미래를 준비하는 모임'이 한국 갤럽에 의뢰해 조사한 《한국 개신교인의 교회 활동 및 신앙 의식 조사 보고서》(1998)에 크게 의존했다. 그런데 흔히 종교 통계는 크게 과장돼 있다. 주로 이중, 삼중으로 등록돼 있는 교인 수가 중복 집계되기 때문이다. 그래서 종교 통계는 매우 조심스럽게 이용할 필요가 있다. 그럼에도 명백한 것은, 1980년대까지 급성장하던 한국 교회가 ― 그리고 불교도 ― 1990년대부터는 저성장하고 있다는 점이다. 성장 둔화는 천주교보다 개신교의 경우에 더 두드러진다. 더구나 청년들이 교회, 특히 개신교회를 떠나고 있다. 요컨대 기독교는 지금 위기에 처해 있다. 더구나 교회에 대한 사회의 신뢰성이 심각한 위기 상태다.

18~29세 청년들이 기독교를 기피하는 이유를 — 앞서 언급한 기복신앙·신비주의·종말론 문제 말고도 — 열거하겠다.

1. 성경과 교리가 모두 앞뒤가 안 맞는데도 교회는 이성을 부정하고 맹신을 강요한다. 예컨대 어떤 성경 구절은 율법을 지키라고 그러고 다른 구절은 율법을 어기라고 그런다. 그리고 기복 신앙에 따르면 예수 믿는 사람은 잘 먹고 잘 살아야 한다. 하지만 꽤 많은 크리스천들이 고통을 당하며 살아 가고 있다. 교회는 계속 기복 신앙을 부추기는 한 이 명백한 교리상의 모순에 대해 적절히 답변할 수 없다. 사실, 개신교는 루터와 칼뱅에 의해 주창될 때부터 이성에 대해 부정적인 태도를 취했다. 오직 '하나님의 은혜로써만'(sola gratia) 인간은 '구원'받을 수 있다는 것이다. 인간 편에서는, 인간은 오직 그의 '믿음으로써만'(sola fide) 구원받을 수 있다. '자연' 또는 이성과 행실은 아무 구실도 못 한다. 개신교가 인간 이성과 윤리적 실천에 곱지 않은 눈길을 보내는 것은 — 그래서 언행 불일치와 위선이 천주교보다 좀더 두드러진 것은 — 이처럼 그 태생적 한계에서 비롯한 것이다.

하지만 인간 이성과 선행에 대한 천주교의 상대적 존중도 불충분하다. 진정한 이성 존중은 18세기 계몽주의가 보여 줬듯이 오히려 종교를 부정하는 내재적 경향이 있다. 18세기 프랑스 계몽주의자들은 유물론으로 경도됐다. 그리고 선행을 강조하는 도덕론은 도덕률에 따라 살아 갈 수 없게끔 만드는 사회의 압력 때문에 언제나 인간을 위선자로 만드는 경향이 있다. 당신이 가난하고 억압과 소외를 겪으면서 사는 사람일수록 당신은 계명대로 살기 어렵다. 혹 세속을 떠나 사막 한가운데서 묵상을 하는 수도사라면 모를까. 그러므로 천주교가 개신교보다 더 낫다고 생각할 이유는 없다. 종교 신앙은 이성의 완전한 복권과 양립할 수 없다.

이성을 반대하는 불합리와 몽매(반지성주의)는 — 개신교의 경우 '오직 은혜, 오직 믿음'의 이름으로 — 인간의 자유 의지를 부정한다. 인간은 신의 꼭두각시다. 하지만 인간의 명백한 악행도 신의 탓으로 돌릴 수는 없다. 따라서 잘된 건 하나님 덕분, 잘못된 건 해당 개인 탓으로 되는 일관성 결여와 모순이 생겨난다. 이에 직면해 교계 지도자들은 맹목적 신앙을 강조하거나 아니면 애매모호한 호교론(변명)으로 대응하는데, 이것은 불신을 증폭시킬 뿐이다.

2. 기독교, 특히 개신교의 배타성, 아집과 증오와 독선은 사람들의 연대를 파괴한다. 개신교인들의 종파주의[7]는 단순히 그들의 전도 방식상의 오만함이나 둔감함 문제가 아니다. 또, 그들의 교세 확장 열의를 '광신'으로 매도해서도 안 된다.(프랑스 대혁명 당시의 자코뱅이나 제정 러시아의 혁명가들인 볼셰비키도 '광신'이라는 비난을 받았다. 흔히 사람들은 행동이나 의견이 극단적인 사람을 '광신'으로 매도하는 경향이 있다.) 만일 자신의 신앙이 옳다고 확신한다면 누구나 자연히 자기네 교파 또는 교단이 성장하기를 원할 것이고 또 이를 위해 노력할 것이다. 문제는 다른 종교 또는 교파에 대한 경쟁적이다 못해 적대적인 태도다. 대다수 개신교인들은 다른 종교 또는

교파와의 공통점보다는 차이점을 더 부각시킨다. 개신교의 이 종파주의는 그들의 선민 신앙과도 관련 있다. 물론 천주교나 다른 유일신교인 유대교와 이슬람교 역시 유일신 신앙을 극단적으로 강조하면 반드시 다른 종교에 대한 종파주의를 발전시키곤 했다.

기독교의 종파주의는 오스카 와일드 작품 속의 주인공 '저만 아는 거인'처럼 교회 이기주의로도 나타난다. 그래서 주변 지역사회나 국민사회의 광범하고 때로 참혹한 가난에도 아랑곳하지 않고 호화롭고 거대한 예배당을 건축한다. 1992년 3월 당시 서울 여의도와 안양 남부 순복음교회가 신자 수에서 세계 제1, 2위를 기록했다. 그리고 세계 10대 대형 교회 중 (위의 두 순복음교회를 포함해) 5개가, 50대 대형 교회 중 23개가 한국 교회였다!

3. 기독교는 개인주의적이다. 기독교는 개인주의적 사회관을 수용했기 때문에 개인 윤리는 있어도 사회 윤리는 거의 전무하다. 기독교인들은 사회가 기독교로 '복음화'되면 부패나 전쟁 등 악이 없어질 것이라고 순진하게 생각한다. 하지만 서양에서 기독교의 전성기는 중세 암흑기와 일치했다. 십자군의 이름으로 기독교가 저지른 만행과 선교의 이름으로 제3세계 주민들에게 저지른 포악함은 얼마 전 교황 자신이 공개 사과했던 바다. 기독교 인구가 총인구의 압도적인 부분을 차지했던 독일·이탈리아·스페인은 왜 파시즘을 겪어야 했을까? 막말로 사회 구성원 전원이 크리스천이라 해도 사회 관계들이 착취 관계들이고 억압 관계들이라면, 가난, 빈부격차, 실업, 정치적 탄압 등은 없어지지 않을 것이고 국가간 전쟁도 없어지지 않을 것이다.[8] 그

사회 관계들이 자본주의적이라면 이런 문제들은 더 심각해질 것이다. 특히 전쟁은 세계적 규모가 될 가능성 — 따라서 사상자 수가 천문학적이 될 가능성 — 이 농후해질 것이다.

개인과 사회의 관계에 대해 알기 쉽도록 자연 현상에 비유한 예를 들겠다. 물 한 컵에는 약 10^{23}개의 물 분자(H_2O)가 들어 있다. 이 물을 펄펄 끓이느냐 꽁꽁 얼리느냐에 따라 물은 수증기가 될 수 있고 얼음도 될 수 있다. 똑같은 10^{23}개 물 분자들인데도 말이다. 물리학에서 '협동 현상'이라고 불리는 이 같은 현상은 분자들 사이의 관계들(구조)에 따라 물질의 형태와 성질이 달라짐을 보여 준다. 사회와 사회 성원인 개인들 사이의 관계도 이와 비슷하다. 카를 마르크스는 《그룬트리세》(정치경제학 비판 개요)에서 지적한다. "사회는 단순히 개인들의 집합이 아니다. 그것은 사회 관계들의 앙상블이다."[9] 그래서 개인은 "추상적 개인"이 아니라 "사회적 개인"이다.

4. 성과 결혼 문제에서 기독교의 — 특히 천주교의 — 보수주의는 고루하고, 완고하고, 편협하다. 기독교는 영적인 것, 정신적인 것, 소위 '천상의' 것을 육신의 것, 물질적인 것, 세속적인 것보다 가치상 우위에 놓인 것으로 여겨 왔기 때문에 암묵적으로 성을 부정한 것으로 죄악시해 왔다.[10] 성에 대한 기독교의 태도는 여성 억압의 강화에 일조했다. 더구나 앞에서 언급했듯이 여성에 대한 기독교의 태도 자체가 결코 진보적이지 않다.

예수 시대의 팔레스타인

지금까지 묘사한 주류 기독교와 다른 유형의 기독교도 있다. 단적으로 말하자면, 조용기 목사 같은 사람이 있는가 하면 게릴라 전쟁에 참여하다 죽은 카밀로 토레스 신부 같은 사람도 있다. 그렇다면 '역사적 예수', 즉 실제의 예수는 어땠을까? 먼저, 예수가 역사상의 실존 인물임을 부정하는 견해도 있음을 지적하겠다.[11] 또, 설사 그가 실존 인물이었다 해도 네 복음서를 통해 그에 대해 알 수 있는 것은 거의 없거나 극히 적다는 견해도 있다.[12] 우리가 예수의 삶과 인격에 관해 알 수 있는 것은 거의 없다. 복음서들은 예수 사망 몇 십 년 뒤에 쓰여졌다. 복음서 저자들은 예수 생전에 예수 제자들도 아니었다. 복음서는 예수를 찬미하기 위해 쓰여졌다. 복음서는 예수 '전기'가 아니다. 나도 이런 견해에 상당 부분 동의한다.

그럼에도 나는 지난 세기 후반부에 번창한 역사학적·문학적 성서 비평 방법 ― 소위 "새로운 탐색(New Quest)" ― 에 따라 예수가 실존 인물이었고 우리가 실제의 예수에 대해 그래도 조금은 알 수 있다는 입장이다. 물론 조금이다.[13] 예수에 대한 역사적 '그림'(또는 형상)은 잔여의 것이고, 산산이 부서져 있고, 불완전하다.

예수가 활동했던 때(서기 28년 또는 29년에서 30년까지)는 사회적·정치적으로 위기 상황이었다.[14] 실제로 서기 66~70년도 간에 유대인 민중은 유대인 지배 계급과 이들이 종주국으로 의지했던 로마 제정에 맞서 전면적인 해방 전쟁을 벌여 참패했다. 당시의 역사가 요세푸스는 혁명의 원인을 계급 증오라고 규정하고 있다.[15] 장엄한 예루살렘 성전은 산산이 파괴됐고 아예 나라 자체가 없어졌다. 예루살렘 성전을 유대인들이 거의 신성시했음은, 특별히 고약한 로마 황제 칼리굴라가 자기 조상(彫像)을 예루살렘 성전에 설치하라고 명한 데 대해 유대인들이 총파업, 진정한 총파업으로써 저지했다는 사실로 알 수 있다![16] 반로마 항전 때 혁명적 당인 젤로데 당과 그 지지자들이 성전을 장악했을 때 그들은 먼저 성전에 보관돼 있는 채무 문서를 불태운 뒤, 제비 뽑기로 대사제를 새로 뽑았다. 전통적인 지배 계급 가문 출신 후보를 배제하기 위해서였다. 새로 선출된 대사제는 촌락 채석공(농민이기도 한)이었는데, 그런 하층민 출신 대사제는 이제껏 없었다.

예수 당시 유대인들이 학수고대했던 '메시아'는 바로 구체적인 해방 운동 지도자를 뜻했다. 항쟁 투사들과 예언자들이 — 예수는 예언자였다 — 있었다. 로마 당국은 둘을 구분하지 않았다. 로마는 두 집단 모두를 선동가들로 분류해, 십자가에 못박아 사형했다.[17] 로마는 '민생 치안'에는 개입하지 않았고, '시국·공안' 치안에만 개입했다. 대체로 말해, 예수 당시 로마의 지배 방식은 직접적 식민통치라기보다는 간접적 속국 — 종주국 관계였다.[18] 예수의 거의 모든 활동이 이루어진 지역인 갈릴래아는 반란의 온상이었다. 농민 일반이 그랬지만 특히 갈릴래아 농민은 각별히 업신여김을 당했고, 조세 부담이 무거웠기 때문에 많은 농민들이 채무 예속민으로 전락하곤 했으며, 헤로데 안티파스 왕과 그 친족에 대한 반감이 굉장했다. 그리고 헤로데 왕가가 유대인적이기보다는 헬레니즘적이었고 조공을 바치면서 로마라는 외세에 기대고 있었기 때문에 외세인 로마에 대한 증오도 엄청났다. 기원전 40년에 헤로데(헤로데 안티파스의 아버지)가 아리스토불루스 2세와 그 아들 안티고누스에 맞서 내전을 벌여야 했을 때 그는 로마의 군사 개입에 의존해 승리할 수 있었다. 그 후 그는 무자비한 탄압을 자행했다. 심지어 그는 자기 아들들조차 모반 혐의로 셋을 처형했다.

예루살렘의 유대인 부자들은 어마어마한 대궐 같은 집에서 살았다. 빈부격차는 심해지고 있었다. 로마인 역사가 타키투스는 서기 70년에 로마군이 예루살렘으로 진격해 오고 있을 때조차 유대인 내부의 빈부 갈등이 첨예한 것에 놀랐다.[19] 요세푸스는 유대 혁명 때인 이 때 가난한 자들이 기꺼이 부자들을 죽이고 재산을 탈취하고자 하는 것에 큰 충격을 받았다. 진짜로 혁명가라고 부를 수 있는 세력은 젤로데 당, 즉 열심당이었다.[20] 그들 가운데 일부는 테러리스트로서 식카리 파라고 불렸다. 메시아에 대한 믿음이야말로 혁명가들의 동기였다.

역사의 예수

성경 어디에도 예수의 '혁명적' 활동이 언급돼 있지 않다. 오히려 풍부한 언급은, 설교말고는 그의 카리스마적 치유 활동에 대한 것이다.[21] 이런 사람들은 예수말고도 부지기수였다. 그 중 가장 유명한 사람은 하나나 벤 도사였다. 서기 70년경 로마 황제의 자리에 즉위하기 직전에 베스파시안도 치유 능력이 있었다고 타키투스는 전한다. 아마도 프로이트가 이런 현상을 가장 잘 설명해 줄 수 있었을 것이다. 고대의 카리스마적 치유는 종교적 죄책감 따위로 인한 심리적 억압에서 비롯한 증세를 최면술에 의한 암시를 통해 제거하는 것이었다.[22](며칠 전 5·18 특집 MBC 스페셜은, 1980년 5월 광주의 시민들에게 발포하게 됐던 일로 인해 이루 말할 수 없는 죄책감을 느끼며 정신분열증 등으로 시달리는 당시 공수부대 사병들의 얘기를 다루었다. 신경증의 원인은 십중팔구 죄책감이라는 정신분석학의 지적은 시사적이다.)

그러므로 그것은 자연 법칙에 어긋난다는 의미의 '기적'이 아니었다. 예수가 치유했다는 '나병'도, 실제로는 단순한 피부병을 모두 고대에는 그렇게 불렀던 것이다. 다만, 죽은 사람을 살렸다는 등등의 미신적 전설이 예수 치유 설화를 덧칠하고 있을 뿐이다. 그의 '방언'도 기적이 아니었다. 마음 속 가장 깊은 부분의 감정을 나타내는 무아경의 말은 전혀 '초자연적' 현상이 아니다. 신비한 체험이라고 할 수는 있지만, 알아 들을 수 없다 해서 과학적으로 설명할 수 없는 것은 아니다.[23] 예언 역시 기적과 아무 관계도 없다. 유대교의 예언자는, 하느님 야훼가 자기 인민 유대인들에게 하고 싶은 말을 하도록 하느님에 의해 선택됐다고 사람들이 믿는 자를 뜻했다.[24]

비록 신약 성서가 그리스 어로 씌어졌고 기독교가 고대 그리스·로마 세계의 도시들에서 전파됐지만, 예수 자신은 그리스·로마 문명권 바깥에서 살고 설교했다. 고대 사회를 이해하려면 반드시 도시(그리스적인 '폴리스'로서)와 농촌을 분명히 구별해야 한다. 도시는 농촌을 조세를 통해 가혹하게 착취했고, 농촌의 증오는 엄청났다. 예루살렘을 별문제로 하면 예수는 거의 갈릴래아의 농촌(읍을 포함해)에서만 활동했다.[25] 예루살렘은 그리스적 도시가 아니라 유대아의 행정 수도였다. 예수는 이곳 저곳을 돌아다니며 농민(중세 이전에는 어부나 장인도 농민의 일부였다)을 가르치는 순회 설교자였다. 갈릴래아와 유대아 지방들의 행정은 도시가 맡지 않고 각각 헤로데 안티파스 왕과 유대아 주재 로마 총독이 관할했다. 유대아가 로마의 속주로서 로마 총독의 관할 아래 있었다 해도 비상시가 아닌 평상시의 통치는 유대인 대사제 등 현지 지배 계급 인사들이 행했다. 당시 팔레스타인의 토착어는 아람 어였는데, 예수도 이 말을 사용했음에 틀림없다.[26]

이 모든 것은 예수가 헬레니즘적이 아닌 유대교적인 환경에서 포교했다는 뜻이다. 더구나 갈릴래아는 방금 언급했듯이 아예 로마의 속주조차 아니었고 헤로데 안티파스는 유대인과 로마 군대가 충돌하는 일이 없게 로마 군대가 영토 바깥에 주둔하도록 요청했다. 이것은 또한 예수가 최종적으로 체포돼 처형당할 때야 비로소 로마 제국 당국과 직접 대면했음을 뜻한다.(설사 그의 제자 가운데 일부가 — 예컨대 시몬 — 혁명적 반(反)로마 운동에 연루돼 있었을지라도[27] 예수가 정치적 선동가이자 저항 운동 지도자라는 것은 그릇된 죄목이었다.)

예수 설교의 요체는 "하느님의 나라가 다가왔다. 회개하라."였다.[28] 이 말의 뜻은 지금의 종교·정치 체제의 종말이 가까이 왔다는 것이다. 하느님이 개입하셔서 이 세상의 모든 권세를 신속히 끝장내실 것이다. 그리고 19세기 초였다면 일종의 '공상적 사회주의'라고 불렀을 사회가 도래할 것이다. 이 엄청난 사건에 대비해 당신은 지은 죄를 뉘

우치고 하느님이 지시하는 삶의 정도(正道)를 따르라. 그러기만 한다면 최후의 대격변이 오기 전에라도 하느님 나라는 현실이 될 수 있다.[29] 하느님이 지시하는 올바른 삶이란 무엇인가? 무엇보다 재산은 하느님 나라가 현실화하는 것을 방해한다. "부자가 하느님 나라에 들어가는 것보다 낙타가 바늘귀를 빠져 나가는 것이 더 쉬울 것이다."[30]

그래서, 마르코와 루가에 따르면, 예수는 부자가 전 재산을 팔아 가난한 사람들에게 주어야 한다고 주장한다.[31] 반면에, 마태오에 따르면, "완전한 사람이 되려거든"[32] 부자는 전 재산을 팔아야 한다. 단서가 붙은 것이다. 그럼으로써 예수의 메시지는 약화되고 희석된다. 이처럼 ─ 그리고 다른 종교의 경전들처럼 ─ 성경은 많은 모순된 진술을 담고 있다.(그 이유에 대해서는 뒤에 설명할 것이다.) 다른 예를 들면 루가 6:20-25와 마태오 5:1, 6이다. 루가의 버전에서 예수는 다음과 같이 말한다. "가난한 사람들아, 너희는 행복하다. 하느님 나라가 너희의 것이다. 지금 굶주린 사람들아, 너희는 행복하다. 너희가 배부르게 될 것이다. … 그러나 부요한 사람들아, 너희는 불행하다. 너희는 이미 받을 위로를 다 받았다. 지금 배불리 먹고 지내는 사람들아, 너희는 불행하다. 너희가 굶주릴 날이 올 것이다." 실로 강렬한 계급 증오의 표현이다. 반면에, 마태오의 버전에서는 예수는 다음과 같이 말한다. "마음이 가난한 사람은 행복하다. 하늘 나라가 그들의 것이다. … 옳은 일에 주리고 목마른 사람은 행복하다. 그들은 만족할 것이다."(강조는 나의 것이다.) 이것은 계급 화해의 메시지다.

루가 1:52-53("마리아의 노래" 중에서)은 그 자체로 이런 모순을 보여 주고 있다. "[주님은] 권세있는 자들을 그 자리에서 내치시고 보잘것없는 이들을 높이셨으며 배고픈 사람은 좋은 것으로 배불리시고 부요한 사람은 빈손으로 돌려 보내셨습니다." 이 구절에서 시제가 완료형으로 돼 있음에 주목하라.(그리스어 원문도 그렇다.) 그리고 "권세있는 자들"(dynastai)은 '지배자들'로 번역하는 것이 더 정확하다. 문제는, 당시에 로마 제정은 전의 어느 때보다 막강한 지배력을 행사하고 있었다는 것이다. 그러므로 위의 구절은 실제 일어난 일을 묘사한 것이 아니다. 일어나지도 않은 일을 불가사의하게도 — 유대 묵시록의 전통에 따라 — 이미 일어난 일로 묘사함으로써 이 구절은 지배자들에게 전혀 해롭지 않은 메시지였다. 이것은 마치 오늘날 우리 나라에서 '이제 민주 대 반민주의 구도는 사라졌다'는 선언이 반민주적 지배자들과 비민주적 지배자들을 유쾌하게 만드는 것과 비슷하다.

예수는 상당한 재산을 소유하는 것을 분명한 악으로 여겼다. 이 점에서 예수는 오늘날의 대부분 크리스천들과 달랐다. 심지어 그는 가난한 사람들과 교육받지 못한 사람들, 죄인들, 그리고 사회적으로 소외된 사람들을 오히려 좋아했다.[33] 왜냐하면 재산은 재산 소유자를 유혹에 빠뜨리고 하느님 나라를 추구하는 과업에서 그의 주의를 딴 곳으로 돌리기 때문이다. 한 세대 안에 예수의 메시지는 사도 바울로의 기독교로 바뀌었다. 이것은 농촌 사회에서 도시 사회로 사상 체계 전체가 이동하는 것과 일치했다.(고대 그리스-로마 세계에서 도시와 농촌의 근본적인 차이를 다시금 명심해야 한다.)[34] 그럼으로써 사상 체계 자체가 크게 변했다. 유대교와 달리 헬레니즘은 재산 소유를 덕(德)과 동일시했다. 그래서 재산 기부(자선)에 대한 태도에서 변화가 일어났다.[35] 자선 자체는 예수의 독창적 제안이 아니라 유대교 전통의 일부로, 그것을 기독교는 그대로 차용했다. 하지만 마태오가 붙인 단서, 즉 "완전한 사람이 되려거든"은 전 재산 희사에 대한 예수의 무조건적 명령을 조건부 권고로 한정시키는 효과를 냈다. 예컨대 초기 교회의 지도자들('교부'라고 부른다) 가운데 하나인 존 크리소스톰은 예수의 말을 다음과 같이 해석했다. "나[예수]는 그것을 너희의 결정에 맡기노라. 너희에게 완전한 선택권을 주는 것이지, 너희에게 강요하고 있는 것이 아니다."

그러나 자선은 언제든 혁명가의 방법이 아니었다. 자선은 희사자에게 그의 특권적 지위에 대한 도덕적 정당화를 제공한다. 그래서 자선 덕분에 부자들은 죄책감을 느끼지 않고 오히려 자랑으로 여기며 계속 축재할 수 있다. 뿐만 아니라 수혜자는 자선이 자신의 품위를 떨어뜨리고 인간 존엄성을 훼손하는 것으로 느낀다. 예수 시대 팔레스타인에서는, 혁명을 일으킬지도 모를 최악의 빈곤을 다소 완화함으로써 자선은 기존 사회 질서를 보존하는 수단으로 유용했다.[36]

예수는 당시 사회 체제의 근간인 노예제에 대해 이의를 제기하지 않았다. 예수 당시 팔레스타인에는 엄격한 의미의 노예(동산 노예)는 매우 적었고, 채무 예속민이 많았다. 이 점은 예수가 포교 활동을 한 농촌에서는 특히 맞는 얘기였다. 하지만 "채무 예속민은 '법률상'은 아닐지라도 '사실상' 노예와 다를 바 없었다." 그리고 "노예제는 고대 그리스-로마 시대의 처음부터 끝까지 부자유 노동의 전형이었다."[37]

그래서 당시 사람들은 채무 예속민을 포함한 모든 부자유 강제 노동 형태를 그냥 노예(그리스어: 둘로스)라고 뭉뚱그려 부르는 경향이 있었다. 예수는 이러한 노예제를 문제 삼지 않고 현실로 받아들이면서 포교 활동을 했다.[38] 그리고 초기 기독교 저술가들 가운데 어느 누구도 노예 해방을 주장한 사람은 없었다.

예수가 자신을 유대 민족 해방 운동의 지도자인 '왕-메시아'와 동일시하기를 원하지 않았음은 예수 시대 중동 역사에 대한 현존하는 최상의 역사가 게자 버미스가 매우 설득력 있게 논증하고 있다.[39] 예수가 당대의 경제·정치 현실에 전혀 관심이 없었던 것은 그가 종말론적 열정에 고무돼, 당면한 종교적 과업에만 집중했기 때문이다.[40] 예수의 종말론적 열정은 또한 그가 개인의 내면성, 개인 의도의 순수성을 역설한 이유를 설명해 준다.[41]

그런가 하면 바울로는 아예 다음과 같이 말한다. "누구나 자기를 지배하는 권위에 복종해야 합니다. 하느님께서 주시지 않은 권위는 하나도 없고 세상의 모든 권위는 다 하느님께서 세워 주신 것이기 때문입니다."[42]

예수의 죽음

정열적인 순회 설교자 예수는 자기가 하느님의 메시지라고 믿는 바를 주로 가난하고 억압당하고 소외된 갈릴래아 농민에게 전파('예언')했다. 그 메시지의 핵심은 하느님 나라가 다가왔으니 회개의 표시로 전 재산을 가난한 사람들에게 나눠 주고 자신의 카리스마적 운동에 동참하라는 것이었다. 하지만 그는 혁명적 정치 선전은 하지 않았다. 대신에 그는 죄책감에 억눌려 심인성(心因性)의 육체적 증세로 고통받는 사람들을 치유해 주고, 황홀경의 기도 등을 하며, 사람들에게 설교했다. 진정으로 경건한 유대인으로서 그의 종교적 메시지는 유대교의 테두리를 벗어나지 않았다. 즉, 그가 기독교라는 전혀 다른 종교를 주창한 게 결코 아니다. 그는 사두가이 파의 부패나 바리사이 파의 인습과 관례 존중에 반대했지만, 그의 메시지야말로 진정한 유대교 정신에 충실한 것이었다.

그러나 불온한 과월절(유월절)에 예루살렘에 올라온 예수가 성전에서 환전상을 쫓아내는 소동을 피웠을 때 기성 체제 — 헤로데 안티파스와 갈릴래아 거주 그의 지지자들, 대사제들, 본디오 빌라도 로마 총독 — 는 예수의 행위가 사회 불안을 조성할 **가능성**이 있는 것으로 보고 우려했다. '과월절'은 유대인들이 이집트의 노예 생활에서 탈출한 사건을 기념하는 일종의 **해방절**이었다. 그러니까 예수의 과월절 성전 소동은 우리 식으로 비유하면 1980년대 군사독재 정부 하에서 5·18 기념일에 살얼음판 같은 광주 금남로에서 망월동 묘지를 연상시키는 퍼포먼스를 벌이는 행위와 비슷하다. 반란의 위험이 있던 사회에서 법·질서 유지를 담당하는 자들은 위험한 상황이 발전하는 것을 막는 것이 '공공의 안전'을 위해 자신들이 해야 할 의무로 여겼다. 잠재적인 위험이면 개입의 요건으로 충분했다. 만일 폭동이라도 일어난다면 로마가 개입할 것이다. 이런 상황은 기필코 피해야 한다. 그러나 유대인 사법당국은 직접 행동하기보다는 로마인들에게

'혼란 조성 분자들'을 넘겨 주고자 했다. 그럼으로써 그들은 직무 유기를 했다는 비난을 면함과 동시에, 자기들 손으로 직접 처리하기가 곤혹스러운 사건의 판결과 형집행을 떠넘기는 것이었다. 복음서의 진술들[43]에는, 사법 책임자 각각이 책임을 모면하기 위해 예수를 배구공처럼 토스한 것이 묘사돼 있다.

아무튼 산헤드린(당시의 의회 겸 법원)은 불법적인 재판을 열었다. 여기서도 우리는, '준법'을 외치면서도 정작 자신들은 법이 거추장스러우면 언제든지 팽개치는 지배자들의 흔하디흔한 모습을 볼 수 있다. 로마 총독의 법정으로 예수를 넘기면서 유대인 지도자들은 자신들의 판결에 대한 확인을 요청하지 않고, 예수가 유대인의 왕을 참칭한 공안사범이라는 새로운 죄목을 제시했다. 그럼으로써 예수는 유대교의 종교적 기소가 아니라, 로마 정치인의 세속적 기소를 통해 정치범으로 처형당했던 것이다. 예수는 소란 혐의말고도 일부 제자들이 젤로데 당원들이라는 혐의로 인해 판결 과실의 제물이 됐다.

예수는 신성(神性)과는 아무 관계도 없는 보통 인간이었다. 예수 자신도 자기를 '하나님의 아들' 또는 '메시아'로 여기지 않았다. 그의 신성에 관한 언급은 모두 그의 제자들이 신앙의 발로에서 지어 낸 얘기일 뿐이다. 신학자 율리우스 벨하우전 말대로 "예수는 크리스천이 아니었다. 그는 유대인이었다." 즉, 크리스천들이 믿는 모든 것은 예수와는 상관 없는 후대 교회의 산물이다. 그는 유대교의 정도에서 벗어나지 않은 카리스마적 지도자였다. 예수는 정치적 선동가도 아니었다.[44] 그런데도 그가 국사범에 대한 로마 당국의 처벌인 십자가형을 당했던 이유는,

직접적으로 그의 말이나 행위 때문이 아니었고 순례자들로 가득 차 있던 1세기 예루살렘이라는 화약통 속에서 법과 질서의 책임을 지고 있던 신경이 예민해 있던 권력자들을 두렵게 만든 반항적이고 선동적인 언행 때문이었다. 성전에서 돈 바꾸는 자들과 장사꾼들의 상을 뒤엎는 [그의] 난동만 없었어도, 유대인들의 최후의 해방자, 고대하던 메시아가 나타날 것이라고 예상됐던 때인 과월절이 아닌 다른 때에 그런 일이 있었어도 그는 죽음을 면할 수 있었을 것이다. 그는 그의 잘못(소동을 부림)으로 좋지 않은 장소(성전)에서 좋지 않은 시간(과월절)에 십자가에서 죽었다. 여기에 유대인 예수의 참 비극이 있는 것이다.[45]

초기 교회와 그 제도화

복음서들은 예수 사망 몇 십 년 뒤에야 비로소 쓰여졌다(마르코는 서기 70년 직후에, 마태오는 서기 90년 직후에, 루가는 2세기 초에). 복음서는 상층 계급들의 호감을 사기 위해 부자에 대한 증오심을 물타기하기 위한, 초기 기독교 운동 내 투쟁을 반영한다. 이로 말미암은 성경 구절 간의 또는 한 성경 구절 내의 모순의 사례는 앞에서 든 바 있다.

비록 당시의 경제 체제(부자유 노동에 토대를 둔)에 이의를 제기할 만큼 급진적이지는 않았지만 재산을 가난한 사람들에게 다 나눠 주라고 명령했을 만큼 급진적이었던 스승의 가르침에 따라 예수의 제자들은 지역사회를 떠나 구걸하며 방랑하는 포교자 집단을 이루었다. 이들과 전혀 별개로 그리스-로마 세계에서는 바울로가 도시들 사이를 오가며 예수의 가르침을 전했다. 이방인에게 전교하기 위해서는 유대교 관습을 폐기할 필요가 있음을 바울로 파는 점점 통감했다. 그리스도교가 유대교적 기원과 단절하려 함에 따라 불가피하게 유대교와 마찰이 빚어졌다. 이러한 사태 전개는 서기 70년 로마에 의해 예루살렘이 성전과 함께 파괴됨에 따라 가속이 붙었다.

로마의 위세를 확인한 그리스도교 신자들 사이에서 로마 국가의 비위를 맞추려는 경향도 발전했다. "통치자들과 지배자들에게 복종하고 순종하며 언제나 착한 일을 할 수 있는 백성이 되라고 교우들에게 깨우쳐 주시오."[46] "왕들과 높은 지위에 있는 모든 사람들을 위해서도 기도하시오."[47] 이러한 변화들은 복음서에도 반영된다. 예컨대, 예수의 재판과 사형집행에 대한 묘사는 최선을 다해 예수 죽음에 대한 로마인들의 책임을 면제해 주고 유대인들을 비난하려 한다. 마태오(27:24)에 따르면, 로마 총독 빌라도는 "군중 앞에서 손을 씻으며 '너희가 맡아서 처리하여라. 나는 이 사람의 피에 대해서는 책임이 없다' 하고 말하였다." 루가(23:13-25)에 따르면, "빌라도는 대사제들과 지도자들과 백성들을 불러 모으고 이렇게 말하였다. '너희는 이 사람이 백성들을 선동한다고 끌고 왔지만 너희가 보는 앞에서 직접 심문을 했는데도 나는 너희의 고발을 뒷받침할 만한 아무런 죄상도 찾지 못하였다. … 보다시피 이 사람은 사형에 해당하는 일은 하나도 하지 않았다.' … 빌라도는 예수를 놓아 주고 싶어서 그들[예수를 죽이라고 소리를 지르는 군중]에게 다시 그 뜻을 밝혔으나 [군중은 계속 소리를 질렀다.] 빌라도는 세 번째로 '도대체 이 사람이 무슨 죄를 지었단

말이냐? 나는 이 사람에게서 사형에 처할 죄를 찾아내지 못하였다.'"
결국 군중의 촉구에 못이겨 빌라도는 부득이 예수의 사형집행을 명령한다.

실제로는, 요세푸스에 따르면, 역사적 빌라도는 "뇌물 수수, 폭력 행위, 강탈, 악행, 범죄, 끊임없는 사형집행, 끝없고 견딜 수 없는 만행들"로 악명 높은 독재자였다.

국가 권위에 대한 예수의 태도도 침묵이 아니라 아예 순종적이었던 것으로 얘기되기 시작했다. 그래서 마태오(5:41)는 예수가 산상 설교에서 "누가 억지로 오 리를 가자고 하거든 십 리를 가 주어라." 하고 가르쳤던 것으로 만든다. 마태오 복음서에만 있는 이 구절에 쓰인 "억지로 … 하다"는 뜻의 그리스어 동사 '앙가류에인'은 국가(지방정부를 포함한)를 위해 수행하는 다양한 형태의 강제 노동을 가리킬 때만 사용하는 전문 용어다. 그러므로 소위 예수가 했다는 이 말은 국가가 명령하는 강제 운송 부역에 기꺼이 응해 주라는 뜻으로 엄밀하게 해석돼야 한다.

앞에서 보았듯이 예수는 부자들이 회개하고 전 재산을 빈민들에게 희사한다면 하느님 나라는 현실이 될 수도 있음을 인정했다.[48] 하지만 요한(18:36)은 예수가 "내 왕국은 이 세상 것이 아니다." 하고 말하게 만든다. 지금 여기에서 세계를 바꿀 수 있다 — 비록 부자의 전 재산 기부라는 정치적으로 매우 순진하고 공상적인 방법으로나마 — 는 희망은 단순히 내세에 대한 희망으로 대체된다.

로마 지배의 희생자들에게 그저 위안을 제공하는 교리로 전환함에 따라 3세기쯤에 교회는 무시할 수 없는 영향력을 행사하게 됐다.

박해는 교회의 성장에 결정적인 장애물이 되지 못했다. 왜냐하면 서기 250년까지는 기독교 신앙을 금지하는 법 또는 명령 자체가 존재하지 않았다. 그 때까지 박해의 패턴은, 자연적 또는 사회적 재앙이 발생했을 때 그 동안 배타성으로 말미암아 '이교도' 이웃들로부터 미움을 받던 기독교인들이 간헐적으로 이교도 군중에 의해 속죄양으로 지목되고 속주 총독들은 이 압력을 수용하는 식이었다. 그러므로 기독교 변호론자들이 주장하는 바, 즉 초기 기독교인들이 로마의 황제 숭배 강요에 저항해 박해를 당했다는 것은 아무 근거도 없는 얘기다. 그러나 서기 250년부터는 박해의 주도권이 아래로부터가 아닌 위로부터 왔다. 그러나 이 때조차 로마 정부 당국은 기독교인들을 굳이 색출하지 않았고, 자기들이 "크리스트교도들에게 그들의 종교를 포기할 것을 요구하고 있는 것이 아니라 단지 황제의 행복이 달려 있는 신들에게 경의를 표할 것을 요청하고 있을 뿐이라고 언명했다."[49] 대부분의 시기 동안 제정 당국은 예컨대 기독교내 영지주의파처럼 필요할 때 이교도의 신들에게 겉치레의 숭배를 나타내는 것을 거절하지 않는 종교 단체에 대해서는 관용 정책을 취했다. 그래서 3세기에 알렉산데르 세베루스 황제와 아랍인 필립 황제는 심지어 교회에 호의적이기조차 했다.

비록 서기 250년 이후, 특히 284년 이후 디오클레티아누스 황제의 일반화된 탄압으로 교회가 커다란 위기에 봉착했는데도 로마의 탄압은 실효를 거두기엔 너무 늦었다. 그 이유는 3세기 후반부에 일어난 "로마 사회와 교회의 점진적인 결합"[50] 때문이었다.

구체적으로는, 첫째, 기독교가 북아프리카의 농민들 사이에서 지지 기반을 획득하기 시작했다는 것이다.[51] 그 전까지 기독교는 도시 수공업 장인들과 점원·상점주·상인 등 도시 중하류층이 주요 기반이었다.[52] 하지만 로마 경제는 압도적으로 농업에 바탕을 두고 있었다. 더구나 서기 3세기 말 이후는 지배 계급의 착취에서 노예의 역할이 더욱 감소하고 농노(콜로누스)의 역할이 급증하던 때였다. 기독교가 직접적 생산자인 농민 속에 뿌리를 내리기 시작함에 따라 정부 당국의 박해는 갈수록 어려워졌다.

둘째, 다른 한편으로 일부 소수 부자들 사이에서도 기독교는 신자를 얻고 있었다. 사실, 이미 1세기 중엽에 바울로는 40명의 "부유[하]고 교양 있는 사회적 엘리트들"의 후원을 받고 있었다.[53] 그러한 사람들은 금전적 지원뿐 아니라 자기 집을 가정 교회로 제공하기도 했다.[54] "개종자 대다수가 빈곤한 자들임을 알았음에도 불구하고, 바울[은] 그리스보나 가이오나 스데바나 같은 상류층 사람들에게만 친히 세례를 주었다."[55] 물론 4세기 초에조차 로마 귀족의 소수만이 기독교 신앙을 받아들이고 있었다. 하지만 기독교가 지배자들에게 열어 놓은 문은 아들을 욕조에 빠뜨려 죽이고, 처를 처형해 버리고, 죽기 직전까지 맘껏 죄를 저지르기 위해 임종 때야 비로소 세례를 받은 콘스탄티누스 황제 같은 자의 호감을 사기에 충분했다.

셋째, 교회의 성직자단과 그 관료제를 지배하는 주교들 자신이 흔히 부자들이었고 이들은 증대하는 교회 재산을 관리했다. 로마 지배자들이 더 이상 이러한 사람들로부터 위협을 느낄 리 만무했다. 오히려 로마 지배자들은 기독교 지도자들이 기존 사회 질서를 떠받치는 매우 중요한 이데올로기적 역할을 할 수 있는 핵심적인 동맹 세력이 될 수 있다고 봤다.

콘스탄티누스에 의해 졸지에 국교로 격상된 기독교는 특유의 종파주의에 따라 교회내 이견자들을 '이단'으로 몰아 박해하기 시작했다. '성부와 성자와 성령의 이름으로' 지금 기독교인들이 믿는 삼위일체론도 실은 아타나시우스 파가 로마 국가 권력의 무력 시위에 힘입어 아리우스 파를 제압하고 확정한 교리다. 한편, 4세기 초의 대박해 때 투항했던 자들은 세례를 다시 받아야 한다고 주장했던 도나투스 파는 북아프리카 농민 반란과 밀접하게 연계되는 바람에 농민 혁명 이데올로기로서 탄압받았다. 물론 으레 그렇듯이 교회는 짐짓 순전히 신학적인 논쟁을 벌이는 척했다. 하지만 불가피하게 양쪽의 서로 다른 계급 지위가 반영되지 않을 수 없었다. 그래서, 콘스탄티누스의 지지를 받은 아우구스티누스의 여러 가지 설교는,

상아로 만든 침상을 가질 수 있었거나 교회의 단식을 피해 맛있는 요리에 탐닉할 수 있었던 부유한 식자층들에 행해진 것들이었다. 농민들은 … 오늘날 그들의 후예와 마찬가지로 거적대기 위에서 잠을 잤고, 조야하고 불충분한 식사를 해야 했다. 아우구스티누스의 동료들은 원로원 계급과 지주 계급의 성원들이었으며, 《고백록》에 표현된 그의 이상적인 생활도 웬만큼 커다란 사유지에서의 '유유자적', 즉 명상을 위한 한가로운 생활이었던 것이다. 그의 금욕 생활은 복음이 전하는 바와 같은 빈곤과는 거리가 먼 것이었으며, 그것은 오히려 그 이상적인 한가로운 생활을 아프리카 가톨릭 교회의 생활에 투영시킨 것이다. … 사실 그는 경제적인 불만과 결합된 매우 강렬한 종교적인 열광으로 불타고 있던 이른바 '자치주의적' 운동에

직면하고 있었다.[56]

로마 국가가 기독교를 국교로 포용한 것이 로마 제국을 오랫동안 구원해 주지는 못했다. 하지만 이후 1천2백 년 동안 기독교는 로마 가톨릭 교회와 그리스 정교회라는 형태로 계속해서 유럽 대부분의 공식 국교가 됐고 모든 생활과 관념과 정치를 지배했다.

유물론과 관념론

오늘날에조차 종교는 계속해서 중요한 사회적 역할을 하고 있다. 한편으로, 종교는 지배 계급들과 기존 질서를 정당화하는 데 여전히 이용되고 있다. 또한, 종교는 기존 사회 질서가 민중에게 안겨준 고통과 불행에 대한 위안을 제공할 수 있다. 때때로 종교는 그 질서에 맞서 반항하고 투쟁하는 사람들을 규합하는 기치로서 채택될 수 있다. 그래서 카를 마르크스는 이렇게 썼다. "종교적 고통은 현실적 고통의 표현인 동시에 현실적 고통에 대한 항의다. 종교는 피억압자들의 한숨이고, 심장 없는[냉혹한] 세계의 심장이고, 영혼 없는[무감각한] 상황의 영혼이다. 그것은 민중의 아편이다." 이것은 오늘날에도 맞는 얘기다. 기독교는 서방 세계 대부분에서 지배자들이 기꺼이 받아들이고 있다. 하지만 기독교는 또한 라틴 아메리카 해방신학 운동에서 저항의 매개물이 돼 있다.[57] 이슬람은 사우디아라비아의 야만적 지배자들의 신조이지만, 또한 요르단 강 서안 지방과 가자 지구와 레바논의 많은 피억압 팔레스타인인들의 목소리이기도 하다.

마르크스주의는 모든 종교 관념을 배격한다. 마르크스주의는 유물론이고, 따라서 무신론이다. 유물론은 사람들이 갖고 있는 생각들이 그들 삶의 물질적·사회적 조건들로부터 발생해, 주로 그 조건들의 영향을 받으며 전개된다는 견해다. 마르크스가 말했듯이, "사람들의 의식이 그들의 존재를 결정하는 것이 아니라 그들의 사회적 존재가 그들의 의식을 결정한다." 유물론적 인식 방법의 강점은 인간에 관한 근본적인 사실에서 출발한다는 것이다. 사람들이 정치나 철학이나 종교에 관계할 수 있기 전에 그들은 먼저 살아야 한다. 그들에겐 의식주가 필요하다. 따라서 이 생활 필수품의 생산이 이루어지는 방식이 다른 모든 사회적·정치적 관계들과 모든 사상 체계들의 형성에 큰 영향을 미친다. 이것을 출발점으로 삼음으로써 마르크스주의는 사상의 역할과 특정 개인들의 역할을 포함한 인간의 역사 전체를 조리가 서게 설명할 수 있다. 그래서 마르크스주의는 중세 봉건 사회의 구조를 기독교와 가톨릭 교회의 득세로써 설명하지 않는다. 비록 교회가 봉건 체제를 정당화했을지라도 말이다. 오히려 거꾸로였다. 즉, 봉건 사회의 구조(봉토를 매개로 귀족들이 서로 주군-봉신 관계를 맺고, 장원의 영주로서 농노를 지배하는 사회 구조)가 교회(대지주인)의 득세와 봉건제 지지 이유를 설명해 준다.

유물론의 반대인 관념론은 사상 자체가 역사의 추진력이라는 견해다. 관념론의 약점은 사상이 어디에서 비롯했는지, 또 왜 특정 사상이 특정 시기에 등장했는지 설명하지 못한다는 것이다. 사상을 독립적·자율적인 것으로 취급하면 진정한 설명이 불가능해진다. 예컨대, 여성 억압이 여성 차별 이데올로기 때문이라고 말하면서 그 이데올로기의 근원을 설명하지 않는 것은 아무 것도 설명하지 않는 것이다. 이것은 또한 정치적 절망의 비결이다. 만일 여성 차별 이데올로기가 여성 차별 반대 이데올로기를 통해서만 대항할 수 있는 것이라면, 사회의 주요 사상 전파 수단이 모두 여성 차별주의자들의 손아귀에 있다는 사실을 어떻게 극복할 수 있는가? 또 다른 사례는 최근의 경제 위기 논쟁이다. 대중 매체의 경제 논평가들은 "금융 시장이 정부의 정책을 신뢰하지 못한다는 것이 문제"라고 입을 모은다. 하지만 아무도 정부 정책에 대한 '불신'이 경제의 '펀더멘틀스'(기본)가 불안정한 데서 비롯하고 있다는 말은 입에 뻥긋도 하지 않는다.

모든 사상이 물질적 근원이 있는 한편으로, 물질적 조건들과 사람들의 생각 사이의 관계는 단순하거나 기계적이지 않다. 마르크스는 결코 이 점을 경시하지 않았다. 오히려 그는 일단 사상이 등장하면 어느 정도 그 사회적 근원보다 더 오래 남는다는 점에 주목했다. 그래서 "모든 죽은 세대들의 전통은 마치 악몽처럼 산 사람들의 두뇌에 무거운 짐이 된다." 또, 지배 계급은 자신의 권력을 사용해 피지배자들에게 자기의 사상을 강요하려 한다. 그래서 사상 투쟁이 역사에서, 특히 사회 변혁 운동에서 중요한 역할을 하는 것이다. 마르크스가 달리 왜 정치적 논쟁과 선전과 정치적 운동 건설에 정력을 그렇게 많이 쏟았겠는가?

사회 변혁의 행위자는 개개의 지도자나 종교나 민족이 아니라, 사회의 경제 구조에서 비롯하는 사회 계급들이다. 사회 변혁을 추구한다는 것은 사상이 실행의 검증을 받게 만든다는 것을 뜻한다. 그리고 종교가 아니라 계급이 사회 변혁의 행위자라는 것은 신앙이 아니라 사실과 경험에 바탕을 둔다는 것을 뜻한다. 그래서 가령 《열린 주장과 대안》은 김대중 정부가 〈한겨레〉처럼 말하고 〈조선일보〉처럼 행동한다고 주장한다. 즉, 개혁에 대해 얘기하고 개혁하는 시늉은 내지만, 진짜 개혁을 위해서는 아무 것도 하지 않거나 아니면 오히려 개악하려 든다는 것이다. 이 판단은 실천적으로 검증될 수 있다. 우리가 하는 모든 주장은 신이 존재한다는 종교적 신조와 달리 실천적으로 검증될 수 있다. 종교와 달리 마르크스주의는 주창자의 가르침을 맹종하지 않는다. 개인 숭배가 한 특징인 주체사상이나 스탈린주의는 마르크스주의에 대한 곡해다. 무오류의 지도자, 성스러운 경전 본문, 계시된 진리 등은 진정한 마르크스주의에 완전히 이질적인 것들이다. 우리는 마르크스가 여러 가지 잘못을 했음을 기꺼이 인정한다. 예컨대, 그의 당 개념은 다소 숙명론적이었고, 보통선거의 효과에 대해서 지나치게 낙관적이었으며, '노동귀족' 개념은 계급의 발전에 대한 오해를 나타내고 있다. 그밖에도 오류는 소소하게 여럿 있다. 심지어 우리는 마르크스주의의 올바름은 그 최종 시험이 남았다는 점을 인정한다. 마르크스주의는 착취와 억압이 없는 사회를 창조하는 데 이용될 때만 최종적으로 입증될 것이다.

맺음말

마르크스주의가 유물론이라고 해서 마르크스주의자는 모든 종교 사상과 운동을 다 똑같이 취급해서는 안 된다. 마르크스주의자는 종교적 외피 뒤에 가려져 있는 사회 현실을 봐야 한다. 피억압 민중이 종교적 기치를 들고 억압에 저항할 때 마르크스주의자는 그들과 함께해야 한다. 그러는 한편으로 그는 종교적 운동을 비판할 수 있다. 그 운동이 신을 믿기 때문이 아니라, 종교 관념이 투쟁을 국민적 또는 민족-민중적 차원에 제한하기 때문이다. 오늘날 우리 나라에서 종교인들은 자신의 종교를 사회 변화를 위한 투쟁의 수단이 아닌 대안으로 본다. 하지만 여전히 신앙에 충실한 활동가들도 있다.

후주

1   기독교의 '기독'(基督)은 '구세주'(메시아)를 뜻하는 '그리스도'의 한자식 표현이다. 그러므로, 세간의 통념과 **달리**, '기독교'는 단지 개신교만이 아니라 천주교 ― 그리고 정교회 ― 도 포함하는 말로 이해해야 마땅하다. 이 셋은 서로 다른 종교가 아니라 기독교 내의 세 주요 교파로 이해해야 한다. 물론 이들말고도 비중이 작은 다른 교파도 여럿 있다.

   '역사적 예수'는 **실제**의 예수를 뜻하는 기독교 특유의 표현이다.

2   I 고린토 11:3/에페소 5:22-24/골로사이 3:18/디도 2:5/ I 베드로 3:1/ I 디모테오 2:11.

3   마태오 10:37/루가 14:25/루가 11:27-28/마르코 3:31-35.

4   예언·치료·방언 등 신으로부터 부여받은 재능을 가진 종교 지도자를 뜻하는 용어로서 '카리스마적 지도자'에 대해서는 Martin Hengel, *The Chrismatic Leader and His Followers*(Crossroad, 1981)를 보라.

5   한편, '하느님 나라'를 기독교 신자가 죽으면 그의 영혼이 가는 천국으로 이해하는 것은 예수와 아무 관계도 없다. 그것은 오히려 '영지주의'(그노시스 파)와 관계 있는 것이다. 영지주의는 초기 교회에 의해 '이단'으로 단죄받은 경향으로, 정신과 영혼은 선이고 물질 세계와 인간 육체는 악이라는 관념에 바탕을 두고 있다. 몸은 죽고 영혼은 하늘 나라로 간다는 관념은 비록 신약성서의 여러 구절에서 볼 수 있긴 해도 예수나 유대교와는 무관한 관념이다. 영지주의에 대해서는 E 페이걸스, 《영지주의 신학》(한국로고스연구원, 1998)을 보라.

6   마태오 6:25-34/루가 12:22-34.

7   나는 '종파주의'라는 말을 이 경우 북아일랜드 신교도의 종파주의에 대해 얘기할 때와 같은 뜻으로 사용했다. 즉, 다른 종교 또는 교파와의 **차이점을 강조한다**는 뜻이다. 반면에, 사회주의 정치에서 비판하는 '종파주의'는 **계급투쟁에 연루되기를 회피하는 것**을 뜻한다.

8   기독교 윤리학자 라인홀트 니버는 그의 저서 《도덕적 인간과 비도덕적 사회》에서 이 점을 간파했다.

9   R.C. Tucker(ed), *The Marx-Engels Reader*, 2nd ed., Norton, 1978, p. 247.

10   요한묵시록 14:4/ I 고린토 7:1-9, 27-29, 32-34, 39-40.

11   예컨대 Karl Kautsky, *Foundations of Christianity*(Russel & Russel, 1953).

12   예컨대, 지난 세기 중엽의 신학자인 루돌프 불트만은 예수에 관한 복음서의 전승들은 거의 다 후대의 크리스천들의 전설 또는 '신앙고백'이라고, 달리 말해 사실의 진술이라기보다는 신앙의 진술이라고 지적했다. "실로 나는 우리가 지금 예수의 삶과 인격에 관해 알 수 있는 게 거의 없다고 생각한다. 초기 기독교인들의 출처들도 그것에 전혀 관심이 없었다." R. Bultman, *Jesus and the Word*, 1934, p. 14.

13   '역사적 예수'에 대해서는 다음의 책들이 가장 좋다. E. P. 샌더스, 《예수운동과 하나님나라》(한국신학연구소, 1997년); 게자 버미스, 《유대인 예수의 종교》(은성, 1995년); Geza Vermes, *Jesus the Jew*(London, 1973); G. Vermes, *Jesus and the World of Judaism*(SCM, 1983); E. P. Sanders, *The Historical Figure of Jesus*(Penguin, 1993).

14   예수 시대의 역사에 대한 가장 좋은 설명은 내가 의존하고 있는 Emil Schuerer, *The History of the Jewish People in the Age of Jesus Christ*, I-Ⅲ (Edinburgh, 1973~1987)이다. 또는 빌리발트 뵈젠, 《예수 시대의 갈릴래아》(한국신학연구소, 1998년).

15   요세푸스의 저작은 요세푸스, 《요세푸스》I~Ⅳ, (생명의 말씀사, 1987년). 더 간편한 일종의 축약판은 클론 L. 로저스, 《요세푸스》(엠마오, 2000년).

16   M Goodman, *The Ruling Class of Judaea*(Cambridge University Press, 1995), p. 7.

17   십자가 처형에 대해서는 마르틴 헹엘, 《십자가 처형》, (대한기독교서회, 1982).

18   E. P. Sanders, *The Historical Figure of Jesus*(Penguin, 1993), pp. 15~32.

19   M Goodman, *The Ruling Class of Judaea*, p.20.

20   젤로데에 대해서는 Martin Hengel, *The Zealots*(T&T Clark, 1989).

21   Martin Hengel, *The Charismatic Movement and His*

Followers(Crossroad, 1981).

22　Geza Vermes, *Jesus the Jew*, pp. 58~72.

23　J. H. Leuba, *The Psychology of Religious Mysticism*(N.Y. : Harcourt Brace), 1925, p. ix.

24　예언의 유대교적 의미에 대해서는 앤터니 R 체레스코, 《구약은 끝났는가》(바오로탈, 1994년), 259~275쪽.

25　Geza Vermes, *Jesus the Jew*, pp. 48~49.

26　J. A. Emerton, "The problem of vernacular Hebrew in the first century A. D. and the language of Jesus", in *Journal of Theological Studies*, n. s. 24(1973) 1~23.

27　G Vermes, *Jesus the Jew*, 1973, p. 47.

28　마르코 1:15. '하느님 나라'라는 말의 뜻에 대해서는 노먼 페린, 《예수의 가르침 속에 나타난 하나님 나라》(솔로몬, 1999년).

29　루가 17:21.

30　마르코 10:25/마태오 19:24/루가 18:25.

31　마르코 10:21/특히 루가 12:33.

32　마태오 19:21.

33　마르코 2:15-17/마태오 9:10-13/루가 5:29-32.

34　초기 기독교의 역사에 대해서는 단연 헨리 채드윅, 《초대 교회사》(크리스찬 다이제스트, 1999년)가 가장 좋다. 초기 기독교의 사회적 양상에 대해서는 A. J. 말허비, 《초기 그리스도교의 사회적 이해》(대한기독교서회, 1994년)를 보라.

35　마르틴 헹엘, 《초대 교회의 사회경제 사상》(대한기독교서회, 1982년).

36　M. Goodman, *The Ruling Class of Judaea*, pp. 64~65.

37　최일붕, "계급과 《인간의 역사》I", 《열린 주장과 대안》, 1호(2000년 3월), pp.58 ~59.

38　루가 17:7-9/마르코 12:2-5/13:34/마태오 10:24-25/13:27-28/18:23-35/22:3-10/24:45-51/25:14-30/루가 12:37-38, 43-48/15:22, 26.

39　G Vermes, *Jesus the Jew*, pp. 128~156.

40　Martin Buber, *Two Types of Faith*, 1961, p. 76.

41　마르코 7:14-23/마태오 15:10-20. G. Vermes, *Jesus and the World of*

Judaism(Fortress, 1983), pp. 47, 164.

42 로마서 13:1.

43 요한 18:13/루가 22:4~7, 11.

44 예수를 정치적 선동가로 보는 관점은 대표적으로 R. J. 카시디, 《예수·정치·사회-
누가복음 연구》(한완상 역, 대한기독교출판사, 1983년).

45 게자 버미스, 《유대인 예수의 종교》, 은성, 1995년, 8쪽.(원제는 Geza Vermes,
The Religion of Jesus the Jew, London, SCM Press, 1993)

46 디도서 3:1.

47 I디모테오 2:2.

48 루가 17:21.

49 W. H. C. 프렌드, "기독교도 박해의 실패", 지동식(편역), 《로마 제국과 기독교》
(한국신학연구소, 1980), 181쪽.

50 같은 글, 187쪽.

51 A. H. M. 존스, "이교와 기독교 투쟁의 사회적 배경", 지동식(편역), 앞의 책, 451
쪽.

52 같은 글, 454쪽.

53 E. A. Judge, "The Early Christians as a Scholastic Community", p. 130,
A. J. 말허비, 《초기 그리스도교의 사회적 이해》(대한기독교서회, 1994), 72쪽.

54 A. J. 말허비, 같은 책, 90~104쪽.

55 같은 책, 113족.

56 W. H. C. 프렌드, "후기 로마 제국의 종교와 사회 변화", 지동식(편역), 앞의 책,
476~477쪽. 나는 정통파에 의해 이단으로 몰려 박해받은 다른 기독교 경향인
펠라기우스와 몬타누스 파들도 실제로는 계급 투쟁에 연루돼 — 의도했든 의도
치 않았든 — 있었다는 점을 지적하기만 하고 더 이상 설명하지는 않겠다.

57 라틴 아메리카 해방신학에 대해서는 Michael Loewy, *War of Gods*(Verso,
1996). 또는 김춘호, 《라틴아메리카 해방신학》(분도출판사, 1990년).

가톨릭 급진주의는 죽었는가?

명동성당측은 민주노총 간부들에게 성당 구내에서 나가라고 압박을 가했다. 한편, 김승훈 신부는 김대중과 노조 지도자들을 화해시켰다.

전자가 가톨릭 보수주의를 드러내는 일이었다면, 후자는 가톨릭 자유주의를 대표하는 사건이었다고 할 수 있다. 가톨릭 급진주의(해방신학)라면 김대중 정부에 맞서 민주노총 간부들을 방어하고 정부를 질타했을 텐데, 아쉽게도 그런 목소리는 들리지 않았다.

그러나 구약성서의 예언자들은 급진적이었다. 이스라엘 또는 유다의 역사에서 '예언자'란 신의 이름으로 역사적 재난을 경고하고 억압과 초착취 그리고 부패 등 잘못된 관행의 시정을 촉구하는 특별한 사람을 가리키는 말이었다. 기원전 8세기 중엽의 예언자 아모스는 이스라엘의 지배 계급을 향해 이렇게 질책했다. "가난한 사람을 짓밟

최일봉. 이 글은 월간 《다함께》 4호(2001년 9월 1일)에 실린 것이다.

고 흙에 묻혀 사는 천더기의 숨통을 끊는 자들아, 겨우 한다는 소리가 '곡식을 팔아야겠는데 초하루 축제는 언제 지나지? 밀을 팔아야겠는데 안식일은 언제 지나지? 되는 작게, 추는 크게 만들고 가짜 저울로 속이며 등겨까지 팔아먹어야지' 하는 자들아."

기원전 8세기 말의 예언자 미가는 이스라엘 지배자들을 이렇게 꾸짖었다. "망할 것들! 권력이나 쥐었다고 자리에 들면 못된 일만 꾸몄다가 아침 밝기가 무섭게 해치우고 마는 이 악당들아, 탐나는 밭이 있으면 빼앗고 탐나는 집을 만나면 제 것으로 만들어 그 집과 함께 임자도 종으로 삼고 밭과 함께 밭 주인도 부려먹는구나."

기원전 7세기 말에 하박국은 유다의 지배자들을 이렇게 대놓고 비난했다. "화를 입으리라! 남의 것을 먼지까지 긁어모으고 남의 것을 전당잡아 치부하는 것들아, … 그토록 수많은 백성을 털었으니, 그 남은 백성에게 이제는 너희가 털리리라. … 화를 입으리라. 죄없는 사람의 피를 빨아 성읍을 세우는 것들아, 남의 진액을 짜서 성을 쌓는 것들아, … "

1990년대 초에 군부가 물러난 이후 대부분의 가톨릭은 군사 독재에 항의하던 시절의 예언자 정신을 잊었다. 지난해 말에도 가톨릭은 명동성당에서 농성중이던 한국통신 파업 노동자들을 박대하고 비난했다. 이후 가톨릭은 명동성당에서 단식 농성을 하는 인권 운동가들에게도 수모를 주고 그들을 밀어 냈다. 유감스럽게도, 이 일들에 대한 가톨릭 내부의 급진적 비판이 공개적으로 제기된 적은 없다.

가톨릭은 또한 바로 자신의 신앙 대상인 예수의 정신도 대부분 내팽개쳤다. 예수는 당시에 유대교에 의해 "죄인"으로 낙인찍혀 사회적으로 백안시되던 사람들과 함께 식사하고 어울렸다.

당시에 유대교는 세부적이기 이를 데 없는 정결 예규를 확립하고 이에 부응하지 못하는 사람들을 배척했다. 그 예규는 하도 복잡해서 무지한 대다수 사람들(거의 다 농민이었다)은 아예 무엇을 하라는 또는 하지 말라는 것인지 알아들을 수도 없었다. 배가 고파도 안식일에 밀이삭을 잘라서는 안 되었다. 공공세 징수원은 그 직업 자체가 "죄"였다. 양치기도 마찬가지였다. 매춘은 아예 말할 것도 없었다.(창녀가 모두 가난한 여성들이었음을 새삼 강조할 필요는 없겠다.) 십일조를 못 내는 사람과 사생아·혼혈아도 "죄인"이었다. 병도, 신체나 정신의 장애도 "죄" ─ 조상이 지은 "죄"도 포함했다 ─ 에 대한 벌로 여겨졌다. 사실상의 모든 불행과 고통이 이스라엘의 신 야훼가 그 불행한 사람을 악의 세력에 넘겨 준 탓으로 풀이됐다.

예수는 이러한 사회적으로 소외되고 억압받는 사람들과 어울렸다. 그는 도시 사람들에게가 아니라 촌락의 농민에게 설교했다. 그는 "복되도다, 가난한 사람들! 하느님 나라가 그대들 것이니." 하고 가난한 사람들을 축복했다. 반면에, 그는 "부자가 하느님 나라에 들어가기보다는 낙타가 바늘귀를 지나가기가 쉽습니다." 하고 말했다.

가톨릭은 초대 교회의 정신도 저버리고 있다. 2세기 초에 복음서를 쓴 루가는 예수의 권위를 빌어 부자들을 저주했다. "불행하도다, 당신네 부유한 사람들! 이미 받을 위로를 다 받았으니." 또, 루가는 역시 예수의 권위를 빌어 "제3이사야"라는 구약 예언자의 선언을 상기시킨다. 유대인의 바빌론 포로 시기(기원전 587~538년)가 끝난 뒤에 활동한 제3이사야는 유대인의 하느님 야훼가 이렇게 해방을 선포

했다고 선언했다. "억눌린 자들에게 좋은 소식을 전하여라. 찢긴 마음을 싸매 주고, 포로들에게 해방을 알려라. 옥에 갇힌 자들에게 자유를 선포하여라."

오늘날 가톨릭은 이처럼 예언자에서 예수 자신을 거쳐 초대 그리스도교인들로 이어지는 급진적 전통과 아무 관계도 없는, 오히려 이회창이나 김대중 따위에 머리를 조아리는 보수적 성직자들의 경직된 관료 기구가 권위주의적으로 통제하는 종교 단체가 돼 있다.

많은 사제들이 "의식 있는" 평신도들을 경계한다. 그런 평신도들의 단체는 "임의 단체"나 "불법 단체" 또는 심지어 "사조직"이라는 낙인이 찍히고 때때로 공개적인 비난을 받기도 한다. 천주교 평신도들은 교회 안에서 무엇을 하려면 교구의 인가를 받아야 하고, 모든 단체는 지도 신부의 통제를 받아야 하고, 심지어 수녀원도 지도 신부가 "지도"해야 한다. 의식 있는 평신도들이 자율적으로 세운 단체는 격려받고 고무받기는커녕 왕따를 당하기 십상이다. 다른 신자들은 그 단체의 활동에 참여하지 못하도록 압력을 받는다. 그러한 평신도 단체들이 자신의 활동을 교회 신문이나 방송에 광고하면, 사제들의 사주를 받은 맹종적인("순명하는") 평신도들이 신문사나 방송사에 항의 전화를 함으로써, 다음부터 그 단체는 본당 신부의 허락이나 추천서를 제출해야 한다. 한편, 사제들은 일찍이 신학생 시절부터 평신도로부터 격리돼 선민의식을 고무받는다.

가톨릭의 권위주의는 1906년에 발표된 교황(비오 10세)의 회칙에 잘 나타나 있다. "교회는 본질적으로 불평등한 사회이다. 다시 말하면, 교회는 두 부류의 사람들로 이뤄져 있는데, 하나는 교계의 여러 등급에 속하는 사목자들이요, 다른 하나는 신자 집단들이다. 이 두 부류의 차이는 명확해, 교회의 목적을 촉진하고 그 목적으로 모든 구성원들을 인도하는 데 필요한 권리와 권한은 오직 사목자들에게 속하고, 신자 집단들의 의무는 사목자들의 지도를 받고 순한 양들처럼 그들을 따르는 것뿐이다."

아쉽게도, 정의구현사제단은 자신을 가톨릭 성직자단의 일부로 여기는 시각에서 벗어나지 못한 나머지, 공식 관료 기구를 비판하는 목소리를 내기를 삼가 왔다 — 파업 노동자와 단식 농성 인권 운동가들에 대한 서울대교구의 비정한 태도에 대해서 그랬듯이. 정의구현사제단 소속의 상당수 사제들은 사적인 자리에서는 가톨릭 고위 성직자(교황과 특별히 보수적인 대주교·주교)를 매우 격하게 비판하곤 한다. 하지만 공개적인 비판, 특히 정의구현사제단이라는 하나의 단체로서 비판적 목소리는 내지 않는다. 같은 성직자로서 한 배를 탔다는 의식 때문일까.

가톨릭의 정치적 보수주의와 종교적 권위주의는 사실 가톨릭에만 고유한 것이 아니다. 다른 모든 제도 종교도 마찬가지이다. 이것은 역사 전반에 걸쳐 종교 단체 지도자들이 대부분 상층 계급의 일부로, 체제를 지지하기 때문이다.

그들은 소외된 사람들의 연대 염원을 받아들이지만, 그와 동시에 소외된 사람들이 제 분수를 알도록 해 주는 관념과 제도로 그 염원을 바꿔 놓는다. 그러므로 종교는 억압적이고 비정한 세계에 대한 반대와 동시에 그 세계와의 화해를 표현한다.

세계의 주요 종교는 일부 국가의 공식 종교이기도 하다. 하지만 이

따금 민중은 체제에 대한 반감을 종교의 언어와 종교 운동으로 표현할 때가 있다. 라틴 아메리카 가톨리시즘의 한 변형인 해방신학은 피안의 정의를 기다리지 말고 이승의 독재에 저항하라고 고무했다.

이러한 아래로부터의 종교 운동은 성직자 집단과 갈등을 빚게 된다. 천주교 교황 요한 바오로 2세는 군사독재에 항거하던 라틴 아메리카 예수회 지도자들을 비롯한 수백 명의 사제들을 해임 또는 면직시켰다.

이러한 일들 때문에 민중은 종교에 대해 의문을 갖기 시작하게 되고, 피안의 정의에 대한 약속보다 이승에서 그것을 위해 투쟁하는 것을 우선시하게 된다. 급진적인 사회 변화를 원하는 많은 크리스천(그리고 다른 종교 신자들)도 마르크스주의자들 못지 않게 제도 그리스도교(종교)에 대해 비판적이 될 수 있다. 그러한 사람들의 일부는 자신을 그리스도교 사회주의자(종교 사회주의자)로 여긴다. 그들은 동성애자 혐오나 여성 멸시처럼, 인간 해방을 거스르는 일부 종교 관념들을 배격한다.

그러나 종교에는 몇 가지 뜻으로 풀이될 수 있는 애매모호함이 있다. 그래서 미국의 그리스도교 우익("근본주의자들")도 자기들의 신앙을 뒷받침할 근거를 성경에서 이끌어 낼 수 있다. 가령 동성애를 저주하거나 여성이 교회에서 잠잠하라는 구절 같은 것들이 있다.

핵심 문제는 종교 사상이 사회에 대한 분석이나 사회 변화 전략을 제공하지 않는다는 점이다. 구약성경의 사상을 갖고 시온주의 문제나 팔레스타인 민중 봉기(인티파다)를 인식할 수는 없다.

마르크스주의는 사회 분석과 변혁 전략을 제공한다. 이 분석과 전략에 따르면, 사회 변혁 운동가들은 종교적 영감에 근거해 투쟁하는 사람들과 함께 투쟁하는 한편으로, 이성적인 사회 근본 변혁 사상이 전체 운동을 위한 최선의 방법을 제시할 수 있음을 입증해야 한다.

크리스마스에 탄생한 사람이
그리스도교의 창시자인가?

매년 크리스마스가 다가올 때마다 미국 대통령 조지 부시 2세는 예수의 가르침이 자기 "인생의 초석"이라고 말해 왔다. 하지만 그가 도대체 "예수의 가르침"을 제대로 알기나 하는지 모르겠다. 신약성서의 첫 책(마태복음)은 이렇게 말한다. "평화를 이루는 사람은 복이 있다. 하나님이 그들을 자기의 자녀라고 부르실 것이다."(5장 9절)

사실, 12월 25일 크리스마스에 예수가 탄생했다는 얘기는 성서 어디에도 없다. 4세기 후반 교황 율리우스 1세가 예수의 생일을 12월 25일로 지정하면서 비로소 크리스마스가 경축되기 시작했다.

왜 12월 25일인가? 그 날은 이미 오래 전부터 — 그리스도교 탄생 5백여 년 전부터 — 비기독교인(소위 "이교도")들 사이에서 페르시아

최일봉. 격주간 〈다함께〉 21호, 2003년 12월 13일. https://wspaper.org/article/1024.

의 태양신 미트라의 탄생일로 경축돼 왔다. 미트라 신(神)의 탄생 설화는 예수 탄생 설화와 비슷하지만 훨씬 오래 됐다. 미트라는 율리우스 력(曆)으로 흔히 12월 25일인 동지에, 양치기들과 "동방박사"(점성술사)들의 방문을 받으며 말구유에서 처녀의 몸에서 태어났다!

태양신

미트라 신화에 따르면, 미트라는 죽어서 바위 무덤에 묻혔다가 사흘 뒤에 부활한다. 게다가 미트라의 이집트 판이라 할 수 있는 오시리스(마치 그리스 신 제우스의 로마 판이 주피터인 것처럼)는 예수처럼 십자가 위에서 죽는다! 예수처럼, 부활한 미트라도 하늘로 승천했으며 세상의 종말 때 재림할 것이라고 한다. 마지막 때에 세상은 불로 파괴되고, 죽은 자들은 마지막 심판을 받기 위해 부활한다고 한다. 선한 자는 천국으로 가고 악인은 지옥으로 떨어진다.

미트라도 예수처럼, 세례받은 신자들에게 영원불멸의 생명을 주는 구원자(그리스말로 "그리스도")로 숭배받았다. 미트라도 예수처럼 열두 제자를 거느리고 농촌을 순회하며 가르치고, 장님의 눈을 뜨게 하고 죽은 자를 살리는 등 기적을 행했다.

미트라 신자들도 그리스도 신자들처럼 일요일에 빵과 포도주로 성찬식을 했다. 이것 역시 미트라의 '최후의 만찬'을 기념하기 위한 것이었다! 빵과 포도주는 예수의 경우처럼 미트라의 살과 피를 상징했다. 종, 촛불, 향, 성수 등도 똑같이 사용됐다.

심지어 아우구스티누스가 미트라 제관들이 자기와 똑같은 신을 예배한다고 말했으리만큼 그리스도교는 많은 근본적인 요소들을 미트라교에서 차용했다.

뿐만 아니라, 성서의 예수 얘기는 그리스적 로마 세계에서 유행하던 신화적 영웅 얘기를 원형으로 삼고 있다. 신적 영웅의 탄생은 초자연적으로 예고되고 수태된다. 유아 영웅은 자기를 시해하려는 음모를 피하고, 유아기에 벌써 조숙한 지식을 과시하고, 신적 사명을 받고, 악마를 물리치고, 갈채를 받고, 왕으로 추앙받고, 배신당하고, 대중적 인기를 잃고, 처형당하고(흔히 언덕에서), 마침내 결백이 입증되고 하늘로 승천한다.

이런 요소들이 전기에 포함된 역사상의 또는 신화상의 인물들은 꽤 많다. 하지만 헤라클레스나 윌리엄 텔이 실존 인물이 아닌 것처럼, 예수도 실존 인물이 아니었을 수 있다.

사실, 예수의 언행을 "기록했다"는 신약성서의 첫 네 책인 "복음서"들(각각 마태복음서·마가복음서·누가복음서·요한복음서)은 예수가 십자가 처형을 당했다는 때로부터 40~90년이 지난 뒤에야 비로소 씌어졌다. 복음서에서 예수는 죽은 자를 살리고, 물을 포도주로 만들고, 병을 낫게 하는 등 경이로운 기적을 행한 걸로 돼 있다. 그 자신이 죽었다 살아났다고도 한다. '예수 세미나'라는 신약성서 연구자 단체는 복음서에 기록된 예수 언행의 16~18퍼센트(말의 경우 18%, 행동의 경우 16%)만이 그럭저럭 신빙성 있다고 주장한다.

예수의 동시대인 가운데 그에 대해 쓴 사람은 아무도 없다. 서기 1세기(37?~100)에 활동한 유대인 역사가 요세푸스의 예수에 대한 언

급(두 번에 걸친)은 수도사인 중세의 사본 필경사가 위조한 것임이
드러났다.

윌리엄 텔

또한, 2세기 초엽 로마인 역사가 타키투스의 "그리스도" 언급은 특
별히 예수를 가리키는 것이라고 할 수 없다. "그리스도"는 사람의 이
름을 가리키는 고유명사가 아니다. 그 말은 히브리말 "메시아"의 그
리스말 번역어로, "구원자"라는 뜻이다. 팔레스타인에서 로마 제국
식민통치가 시작된 기원전 63년부터 서기 70년 유대인 혁명 전쟁이
일어나기까지 해방 운동이 줄기차게 일어났고, 그 지도자들은 모두
"그리스도"로 불렸거나 그 칭호를 자처했다.

그러므로 우리는 실제의 예수("역사적 예수"라고도 한다)가 어땠
는지 알 수 없다. 심지어 그런 사람이 실재했는지조차 알 수 없다.
아마도 예수는 역사상의 실존 인물이라기보다는 신화상의 인물이었
던 듯하다.

우리가 신약성서와 그 밖의 동시대 문헌을 분석하며 비교적 확신
을 갖고 추측할 수 있는 것은 "역사의 예수"가 아니라 시초 그리스
도교의 대강의 모습이다.

당시 팔레스타인 지역, 특히 예루살렘 시와 갈릴리 지방은 예수 신
화의 발원지일 뿐 아니라, 계급 갈등이 첨예해 급진주의의 온상이기
도 했다. 예루살렘은 로마 제국에 속한 부유한 대도시 가운데 하나

였다. 유대교 고위 성직자들과 행정 관리들은 세습 귀족으로, 로마 점령당국에 적극 협력해 재산을 쌓고 있었다.

주민의 다수는 성전 제사 참가차 그 도시를 방문하는 대규모 순례자 행렬 덕분에 번창한 상업에 종사했다. 또, 상당수는 수공업자들이었다. 유대인 소규모 상공업자들은 종교적 차별뿐 아니라 특히 세금 때문에 로마의 식민통치를 증오했다. 폭동과 봉기가 일어나는 일이 흔했다.

유대교 평신도 지도자("랍비"라고 한다)도 로마 점령당국에 분노와 반감을 가졌으나, 어느 정도 협조했고 어느 정도 거리를 두었다.

계급 투쟁은 마침내 서기 66~70년 대(對)로마 전면전으로 비화했다. 앞서 언급한 유대인 역사가 요세푸스는 "유대인 전쟁"(국역:《요세푸스》제3권, 생명의말씀사)이라는 역작을 남겼다. 앞서 언급한 유대인 지배·피억압·중간 계급들에 대한 서술 외에도 그는 일부 종파들에 대해 특별히 서술했다.

전쟁

에세네 파는 사회악을 피해 자기들만의 사회를 만들려 했다. 그들은 "쾌락 추구를 죄악시했고, 절제와 열정의 통제를 덕으로 여겼다." 그리고 "부를 경멸한 그들은 완전한 공동체 생활을 영위했다."

신약성서의 사도행전(2장 43~47절)에 시초 그리스도인들의 공동체 생활이 묘사돼 있는 것에 근거해, 약 1백 년 전에 마르크스주의자

카를 카우츠키는 《그리스도교의 기원》(1908년)에서 시초 그리스도교의 주된 특징을 "공산주의"로 여겼다(비록 소비 분야에 국한됐음을 전제로 했지만).

근래의 연구들은 시초 그리스도교의 공동체 생활이 사도행전에서 이상화돼 묘사되고 있다고 지적한다.

어쨌든 시초 그리스도교의 한 형태는 에세네 파처럼 공동체 생활을 했던 듯하다.

시초 그리스도교 일각의 공동체 생활을 과대평가한 것에 근거해 카우츠키는 시초 그리스도교가 "무산자들의 운동"이었다고 주장한다.

하지만 근래의 연구들은 "무산자"가 아니라 도시 중간 계층들이 시초 그리스도교 신자들의 대다수를 이루고 있었음을 보여 준다. 소수였지만 부자들도 있었다. 세월이 갈수록 부자들의 비중은 조금씩 늘어났다. 이것이 시초 그리스교의 둘째 ― 그리고 가장 유력한 ― 형태이다.

요세푸스가 가장 급진적인 종파로 묘사한 젤롯 파("열혈당"으로 번역된다)는 유대교 율법에 대한 복종에는 부와 권력을 가진 자들을 무력(특히 게릴라 전략)으로 타도하는 것이 포함된다고 믿었다. 열혈당이야말로 반로마 저항세력의 핵심이었다.

시초 그리스도교의 셋째 형태는 이들과 비슷했던 듯하다. 복음서들(마가 3:19; 마태 10:4; 누가 6:15)은 예수 제자 중 하나(시몬)가 열혈당원이라고 한다. 예수는 "칼이 없는 사람은 옷을 팔아서 칼을 사라." 하고 지시한다(누가 22:36). 다른 곳에서는 이렇게 말한다.

"너희는 내가 세상에 평화를 주려고 온 줄로 생각하지 말아라. 평화가 아니라 칼을 주려고 왔다."(마태 10:34) 또, "나는 세상에다가 불을 지르러 왔다. 불이 이미 붙었으면 내가 바랄 것이 무엇이 더 있겠느냐?"(누가 12:49)

열혈당처럼 시초 그리스도교도 계급 증오에 불탔다. 누가복음서(6:20-26)의 예수는 "가난한 사람들은 복이 있다. … 지금 굶주리는 사람들은 복이 있다." 하고 선언할 뿐 아니라, "너희, 부유한 사람들은 화가 있다. … 너희, 지금 배부른 사람들은 화가 있다." 하고 선언한다.

진정한 탄생

그러나, 서기 70년 이전까지의 그리스도교는 엄밀히 말하면 그리스도교가 아니었다. 그것은 아직까지는 유대교의 한 종파였다. 주로 50년대에 저술 활동을 한 바울의 종교조차 본격적 의미에서 그리스도교는 아니었다. 유대교와 비교한 그리스도교의 결정적인 변별적 특징은 메시아(그리스도)가 역사상의 실존 인물로 지상에 도래했었다는 대담한 주장에 있다.

흔히들 예수가 사후에 (그리스도로) 신격화됐다고 말한다. 실제로는 그 정반대였다. 그리스도(천상의 존재인)가 해방 전쟁 참패의 여파라는 특정 시기에 예수(역사상의 인물)로 인격화됐다. 역사가 신화가 된 것이 아니라 신화가 역사가 됐다. 마치 창세기 신화가 실제 역사였던 양 그럴듯하게 윤색됐듯이, 또 마치 이집트 탈출과 갈라지는 홍해 바다라는 출애굽 신화가 후대에 실제 역사였던 양 그럴듯하게 윤색됐듯이, 그리스도 신화도 예수 전기 또는 "역사의 예수"로 그럴듯하게 윤색됐다.

유대교의 묵시록 전통도 이 방향(신화에서 역사로)이다. 반대 방향이 아니다. 가령 마리아의 찬가(누가 1:46-55)에는 이런 구절이 있다. "[신은] 제왕들을 왕좌에서 끌어내리시고 비천한 사람들을 높이셨습니다. 주린 사람들을 좋은 것으로 배부르게 하시고, 부한 사람들을 빈손으로 떠나보내셨습니다." 여기서 신약성서의 언어인 그리스말 동사도 완료형으로 돼 있다. 하지만 이런 일이 역사상의 사건이 아님은 말할 나위 없다. 아직 일어나지 않은 일을 마치 이미 일어난 일처럼 치부하는 소망적 사고가 묵시록의 기초였다.

신화에서 역사로

그리스도교의 탄생은 서기 70년 이후 흉흉한 유대인 민심을 배경으로 한다. 서기 70년, 유대인들의 해방 전쟁은 참패로 끝나고 말았다. 성전은 완전히 파괴됐고, 적어도 수천 명이 살육당했다. 해방(로마 제국으로부터)의 꿈이 물거품이 되고, 모든 희망이 사라진 듯하고, 전쟁의 참상이 끊임없는 고통을 여파로 안겨 주고 있을 때 신화보다는 역사가 위로 메시지 구실을 더 효과적으로 했다.

진정한 바울 서신들(1데살, 1·2고린, 필립, 필레, 갈라, 로마서)을 제외한 신약성서의 나머지 책들은 서기 70년 이후에야 씌어지기 시작했다. 신약성서는 여전히 이전 시기의 계급 투쟁을 반영하고 있었지만, 적어도 2세기 후반까지 여러 세대에 걸쳐 매우 많이 "편집"(사실상 변조)됐다.

그래서 신약성서에는 계급투쟁을 말리고 순종을 설교하는 사회평화 옹호론적인 면도 있다. 예를 들어, 앞서 인용한 예수의 축복은 다른 곳에서는 다음과 같이 몇 낱말이 첨가돼 뜻이 바뀌어 있다. "마음이 가난한 사람들은 복이 있다. … 의에 주리고 목마른 사람은 복이 있다."(마태 5:3-10) 그리고 부자들에 대한 저주는 아예 삭제돼 있다.

또, 옷을 팔아서라도 칼을 사라고 지시한 예수가 비폭력주의자처럼 말한다. "칼을 쓰는 사람은 모두 칼로 망한다."(마태 26:52)

유대교의 야브네 회의가 열리는 서기 90년쯤에는 유대교와 확연히 구별되는 종교로서 그리스도교가 탄생했다. 여러 지역에서 매우 다양한 형태로 말이다. 그 종류는 내가 묘사한 종류들보다 훨씬 더 많았다.

부시 부자, 콘돌리자 라이스, 럼스펠드, 딕 체니, 파월 일당과 같은 우익 크리스찬들이 이루고 싶어하는 종류의 사회와 달리, 시초 그리스도인들은 학대와 부당한 대우가 없고 모두가 평등하게 사는 사회를 꿈꾸었다.

재화 자체가 풍족하지 못했던 당시에는 이것은 실로 꿈이었을 뿐이다.

하지만 오늘날에는 세계의 모든 사람들이 이럭저럭 부족함 없이 살 수 있을 만한 재화가 생산된다. 평등한 사회를 이룩할 수 있는 경제적 조건들이 존재한다. 이제 중요한 것은 그 정치적 조건을 만드는 것이다.

성탄 휴가를 잘 보내시라. 그리고 내년에는 부시 일당이 이 세상에서 "최후 심판"을 받게 돼 "부자가 천국 가기는 낙타가 바늘구멍 통과하기보다 더 어렵다"는 성경 구절을 기억하게 되도록 다 함께 싸우자.

가톨릭·개신교 비판

가톨릭 노조관

교황 요한 바오로 2세의 회칙 〈노동하는 인간〉(한국천주교중앙
협의회 발행)은 노동조합과 노동자 권리를 원칙상 인정하고 있다.

… 사회 정의를 구현시키려면 '노동자들의, 노동자들과 함께하는 항상 새
로운 결속 운동'이 필요하다. 노동의 주체에 대한 사회적 지위 격하, 노동
자들에 대한 착취, 그리고 빈곤과 기아 지역의 증가는 이러한 결속이 현
실적으로 마땅히 있어야 한다고 요청한다. 교회는 이러한 주장에 대해 태
도를 분명히 한다. 교회는 이를 자신의 사명이며 봉사요 그리스도께 대한

최일봉. 월간 〈다함께〉 18호, 2002년 11월 1일. https://wspaper.org/article/528.
천주교(로마 가톨릭) 산하인 가톨릭중앙의료원의 파업 사태는 처음에는 임금 문제(사
학연금 부담 문제) 때문에 촉발됐으나 나중에는 병원측이 노동조합을 인정하지 않아
장기화하고 있다. 최일봉이 가톨릭의 노동조합 윤리를 평가한다.

충실성의 증거라고 생각한다. 그래서 교회는 진정으로 '가난한 이들의 교회'가 될 수 있는 것이다.

… 노동자의 권리 추구를 단순히 … 최대 이윤이라는 기준에 의해 운용되는 경제 체제의 결과라고만 운명지울 수는 없다. 그와는 반대로, … 노동자의 객관적인 권리에 대한 존중은, … 전체 경제를 형성하는 '타당하고 근본적인 기준'이 되어야 한다.

… 교회는 노동하는 사람들의 존엄성과 권리를 천명하고 그러한 존엄성과 권리가 침해되는 상황들을 고발하여, 위에 언급한 변화들["현대의 경제 구조 및 노동 분배 구조를 재정립하게 하고 재조정하게 하는 것"]을 이끌어 인간과 사회의 참된 진보를 보장하는 것이 자신의 직무라고 생각한다.

파업권도 인정하고 있으나 단서("올바른 조건과 정당한 한도 내에서는")를 달아 놓았다.

노동조합이 조합원들의 정당한 권리를 추구하기 위해 사용하는 '하나의 방법' … 으로서 파업 혹은 작업 중지 … [는] 올바른 조건과 정당한 한도 내에서는 합법적인 것이라고 가톨릭의 사회적 가르침은 인정하고 있다. 이와 관련하여, 노동자들은 '파업의 권리를 보장받아야 한다. 따라서 파업에 참여했다고 하여 어떠한 개인적인 처벌이나 규제를 받아서는 결코 아니 된다.

"올바른 조건과 정당한 한도"를 넘는 파업이란 "특히 정치적 목적을 위해 남용"되는 파업이지만, 또한 "근본적인 공동체 봉사" 또는 "사회의 공동선 [이라는] 요구에 상반되"게 "남용"되는 파업도 포함한다. " … 필요하다면 적절한 입법 수단을 통해서라도 그러한 봉사는 어떤 경우에도 보장되어야 한다[.]" 파업을 "남용"하는 노조는 "이기주의 집단 또는 계층"이다.

추상적 공문구들 틈에 슬그머니 끼워 넣은 이런 단서에 근거해 가톨릭은 전국의 산하 병원에서 일어난 파업을 "사회의 공동선"에 거슬러 "남용"되는 파업으로, 그러한 파업을 조직한 노조를 "집단 이기주의자들"로 규정하고는, 한사코 노조를 인정하지 않으려 하고 있다. 심지어 직권중재 같은 "적절한 입법 수단을 통해서라도 [근본적인 공동체] 봉사[를] 어떤 경우에도 보장"하기 위해 가톨릭은 경찰력에 호소하기도 했다.

그러나, 공동선과 공동체를 위험에 빠뜨리고 있는 것은, 경쟁과 이윤 축적이 다른 모든 것에 앞서는 시장 논리이다. 병원 노동자들은 바로 이 신자유주의에 저항함으로써 공동체를 구출하고 공동선(공동체 봉사라는)을 구현하려 하고 있다.

병원의 소유자가 개인이든, 가톨릭 같은 단체이든, 아니면 국가이든, 소유권에 관계 없이 그 동안 의료 서비스는 시장 원리에 의해 지배돼 왔고 악화돼 왔다. 국립 병원이 "민영화"된 경우 이 점은 더욱 분명하다.

의료 서비스의 질을 보장하기 위해 갖춰야 할 중요한 조건 중 하나는 바로 양질의 노동력이 유지되는 것이다. 이를 위해 임금 수준을 유지 또는 향상하려는 노력을 "집단 이기주의"로 매도할 수는 없다.

그런 노력이 파업으로 나타날 경우, 환자의 일부 또는 전부가 크고 작은 불편을 겪는 것은 사실이다. 하지만 성패 여부를 떠나 파업을 겪은 병원이 미래의 갈등 재연을 우려해 어느 정도 의료 서비스 개선에 나선다면 장기적으로는 환자에게도 좋은 일이다. 아무의 희생도 없이 소기의 성과를 얻을 수 있다면야 가장 좋겠지만, 그것은 이상일 뿐이고, 현실 세계에서는 갈등을 피할 수 없다.

이런 의미에서 경제학자 슘페터는 "공동선의 내용을 발견하는 것이 불가능하다"고 했고 또 다른 사람들은 공동선이 "특정인들의 선"일 뿐이라고 지적했다. 가령 1990년대 중·후반 동안 꾸준히 미국 노동계급의 생활 수준을 악화시킨 빌 클린턴이 대선 후보 시절인 1992년 11월 4일에 한 연설에서 "우리에겐 새로운 공동체 정신이 필요하다"고 했을 때, 그 "공동체"는 미국인 전체를 뜻하지 않고 단지 미국의 상층 중간계급 이상 사회 상층부만을 뜻했다.

부유층과 권력층이 아닌 평범한 계층의 환자들과 병원 노동자들의 공동선은 교황과 사제들이 위선적으로 입에 올리곤 하는 공동선과 다르다. 우리의 공동선은 가난하고 소외된 사람들에 대한 연민과 공감, 억압과 착취에 저항하는 연대, 이를 위한 자기 희생과 영웅적 용기, 그리고 비정한 이윤 논리와 시장 원리가 지배하지 않는 공동체이다.

교황의 수구 행적

필리핀의 독재자 마르코스가 1986년 초 민주 항쟁에 의해 타도되기 전까지 교황은 마르코스 부부와 친한 필리핀 주재 교황청 대사 토르필리아니를 통해 반정부적인 하이메 신 추기경에게 압력을 넣으려 애썼다. 마르코스가 퇴진한 직후 로마로 소환된 하이메 신 추기경은 바티칸으로부터 "쓰레기처럼 취급당했다." 바티칸을 방문중인 가톨릭중앙의료원 노조원들도 비슷한 대접을 받을 것이다. 왜 그런지를 이 글에서 보여 주고자 한다.

1920년 폴란드 태생인 카롤 보이티야는 1978년 교황 요한 바오로 2세가 되기 전에 폴란드 크라코프의 대주교를 지낸 적이 있다. 올바르게도 그는 폴란드 연대노조(솔리다르노시치)를 지지했다.

교황 요한 바오로 2세는 1980~1981년 폴란드 연대노조의 총파업이 혁명에 조금 못 미치는 수준으로까지 고양되자 그것이 좌초하도록 하는 데 결정적인 영향력을 미쳤다. 덕분에 야루젤스키 장군이 군사 쿠데타로 "상황을 종료"시킬 수 있었다.

한 가톨릭 학자(지아니 B 보쪼)가 지적한 바로는, 1981년에 완성된 교황 회칙 〈노동하는 인간〉은 폴란드에서 연대노조 투쟁이 한창이던 당시 상황을 배경으로 읽을 때 가장 잘 읽힌다.

카롤 보이티야는 스페인에서 파시스트 독재자 프랑코를 지지해 은밀하게 결성된 가톨릭 극우 평신자 단체인 오푸스 데이('신의 과업'이라는 뜻의 라틴어)를 은밀하게 지지했다. 교황이 되자 1982년 이 단체를 교황의 직속 기구로 만들었다. 그리고 올해 10월 6일 교황은 마침내 오푸스 데이 창설자 호세-마리아 에스크리바 데 발라게르(1902년~1975년) 신부를 성인품에 올렸다.

교황 요한 바오로 2세는 이탈리아판 오푸스 데이라 할 수 있는 '친교와 해방'을 지원해 왔다. '친교와 해방'은 기독교민주당내 우파 및 마피아와 밀접하게 연계돼 있는 일부 사제들의 지도를 받는 극우 단체이다.

1980년대에 어떤 제3세계 나라 추기경이 자기 나라 상황이 극우가 묘사한 바와 다르다고 말했을 때 교황은 들으려고도 하지 않고, "그런 불평은 그만두시오!" 하고 소리를 질렀다.

중미 방문을 몇 개월 앞둔 1982년 10월, 교황은 미국 중앙정보국(CIA) 부국장 버논 월터스 장군을 만나고 나서 니카라과의 산디니스타 좌파 정부에 반대한다는 뜻으로 산디니스타 정부내 사제 각료 네 명의 사임을 (헛되이) 요구했다. 1983년 니카라과 수도 마나과의 중앙 광장에서 가진 대규모 옥외 미사에서 그는 "민중 교회"를 격렬히 비난하고, 니카라과 민중이 우익 콘트라 반군과 한통속으로 보고 있던 주교들에게 순명할 것을 훈계했다. 미사 참가자들인 군중이 항의하자 교황은 "조용히 하시오!" 하고 호통치는 것으로 일관했다. 로마로 돌아온 교황은 현대판 종교재판장 요셉 라칭거 추기경에게 라틴아메리카 해방신학과 민중교회를 신랄하게 비판하는 책을 쓰라고 지시했다.

1980년대 중엽의 주미 교황청 대사 피오 라기 대주교는 아르헨티나에 배치돼 일하던 1976년, 군부 쿠데타로 집권한 독재자들을 축복해 주고 그들의 야수적 탄압을 정당화해 줬다. 군부는 1983년 물러날 때까지 적어도 몇 천 명을 고문으로 살해했다.

노벨 문학상 수상자인 가브리엘 가르시아 마르케스는 교황의 "정신 구조"가 냉전적이라고 지적했다. 실제로, 1982년 미국 가톨릭 주교들이 당시 대통령 레이건의 핵무기 증강 계획에 반대하는 문서를 발표하려 했을 때 국무 장관 조지 슐츠와 부통령 조지 부시(현 대통령 조지 W 부시의 아버지)는 교황을 만나 미국 주교들에 대해 불평했다. 바티칸의 재정 담당자 요셉 회프너 추기경은 미국 주교들을 비난하고 압력을 가해, 주교들이 초기 구상보다 훨씬 완화된 견해를 표명하게 만들었다.

전통적으로 바티칸은 냉전주의 집단이었다. 제2차세계대전 종전 이후 소련에 대항하기 위해 미국 중앙정보국은 바티칸의 풍부한 정보망과 연결된 특수 부서를 만들었다. 그 부서는 바티칸과 협력해 나치 전범들이 주로 남미에 은신처를 찾는 일을 도왔다.

요한 바오로 2세는 중세 "그리스도교 왕국"으로의 복고를 꿈꾸는 가톨릭 전통주의자 또는 "가톨릭 근본주의자"이다. 브라질의 해방신학자 레오나르두 보프가 지적하듯이 교황은 가톨릭 교회의 권력 유지와 권위를 다른 무엇보다 우선시한다. 미국의 진보적 가톨릭 신학자 찰스 커랜은 바티칸이 나머지 성원들을 "말 못 하는 양들" 취급을 한다고 비판했다. 한 예로, 교황이 되자마자 요한 바오로 2세는 평신자, 특히 여성들이 성체성사 준비와 성체 분배를 돕고 교리와 성서를 가르칠 수 있었던 네덜란드 가톨릭 교회에 그러지 못하도록 압력을 가해 그 주교들을 굴복시켰다.

이탈리아에서 낙태에 대한 찬반을 묻는 국민투표가 있었을 때, 투표를 앞두고 교황은 찬성표를 던지는 사람은 누구든 파문당할 것이라고 위협하는 성명을 발표했다. 다행히도, 투표자의 다수인 3분의 2가 교황의 협박을 귀담아듣지 않았다. 교황은 이혼과 피임에도 반대하는 전통적인 가톨릭의 입장을 고수해 왔다.

"인권"이라는 말을 입에 달고 다니다시피 했는데도 이제 그를 자유주의자로 보는 사람은 별로 많지 않다. 최근인 1999년 요한 바오로 2세는, 아옌데 정부를 1973년에 군사 쿠데타로 전복하고 장기 집권하면서 수많은 사람들을 고문 학살한 칠레 독재자 피노체트가 영국에서 가택 연금돼 있는 동안 그를 옹호했다. "가난하고 고통받는 사람들"에게 자비로운 그리스도의 지상 대리인이기는커녕 교황은 반동적이고 교활한 늙은 여우에 지나지 않는다.

교황권의 성격

교황권은 역사가 오래 됐고 그 동안 큰 영향력을 행사해 왔다. 고대 로마의 노예제 사회로부터 봉건제를 거쳐 현대 자본주의에 이르기까지 이러저러한 생산양식이 명멸했어도 교황권은 여태까지도 존속하고 있다. 교황권은 오늘날에도 여전히 흥성하고 있는 제도이다. 이러한 연속성 때문에 흔히 사람들은 다른 모든 제도처럼 교황권도 사회와 함께 변천해 왔다는 사실을 깨닫지 못한다.

로마 가톨릭이 처음에 형성된 건 서기 2세기부터 6세기까지의 기간이지만, 확립의 결정적인 계기는 그리스도교를 공인한 콘스탄티누스 황제의 313년 밀라노 칙령이었다. 성직 관료는 쇠퇴하는 로마 제국을 받쳐 준 몇 안 되는 효과적 버팀목들 가운데 하나였다. 하지만 몰락하고 있는 체제를 성직자들이 구원할 수는 없었고, 교황권과 교회는 누구든 최대의 세력을 가진 집단이 자기네에게 유리하게 이용할 수 있는 호구가 됐다. 문명의 쇠퇴는 교회의 몰락과 병행했다.

서기 1000년경 로마 가톨릭은 완전히 무너져 버린 제도가 돼 있었다. 기혼 농민 사제, 성직에 임명된 봉신(封臣)에 지나지 않는 주교, 광대한 소유지를 경작시키며 안락하게 살아가는 수도사들, 세상을 등진 은자, 떠돌이 설교자 들이 제대로 이해하지도 못한 고대 철학과 원시적 자연 숭배를 뒤범벅해 놓은 종교를 믿고 있었다. 한편, 교회의 상부에 있는 로마 주교들은 많은 재산과 부패와 타락한 행동으로 유명했다.

이후 몇 세기 동안 유럽 사회는 극적으로 변했다. 도시가 등장하고, 교역과 수공업 생산이 증대했다. 인구가 증가하고, 이주가 늘고, 농업이 발전했다. 군주정이 등장하고, 왕권의 보호를 받는 정부가 들어섰다. 이 모든 것들 덕분에 서유럽은 세계의 고립되고 낙후한 지역으로부터 번영하고 발전하는 사회로 변모했다.

서기 1046년부터 개혁파 교황들이 등장해 성직자 집단을 조직된 기구로 재건하기 시작했다. 사제는 결혼이 금지됐고, 주교가 강요하는 규율에 효과적으로 종속됐다. 수도원도 교황의 통제를 받게 됐다. 주교들은 교황의 후원을 받아 군주에게 성직상의 특권을 요구하거나, 왕권의 보호를 받는 정부에 권세 있고 유능한 행정 각료로 입각했다.

교황권은 전성기의 봉건 사회와 밀접하게 연관됐다. 그리고 봉건 사회가 계속 변함에 따라 다시 쇠퇴하게 됐다. 도시가 발달함에 따라 세속 문화와 세속 교육이 등장했다. 한편, 고위 성직자들은 부패로 되돌아갔고, 하급 성직자들은 무지와 미신으로 되돌아갔다.

1500년경 교황은 이탈리아 중부 지방 일부 지역의 봉건 권력자에 불과했다. 그리고 가톨릭 교회는 16세기 프로테스탄트 개혁으로 말미암아 뒤흔들리고 있었다. 그러나 가톨릭은 — 다시금 교황의 지도를 받으며 — 살아남았다.

프로테스탄트(개신교)에 뒤처지게 된 교황권은 성직자를 다잡아 훈련시켰고, 가톨릭 교회는 절대 군주와 새로운 자본주의 상공업자들 모두에게 유용함이 입증됐다. 절대 군주는 토지 소유 계급을 대리해 유럽의 대부분을 통치했고, 신흥 상공업 자본가들은 규율 있고 순종적인 노동인구가 필요했다.

그러나 이제 교황과 가톨릭 교회의 권력은 변화에 저항하는 것에 바탕을 두고 있었다. 이것은 전형적으로 사상 투쟁에서 드러났다. 갈릴레이가 물질 세계에 대한 새로운 인식과 지구가 태양의 둘레를 돈다는 사실을 널리 알리자 로마는 그를 비난하고 박해했다.

18세기에 교회는 천동설을 처음으로 부정한 코페르니쿠스의 저작을 조용히 금서 목록에서 제외함으로써, 태양이 지구 둘레를 돈다고 가르치는 어처구니없는 지적 부조리에서 이럭저럭 벗어날 수 있었다. 그러나 교회는 여전히 갈릴레이에 대한 비방과 중상을 옹호했다. 그의 사상이 "당시에는 위험했다"는 이유를 대면서 말이다.

이처럼 봉건 사회의 유산인 교황권이 어떻게 21세기까지 살아남았을까? 봉건적인 채로 남아 있지 않음으로써 그럴 수 있었다. 가톨릭 교회와 교황권 지지 국가들은 19세기에 등장한 국민 국가에 적대적인 태도를 취했다. 그러다가 1870년경에 패배하면서 가톨릭 교회는 세속의 일들에 간섭하지 못하게 됐고, 권력도 박탈당했다. 하지만 오늘날 교황은 거액을 투자하는 자본주의 투자가이다. 그리고 이 금융 투기에서만큼은 바티칸은 매우 '자유주의적'이다.

1864년 교황 비오 9세는 자유와 민주라는 사상을 포용한다는 이유로 가톨릭 자유주의자들을 비난했다. 그가 〈오류 교서〉에서 열거한 자유주의자들의 여든 가지 "오류"에는 종교적 관용, 세속 교육, 다수결, 정교분리 등이 포함됐다. "사회주의, 공산주의, 비밀 결사, (성서 보급을 위한) 성서공회, 자유주의적 성직자 단체"가 하나로 뭉뚱그려져 비난받았다. 비오 9세는 1870년 제1차 바티칸 공의회를 소집해 엄격한 교리를 확정했고, 교황 무오류설을 주창했다. 요즘의 신부들도 믿고 있는 이 교리는 과거로부터 물려받은 유산이 아니라 근대 문명에 대한 반동에 지나지 않았다.

제1차 바티칸 공의회 8년 뒤에 치러진 비오 9세의 장례식은 군중의 공격을 받았다. 민병대가 도착해 군중을 저지함으로써 가까스로 관이 티베르 강물로 던져지는 사태를 막을 수 있었다.

후임 교황 레오 13세는 1891년 〈노동헌장〉 반포를 통해 권위주의적 이미지를 불식시켜 보려 했다. 그가 인정한 노동자 권리에는 최저생계비 임금, 어지간한 근로조건, 노동조합 결성권 등이었다. 〈노동헌장〉은 또한 사유재산이 신이 준 법률이라고 선언하는 한편, 노동자들이 권리를 위해 투쟁할 권리는 아무 데서도 언급하지 않았다.

〈노동헌장〉은 계급 투쟁을 명시적으로 비난했다. 그 "헌장"은 실제로는 사용자들과 정부가 이러한 권리를 부여함으로써 의무를 다하라는 호소였다. 가톨릭 사용자와 가톨릭 정부조차 전혀 열의를 가지고 이 호소에 응답하지 않았다.

제2차 바티칸 공의회를 통해 가톨릭이 자유주의적이 됐다는 생각이 널리 퍼져 있다. 물론 제2차 바티칸 공의회가 비오 9세와 제1차 바티칸 공의회의 반동적이기 이를 데 없는 사상에 역행했던 것은 사실이다. 하지만 바티칸은 새로운 사상에 그다지 개방적이지 않았다. 가령 바티칸은 교황 무오류설을 비판한 한스 큉은 물론 "정치신학"을 주창한 요안 밥티스트 메츠, 심지어 칼 라너조차 기피 인물로 낙인찍었다. 라너는 다른 종교에도 "익명의 그리스도"가 숨어 있으므로 다른 종교로도 "구원받을" 수 있음을 암시했다.

1960년대 이후 바티칸의 공식 결정과 평신자 사이에 차이가 벌어져 왔다. 1980년대 초 보수화 분위기 속에서조차 미국의 기혼 가톨릭 신자의 85퍼센트가 1968년에 교황 바오로 6세가 재천명한 피임금지에 동의하지 않는다고 답변했다. 로마와 일부 지역 성직자들 사이에 견해차가 벌어지기도 했다. 중미와 브라질의 사제 중 다수가 해방신학을 지지했다. 반면에, 교황 요한 바오로 2세는 1979년 멕시코에서 열린 라틴아메리카 주교회의 개막식 석상에서 해방신학을 비난했다.

오늘날 교황권은 가톨릭 교회가 활동하는 모든 사회에서 보수 세력과 동맹함으로써 생존하고 있다. 비오 12세 하의 교황권은 무솔리니와 히틀러를 지지했다. 비오 12세가 되기 전의 에우게니오 파첼리 추기경은 히틀러가 독일 제3제국 총리에 취임한 해인 1933년, 교황청 국무부 장관으로서 히틀러와 "제국 협약"을 맺었다. 이 때 히틀러는 이렇게 선언했다. "국제 유대인 집단에 대항한 긴급한 투쟁에서 특히 중요할 신뢰권(圈)이 창출됐다." 바티칸은 아직까지도 이 당시의 문서를 공개하지 않고 있다. 비오 12세는 홀러코스트, 즉 유대인 대학

살이 벌어지고 있을 때 "[유대인들의] 제 앞가림을 할 줄 안다"고 냉소적으로 말했고, 나중에는 홀러코스트가 "과장됐다"고 말했다.

보수 세력과의 동맹은 때때로 고난도의 교묘한 수완이다. 왜냐하면 가장 반동적인 세력은 때때로 패배하고 교황의 정책은 생존자 쪽에 서려 애쓰는 것이기 때문이다.

그래서 라틴아메리카의 가장 야만적인 정권에 대한 지지를 철회하는 등과 같은 복잡한 책략이 필요했다. 아프리카(특히 짐바브웨)의 백인 식민주의에 대한 지지로부터 가장 보수적인 흑인 세력 지지로 전환하는 것도 고난도 기술이었다. 그리고 노동자 저항을 무마한 대가로 교황권을 존중해 준 일부 동유럽 스탈린주의 정권(특히 폴란드 야루젤스키 정권)과의 공생 관계도 들 수 있다.

교회는 또한 모든 계급 사회에 "민중의 아편"을 위한 시장이 있고 교회는 그 시장이 어디 있는지 알기 때문에 생존할 수 있다.

여성이 가장 쉬운 타깃인데, 극도의 저임금 노동에 매여 있는 제3세계 여성들일수록 피임과 낙태에 대한 교회의 반동적 입장에 동화시키기가 더 쉽다.

하지만 중미와 브라질에서처럼 가톨릭이 자유와 독립과 사회 정의를 위한 피억압자·피착취자의 투쟁과 밀접하게 연관될 수가 있다. 그동안 교황권은 가톨릭을 그러한 투쟁에서 떼어놓느라 열심이었다. 하지만 현지의 하급 사제들은 그다지 열심이지 않을 수 있고, 그런 상황에 처해 있는 평신자들은 흔히 자신의 신앙을 지키는 것과 권리를 지키는 것을 따로 취급할 필요가 없다고 느끼곤 한다.

교황권은 오랜 역사를 거치는 동안 여러 차례 책략을 써서 적응해 왔다. 그러나 그것이 적응할 수 없는 것 한 가지가 있는데, 바로 계급 없는 사회이다. 모든 보수적 세력, 지배하고 착취하는 계급, 억압 따위를 퇴치할 때만 유럽산 민중의 아편, 가톨릭은 차츰 있으나마나 한 것이 돼 가고 교황권도 사라질 수 있다.

프로테스탄트 교회는 어떤가?

11세기에 교황권이 가톨릭 교회의 재편에 착수할 때와 거의 같은 때에 교회의 권위를 대중이 거부하기 시작했다. 그러나 16세기의 프로테스탄트 개혁 때에야 비로소 가톨릭 교회의 권력에 두드러진 균열이 생기기 시작했다. 마틴 루터는 1517년부터 교황권, 중세 사상, 성직자 독신 제도 등을 신랄하고 대중적인 말투로 비판하고 때로 중상·비방했다.

루터는 가톨릭 교회의 부패, 불합리한 사상, 아무에게도 전혀 쓸모 없다는 점 등을 들춰 냈다. 그는 그리스도교가 전혀 딴판일 수 있음을 성서에 바탕을 두고 보여 줬다. 좀더 합리적이고, 평신도에게

최일봉. 가톨릭뿐 아니라 프로테스탄트 교회(개신교)도, 그것도 가장 진보적 교단이라는 한국기독교장로회(기장) 소속의 권호경 목사도 노동 쟁의의 과녁이 돼 있다. 천주교와 기장은 김대중과의 동맹 덕분에 민주 개혁 세력으로 여겨졌었고, 바로 이런 인상을 이용해 김대중과 가톨릭중앙의료원(CMC)과 기독교방송(CBS)은 노동자들의 저항을 효과적으로 제압할 수 있다고 믿고 있다. 그런 인상은 잔영일 뿐임을 최일봉이 들춰 낸다.

좀더 의미 있고, 일상 생활과 좀더 관련성 있고, 신과 인간 사이의 중재자를 자처하는 사제들의 신비주의적이고 미신적인 주장이 없는 그리스도교가 가능함을 그는 보여 줬다.

루터는 그에 앞선 이단자들이 실패한 전철을 밟지 않았다. 즉, 그는 유럽 전역의 다양한 사회 계급들에게 매력을 주는 사상을 설파함으로써 성공했던 것이다. 그러한 계급들 가운데 신흥 부르주아지가 있었다. 이 신흥 상공업자들은 도시를 관리하면서 교역과 수공업 생산을 통해 이윤을 얻고 있었는데, 욕심 많고 간섭하기 좋아하는 성직자들과 불명료하고 이해하기 어려운 그들의 사상을 싫어했다. 루터는 또한 봉건 귀족의 호감도 샀다. 그래서 그는 중세 독일 제국을 분할하고 있던 지방 제후들의 호감을 샀다.

그러나 루터는 가톨릭 교회에 맞선 투쟁에 일정한 한계를 설정했기 때문에도 성공할 수 있었다. 농민과 도시 수공업자와 노동자가 자기의 사상에 의존하기 시작하자 루터는 교회와 성직자는 표적인 반면에 봉건 지주와 신흥 상공업자에게는 해를 끼쳐서는 안 됨을 분명히 했다.

1525년, 경제적 고통을 겪어 온 데다 영주와 제후의 권력 강화에 부딪힌 독일 농민들이 참다 못해 기존 사회 질서에 반대하는 무장 봉기를 일으켰다.(이 사건은 엥겔스의 《독일 농민 전쟁》에 생생하게 묘사돼 있다.) 혁명적 프로테스탄트 설교자 토마스 뮌처의 고무를 받은 농민들은 착취와 억압에 맞선 투쟁과 성서의 메시지를 밀접하게 연관시켰다. 그들은 평등, 고정 지대, 농민 의회 등을 요구했고, 많은 도시민들과 농촌 수공업자들의 지지를 받았다.

루터의 반동은 극단적으로 폭력적이었다. 그는 처음에는 영주와 농민을 똑같이 비난하더니 일단 농민군이 진격하기 시작하자 영주들에게 농민을 "찔러 죽이고, 때려 죽이고, 살해하라"고 말했다. 농민이 "신앙심 없고, [하나님 앞에서] 위증하고, 거짓말하고, 불순종하는 악한과 무뢰한들로서 [하나님에 의해] 벌로 육체와 영혼을 몰수당했"기 때문이라는 것이다. 농민은 그 뒤 실제로 대량 학살당했다.

제네바로 이주한 프랑스 변호사 장 칼뱅의 개신교 사상(오늘날의 장로회가 계승자를 자처하고 있다)이 16세기 중엽의 사회 변혁에 더 적합한 관점을 제공했다. 그가 통치한 제네바에서 그의 개혁은 신흥 상공업자들과 밀접하게 연관됐다. 칼뱅도 지배자들에 대한 반란을 지지하지는 않았지만, 루터보다 더 효과적으로 가톨릭 반대 정치 행동을 정당화했다. 크리스천 시민은 학정과 불경스러움을 퇴치하는 사회 개혁을 지지해야 한다는 것이다.

하지만 칼뱅은 그러한 정치 행동이 특히 크리스천 국가 관료들의 책임이라고 주장했다. 그래서 프랑스에서는 도시민과 수공업자와 농민뿐 아니라 반동적이고 퇴영적인 일부 귀족도 칼뱅의 대의를 수용했다.(이 점은 명화 "여왕 마고"에 잘 나타나 있다.) 그래서 프랑스 농민이 가톨릭 영주에 맞서는 반란을 일으켰을 때, 프로테스탄트 귀족은 이에 강력히 반대한다는 뜻을 칼뱅 파 의회에서 표명했고, 이로 말미암아 프랑스의 프로테스탄트 혁명은 유산됐다. 또, 리용 시 인쇄공들은 처음에 칼뱅주의를 지지했으나, 파업중에 배신자들을 구타한 것을 프로테스탄트 관리들이 비난하자 칼뱅주의를 버렸다.

영국의 칼뱅 파인 청교도들은 찰스 1세와 국교회(성공회)내 고교회파(高敎會派)에 반대하는 투쟁을 주도했다. 고교회파는 로마 가톨릭의 교의(敎義)와 전례(典禮)와 의식(儀式)을 상당 부분을 고수하려 했던 국교회내 권력자들이었다. 그런데 청교도들 안에서 정말로 급진적인 사상이 등장하려 할 때마다 청교도 지도자들은 그것을 억누르곤 했다. 가령 모든 청교도들(장로회·조합교회·침례회)이 철저한 민주주의를 주장하는 수평파를 비난했다.

칼뱅 파는 가톨릭 못지 않게 엄격히 "이단"을 색출해 박해했다. 스페인 출신의 망명자 미겔 세르베투스는 삼위일체 교리를 부정한다 해서 제네바에서 산 채로 화형에 처해졌다. 영국 수평파의 일부 사람들은 그리스도가 만인의 구원을 위해 죽었다는 생각을 가졌다는 이유로 박해받았다. 칼뱅 파는 자파 소속의 "선민"만을 위해 그리스도가 죽었다고 믿고 있(었)다.

근면·절약·투자라는 "프로테스탄트 윤리"가 봉건 사회의 옛 위계제를 허무는 데 일조한 건 사실이다. 그러나 농민·수공업자·임금노동자 같은 생산자들에게 프로테스탄트 윤리는 새로운 형태의 착취에 순종하는 것을 뜻했다. 신앙이 개인의 "양심"에 호소해 그를 순응하게 만드는 데는 개신교가 가톨릭보다 훨씬 더 효과적이었다.(적어도 프로테스탄트 개혁에 대항하는 16~17세기 가톨릭 자체의 "대항종교개혁" 이전까지는 그랬다.) 개신교는 평신도를 직접 겨냥했기 때문이다. 공장이 거의 없고 자본가들이 수공업자와 농민의 노동으로부터 이윤을 취하는 사회에서 개신교는 노동자 개개인의 마음 속에 '마음의 경찰관'을 들여보내 노동 규율과 정규적인 생산을 확보하려 했던 것이다.

오늘날 개신교의 요새는 미국이다. 1997년 당시 미국인의 85.2퍼센트가 그리스도교 신을 믿는다고 답변하고 있으며, 3분의 1 이상이 근본주의 신앙(성경 무오류설을 믿는)을 고백하고 있다. 근본주의는 1980년대 이래로, 특히 지난해 9·11 이래로 더 극성을 부리고 있다 한다. 정치적으로 반동적인 개신교 근본주의는 상당수 부시 정부 각료들(특히 법무 장관 존 애슈크로프트와 부통령 딕 체니와 국방 장관 도널드 럼스펠드와 국무 장관 콜린 파월을 포함한다)의 후원을 받고 있다. 근본주의는 또 가톨릭처럼 동성애와 낙태와 미혼모에 반대하고 가정 가치관을 수호한다. 근본주의적 교계 지도자(가령 '기독교연합' 총재 팻 로버트슨 같은 자)들은 미국 사회의 언저리에 있는 인자들이 아니다. 그들은 피억압자 운동의 주적에 포함된다.

우리 나라에서도 그리스도교의 주류는 가톨릭이나 자유주의적 개신교가 아니라 근본주의와 복음주의 개신교이다. 복음주의는 근본주의보다 온건한 보수주의라 할 수 있으나, 근본주의자들도 복음주의자를 자처한다는 사실에 유의할 필요가 있다. 개신교는 갈수록 인기가 떨어지고 있다. 그래서 개신교를 믿다가 비종교인이나 타종교인이 된 사람 수가 무려 1천만 명이 넘는다(각각 8백만 명과 2백만 명). 물론 새로 개신교인이 되는 사람도 계속 생겨나지만, 전체 성장은 둔화하고 있다. 성장의 위기에 직면한 개신교는 갈수록 종파주의적이 돼 가고 있고, 신비주의적이 돼 가고 있고, 부패하는 경향이 있다. 성장 둔화가 질적 미성숙을 낳고, 질적 미성숙이 성장 둔화를 부채질하는 악순환에 빠지고 있다. CBS 권호경 사장과 재단이사회의 경우도 이런 추세의 일부가 된 옛 진보적 성직자 이미지의 잔영일 뿐이다.

교황권은 봉건 사회가 몰락해도 반동을 이용함으로써 — 또 그럼으로써만 — 존속할 수 있었던 반동적·기생적·억압적 제도이다. 그러나 개신교도 착취와 억압을 이용해 왔고, 가톨릭보다 덜 기생적이라 할 수 없다.

국제주의 전통 자료집
 I-4. 마르크스주의의 기초와 그 고전적 전통

지은이 | 알렉스 캘리니코스, 크리스 하먼 외 지음
엮은이 | 이정구

펴낸곳 | 도서출판 책갈피
등록 | 1992년 2월 14일(제2014-000019호)
주소 | 서울 성동구 무학봉15길 12 2층
전화 | 02) 2265-6354
팩스 | 02) 2265-6395
이메일 | bookmarx@naver.com
홈페이지 | http://chaekgalpi.com

첫 번째 찍은 날 2018년 8월 27일
네 번째 찍은 날 2019년 9월 20일

값 12,000원
ISBN 978-89-7966-142-2 04300
ISBN 978-89-7966-155-2 (세트)